"十三五"职业教育铁道运输类专业规划教材

Tielu Teshu Huowu Yunshu
铁路特殊货物运输

叶清贫　王萌萌　**主　编**
王　丹　毛　鹤　杨淑丽　**副主编**
　　　　　郎茂祥　**主　审**

内容提要

本书为"十三五"职业教育铁道运输类专业规划教材之一,共分4个模块,即鲜活货物运输组织、危险货物运输组织、超限超重货物运输组织和阔大货物装载加固。每个模块根据实际工作需要、认知难易程度又分为多个学习单元。主要知识点包括易腐货物运输、活动物运输、危险货物类别、包装、载运设备、超长货物运输、集重货物运输、货物稳定性检验等。

本书可作为铁道交通运营管理专业和铁路物流管理专业的必修课教材,也可作为铁路运营管理工作人员的培训教材及学习参考书。

* 本书配有多媒体助教课件,任课教师可通过加入职教铁路教学研讨群(QQ 群:211163250)索取。

图书在版编目(CIP)数据

铁路特殊货物运输 / 叶清贫,王萌萌主编. — 北京:人民交通出版社股份有限公司,2019.1

ISBN 978-7-114-15143-9

Ⅰ. ①铁… Ⅱ. ①叶… ②王… Ⅲ. ①铁路运输—货物运输 Ⅳ. ①U294.1

中国版本图书馆 CIP 数据核字(2018)第 290917 号

"十三五"职业教育铁道运输类专业规划教材
书　　名:铁路特殊货物运输
著 作 者:叶清贫　王萌萌
责任编辑:司昌静
责任校对:刘　芹
责任印制:张　凯
出版发行:人民交通出版社股份有限公司
地　　址:(100011)北京市朝阳区安定门外外馆斜街 3 号
网　　址:http://www.ccpress.com.cn
销售电话:(010)59757973
总 经 销:人民交通出版社股份有限公司发行部
经　　销:各地新华书店
印　　刷:北京印匠彩色印刷有限公司
开　　本:787×1092　1/16
印　　张:14.75
字　　数:330 千
版　　次:2019 年 1 月　第 1 版
印　　次:2019 年 11 月　第 2 次印刷
书　　号:ISBN 978-7-114-15143-9
定　　价:42.00 元

(有印刷、装订质量问题的图书由本公司负责调换)

前　言

铁路是我国交通运输体系的骨干，具有运输能力大、运输距离长、运送速度快、安全程度高、运输成本低廉、运输准时方便、对环境污染小以及受气候条件影响小等特点。

按照货物对运输条件的要求不同，可将货物分为普通货物和特殊货物。铁路特殊货物包括阔大货物、危险货物和鲜活货物。这些货物在铁路运输过程中所需要的条件和要求有很大的区别。

本书根据铁路特殊货物运输条件和要求组织编写，共分4个模块，即鲜活货物运输组织、危险货物运输组织、超限超重货物运输组织和阔大货物装载加固。每个模块根据实际工作需要、认知难易程度又分为多个学习单元，每个学习单元包括教学提要、知识目标、能力目标、理论知识。学习单元涵盖易腐货物运输、活动物运输，危险货物的类别、包装、载运设备，超长货物运输、集重货物运输、货物稳定性检验等知识点。

本书在编写过程中，汲取了相关教材的成熟理论，并结合实际工作，以新的货运规章为主要依据，深化能力培养，注重新技术、新设备、新标准的引入，对铁路特殊货物运输组织过程进行了系统介绍。本书可作为铁道交通运营管理专业和铁路物流管理专业的必修课教材，也可作为铁路运营管理工作人员的培训教材及学习参考书。

本书由叶清贫、王萌萌担任主编，王丹、毛鹤、杨淑丽担任副主编，北京交通大学郎茂祥教授担任主审。编写分工为：武汉铁路职业技术学院杨淑丽编写模块一中单元一、单元三，湖南高速铁路职业技术学院王萌萌编写模块二，天津铁道职业技术学院王丹编写模块三，武汉铁路职业技术学院毛鹤编写模块一中单元二、模块四中单元一，武汉铁路职业技术学院叶清贫编写模块四中单元二、单元三、单元四。

在本书编写过程中，一些兄弟院校的老师，武汉铁路局集团公司、广州铁路局集团公司和兰州铁路局集团公司的现场技术人员等给予了大力帮助，提出了许多宝贵意见，编写组成员在此向各位表示衷心感谢！

随着我国铁路货运的快速发展，相关规章、规范及标准可能会修订、调整，学习时应以现行规章、规范、标准为准。

由于作者水平有限，书中难免有缺点和错误，恳请广大读者批评指正。

作　者
2018年8月

目 录

模块一　鲜活货物运输组织 ··· 1
　单元一　鲜活货物认知 ··· 1
　　知识点一　鲜活货物分类及特点 ··· 1
　　知识点二　鲜活货物运输要求 ··· 3
　单元二　易腐货物运输组织 ··· 3
　　知识点一　易腐货物冷藏运输设备 ··· 3
　　知识点二　易腐货物冷藏运输基本条件 ·· 6
　　知识点三　易腐货物运输作业 ··· 13
　单元三　活动物运输组织 ·· 21
　　知识点一　活动物发送作业 ·· 21
　　知识点二　活动物途中作业和到达作业 ·· 25
　拓展知识 ··· 27
　实训项目 ··· 28
　复习思考题 ··· 29
模块二　危险货物运输组织 ·· 30
　单元一　危险货物认知 ··· 30
　　知识点一　危险货物识别 ··· 30
　　知识点二　危险货物运输作业地点 ·· 49
　单元二　危险货物运输包装和标志 ··· 50
　　知识点一　危险货物运输包装分类及要求 ·· 50
　　知识点二　危险货物包装标志及包装储运图示标志 ····························· 52
　单元三　危险货物运输载运设备 ·· 65
　　知识点一　危险货物运输一般载运设备 ··· 65
　　知识点二　危险货物运输罐车 ··· 67
　单元四　危险货物发送作业及车辆要求 ·· 71
　　知识点一　危险货物发送作业 ··· 71
　　知识点二　危险货物车辆调车及挂运要求 ·· 77
　单元五　铁路危险货物途中作业和到达作业 ··· 84
　　知识点一　危险货物押运管理 ··· 84
　　知识点二　危险货物到达作业 ··· 87
　单元六　其他危险货物运输 ··· 88

  知识点一　剧毒品运输 ········· 89
  知识点二　放射性物质运输 ········· 91
 拓展知识 ········· 94
 实训项目 ········· 96
 复习思考题 ········· 97

模块三　超限超重货物运输组织 ········· 98
 单元一　超限超重货物认知 ········· 98
  知识点一　铁路限界 ········· 98
  知识点二　超限超重货物 ········· 101
 单元二　超限货物测量及拍发超限超重货物运输电报 ········· 103
  知识点一　超限货物测量 ········· 103
  知识点二　超限超重货物运输电报 ········· 106
 单元三　超限等级确定 ········· 111
  知识点一　计算宽度的确定 ········· 112
  知识点二　超限等级的确定 ········· 118
 单元四　组织超限超重货物运输作业 ········· 121
  知识点一　办理超限超重货物运输的线路和车站 ········· 121
  知识点二　超限超重货发送作业 ········· 123
  知识点三　超限超重货途中作业和到达作业 ········· 131
 拓展知识 ········· 133
 实训项目 ········· 133
 复习思考题 ········· 134

模块四　阔大货物装载加固 ········· 136
 单元一　阔大货物装载条件 ········· 136
  知识点一　阔大货物运输设备 ········· 136
  知识点二　货物装载的基本技术条件 ········· 141
  知识点三　货物重心水平合理位置 ········· 144
  知识点四　重车重心高的确定 ········· 152
 单元二　超长货物运输技术条件 ········· 155
  知识点一　超长货物认知 ········· 155
  知识点二　超长货物装载的技术条件 ········· 158
 单元三　确定集重货物运输的技术条件 ········· 161
  知识点一　集重货物的判定方法 ········· 161
  知识点二　平车货物装载免于集重的技术条件 ········· 163
  知识点三　敞车免于集重装载的技术条件 ········· 167
 单元四　阔大货物加固方案 ········· 171
  知识点一　车辆运行中作用于货物上的力 ········· 172
  知识点二　货物稳定性检验 ········· 175

知识点三　加固材料和加固装置 ··· 180
　　知识点四　制定加固方案 ··· 192
　拓展知识 ··· 199
　实训项目 ··· 200
　复习思考题 ··· 201
附录 1　机车车辆限界基本轮廓、各级超限限界与建筑限界距离线路中心线
　　　　所在垂直平面尺寸表 ··· 203
附录 2　平车主要技术参数 ··· 212
附录 3　长大货物车型号、技术参数和特点 ···························· 214
附录 4　敞车主要技术参数 ··· 220
参考文献 ··· 225

模块一　鲜活货物运输组织

单元一　鲜活货物认知

 教学提要

鲜活货物因其易腐性质以及对运输、温度、环境、卫生等有较高的要求,在运输过程中需要使用特殊的设备,采取特殊的措施以保证其安全和品质。

知识点一　鲜活货物分类及特点

 知识目标

1. 掌握铁路鲜活货物的定义及分类。
2. 了解鲜活货物运输的特点与要求。

 能力目标

能够辨析鲜活货物种类,确定其分类及运输要求。

 理论知识

一、鲜活货物的概念及分类

鲜活货物是指在铁路运输过程中需要采取制冷、加温、保温、通风、上水等特殊措施,以防止出现腐烂、变质、冻损、生理病害、病残死亡等问题的货物以及托运人认为须按鲜活货物运输条件办理的货物。

鲜活货物分为易腐货物和活动物两类。

1. 易腐货物

易腐货物指在一般条件下保管和运输时,极易受外界气温及湿度的影响而腐败变质的货物,主要包括肉、蛋、乳制品、速冻食品、冻水产品、鲜蔬菜、鲜水果等,常见品名见"易腐货物机械冷藏车运输条件表"(见二维码)。

易腐货物按其热状态分为冻结货物、冷却货物和未冷却货物。

易腐货物机械冷藏车运输条件表

①冻结货物是指经过冷冻加工成为冻结状态的易腐货物。其温度范围为 -8 ~ -18℃（冰除外,冰的温度在 -1℃ 以下）。

②冷却货物是指经过冷却处理,温度在冻结点以上的易腐货物。对大多数易腐货物来说,冷却的温度范围为 0 ~ 4℃。

③未冷却货物是指未经过任何冷处理,完全处于自然状态的易腐货物,如采摘后未经冷却的水果、蔬菜等。

2. 活动物

铁路运输的活动物包括禽、畜、兽、蜜蜂、活水产品等。

二、鲜活货物运输的特点

我国幅员辽阔、物产丰富,几乎每个季节都出产品类繁多的鲜活货物。同时,我国地处温带和亚热带,夏季普遍高温,冬季各地气温相差悬殊。因此,我国铁路鲜活货物运输有以下鲜明特点。

1. 季节性强,运量波动大

鲜活货物大部分是季节性生产的农副产品,水果集中在三、四季度,南菜北运集中在一、四季度,水产品集中在春秋汛期,从而形成了鲜活货物运输的旺季和淡季。旺季运量集中;淡季运量减少,专用设备利用率降低。

2. 运距长,运输时间紧迫

鲜活货物本身的特点是新鲜、成活。鲜活性质能否保持与运输时间的长短密切相关。铁路在运输鲜活货物时,虽然使用特种车辆,采取特殊措施,若是运输时间过长,还是会影响鲜活货物原来的质量。

3. 品种多,运输工作复杂

我国出产鲜活货物有几千种之多,性质各不相同。加之南北方气温相差大,不仅同一地区在不同季节需要不同的运输条件,就是在同一季节,当车辆行经不同地区时,也要变换运输条件。在一次运送过程中,可能兼有冷藏、保温和加温三种运送方法。鲜活货物的组织工作与普通货物相比要复杂得多。

4. 货物质量易受外界气温、湿度和卫生条件的影响

鲜活货物较一般货物最大的不同是具有鲜活的特性,其质量易受外界气温、湿度和卫生条件的影响。尤其是易腐货物,热了容易腐烂,冷了容易冻坏,干了容易干缩,湿了容易发霉,对温度、湿度有特殊的要求。活动物则要注意热天防暑降温,冷天防寒防冻。另外,储运环境卫生条件不好,鲜活货物受到污染,不仅直接影响货物的质量和外观,也使货物易被微生物侵害而腐烂变质或病残死亡。

5. 批量小,去向分散

近年来,鲜活货物市场总体需求量增大,但各地市场则呈现需求品种多、批量小的特点,除少数大宗鲜活货物的流向、流量较为明显和稳定外,多数货物的流向、流量都较为分散。

6. 对货物质量要求高

随着社会和经济的发展,人们生活水平不断提高,对鲜活货物质量的要求也越来越高,更加注重食品的营养价值、风味口感、色泽外观和卫生条件。

知识点二　鲜活货物运输要求

1. 承运货物要符合运输条件的规定

易腐货物的热状态、承运质量、承运温度、包装和容许运输期限等要符合运输条件的规定,活动物应无病残,有规定的检疫证明,需要的容器、饲料和装车备品也应符合运输安全和卫生要求。

2. 运输中需保持适宜的温度和湿度

易腐货物在储运过程中,需要始终保持适宜的温度和湿度。例如香蕉储运最适宜的温度为11.7℃,相对湿度为80%~85%,用机械冷藏车装运时,运输过程中车内保持的温度要求控制在11~15℃范围内。

3. 需配备相应的运输车辆、运载器具和运输设施

为保证鲜活货物的运输质量,需要有冷藏车、保温车、家畜车、活鱼车等专用货车和保温汽车、冷藏集装箱等运输车辆、运载器具,以及为鲜活货物运输服务的预冷、上水、供电等设施。

4. 要有良好的卫生条件和通风条件

鲜活货物的储运环境应符合卫生防疫的要求,必须按规定严格对货车、货位进行清扫、洗刷除污和消毒,使用的装卸搬运机具、用品应清洁,运输需要的饮用水要卫生,防止货物受到污染和微生物侵害,还要有良好的通风条件,便于散热降温,保持空气清新适宜。

5. 做到灵活、快速运输

为适应易腐货物运输去向分散、批量小的发展趋势,需要增加单节式机械冷藏车、保温车、冷藏集装箱等专用车辆和运载工具,采用灵活多样的运输组织方式。针对鲜活货物运输季节性强、运量波动大、时间要求短的特点,必须加强运输组织工作,做到快速运输。应积极组织开行快运货物列车、鲜活货物直达列车,发展鲜活货物行包快运和绿色通道等多种快运形式。

6. 提供冷藏物流服务

为保持货物的鲜活特性,铁路应以冷藏运输为主体,逐步构建和拓展易腐货物产、储、运、销一体化的冷藏链,实现冷藏运输网络与冷藏仓储配送网络的无缝对接,形成具有铁路特色的冷藏物流网络体系,为易腐货物提供更优质的冷链物流服务。

单元二　易腐货物运输组织

教学提要

装运易腐货物应按规定使用冷藏车,需要采取制冷、保温、通风等特殊措施以保证易腐货物品质。

知识点一　易腐货物冷藏运输设备

知识目标

熟悉易腐货物的冷藏运输设备。

能力目标

能够正确合理地运用冷藏运输设备。

 理论知识

一、冷藏运输

冷藏运输是冷藏方法在易腐货物运输中的运用,需要在运输技术上提供适合货物性质的低温运输条件,在运输组织上尽量缩短运输时间。

1. 冷藏运输技术要求

(1) 保持低温

冷藏运输最重要的技术要求是保持适当的低温。铁路冷藏运输主要是使用冷藏车和冷藏集装箱等运输车辆、运载器具,采用冷板制冷、机械制冷等技术,将易腐货物置于适宜的低温防护下进行运输,以保持货物的质量,防止腐烂变质。此外,采用预冷技术,运输前在预冷站或冷库将易腐货物降温处理成冻结或冷却货物,装车前对车辆、集装箱进行预冷,运输时能将温度尽快降到适宜的运输温度,更有利于保持易腐货物的质量。

(2) 调湿

运输过程中调湿也是一项关键的技术。湿度过大,微生物繁殖快,呼吸作用强,货物容易腐烂;湿度过小,水分蒸发快,货物干耗增大,使货物失去新鲜状态,质量和数量都受到损失。目前,铁路冷藏车运输车辆、运输器具仍缺乏自动调湿功能,一般是通过降低温度,使空气中的水蒸气冷凝,降低空气的湿度,而采用洒水来增大湿度。

(3) 保持通风

冷藏运输还应注意及时通风换气,排除热量、有害气体和多余水汽,补充新鲜空气,并保持良好的卫生环境,防止易腐货物受到污损和被微生物侵染。冷藏运输如能有选择地结合使用其他保藏技术,可更有效地保持易腐货物的质量。

2. 冷藏运输组织方法

冷藏运输尽管采取了低温和其他特殊的防护措施来保持易腐货物的质量,但也只能延缓而不能停止货物的物理、化学、生物变化过程,货物质量仍有缓慢的降低,如营养成分减少、水分干耗增大、色泽风味改变等。运输时间越长,质量降低的程度越大。因此,应积极组织快速运输,尽量缩短运输时间,以保证易腐货物的初始质量。

3. 冷藏链与保鲜链

铁路冷藏运输只是易腐货物整个物流过程中的一个环节,如采用冷藏链技术,将易腐货物从生产、加工、分拣、储存、运输、配送、销售乃至消费的全过程,均置于低温防护下,可最大限度地保护易腐货物的原有质量。而进一步采用保鲜链技术,综合运用各种适宜的无污染的保鲜方法和手段,则可以使易腐货物在生产、加工、分拣、储存、运输、配送、销售乃至消费的各环节中,最大限度地保持鲜活的特性和质量。

确保易腐货物运输质量的另一个条件是必须连续冷藏。这就要求铁路运输企业配备一定数量的冷藏设备,以满足连续冷藏的需要,保证运输质量。

二、易腐货物的冷藏设备

1.机械冷藏车

冷藏车是运输易腐货物的专用车,车体采用夹层结构和隔热材料。铁路冷藏车包括机械冷藏车和冷板车两种。几种常用的机械冷藏车基本性能见表1-1。

几种常用的机械冷藏车基本性能　　　　表1-1

车型	自重(t)	载重(t)	容积(m^3)	装货面积(m^2)	车内装载尺寸长×宽×高(m×m×m)	最大外部尺寸长×宽×高(mm×mm×mm)	门孔尺寸宽×高(mm×mm)	车组自重(t)	车组载重(t)	车组全长(m)	车内可保持的温度(℃)	特点
B_{21}	39	45	92	45.9	18×2.55×2.0	21938×3035×4325	2700×1900	208	180	108	-22~14	5节机械冷藏车组,1辆工作车,两端各2辆货物车
B_{22}	38	46	105	46	18×2.558×2.3	21938×3020×4670	2700×2300	206	184	108	-24~14	5节机械冷藏车组,1辆工作车,两端各2辆货物车
B_{23}	38	46	105	46	18×2.560×2.3	21938×3134×4670	2702×2306	206	182	110	-24~14	5节机械冷藏车组,1辆工作车,两端各2辆货物车
B_{10BT}	41	38	100	43.6	17.3×2.56×2.3	21938×3094×4700	2700×2300	—	—	—	-24~14	单节式机械冷藏车

机械冷藏车采用机械制冷,制冷量大,制冷速度快,调温范围宽,控温稳定可靠。车组技术含量高,维修复杂,需配备专业乘务人员负责操作和维护,需设置专门的车辆段负责维修、运用和管理。

目前,铁路使用的成组机械冷藏车主要有B_{21}、B_{22}、B_{23}型,单节式机械冷藏车主要有B_{10}系列型号。B_{21}、B_{22}、B_{23}型为5节机械冷藏车组,均由1辆工作车和4辆货车组成。工作车在车组中部,两端各连挂2辆货车。

B_{10}系列型号为单节式机械冷藏车,也可连节用。设有发电工作间为装货间供电,控温范围-24~14℃。单节式机械冷藏车较之机械冷藏车组,具有单车运用、灵活方便的优点,能更好地适应易腐货物运输去向分散、批量小的发展趋势。

除此之外,冷藏货物运输的车型还有BX_{1K}。该车为冷藏集装箱专用车,由X_{1K}型集装箱平车改造而成。可为随车保温集装箱提供最低达-25℃的温度,可根据不同货物的保温需要调节适合温度,在整个运输过程中持续提供制冷保温,达到了长运距、运时短、节能环保等效果。其技术参数见表1-2。

BX₁ₖ技术参数表   表1-2

自重 （t）	载重 （t）	轨距 （mm）	车辆长度 （mm）	承载面高度 （mm）	承载面尺寸 （mm×mm）
20.4	61	1435	14738	1160	13800×3070
供电线路最大荷 （kW）	构造速度 （km/h）	适应供电方式	干线供电	通信供电	装箱范围
92	120	集中供电	AC380V	DC48V	2个20ft集装箱； 1个40ft集装箱； 1个45ft集装箱

2. 冷板冷藏车

冷板冷藏车顶部安装有多块冷板，利用冷板制冷。冷板冷藏车可由发站或中途充冷站充冷，配备制冷机组和充冷系统的冷板冷藏车可自行充冷。一次充冷，一般能连续运行100h。冷量用完后，可再次充冷。车内温度可通过调整冷板下调温板调节窗的开度来控制，控温范围 -8℃~5℃。

目前，铁路使用的BSY型冷板冷藏车是一组两节式新型机械冷板冷藏车，由乘务车和货物车各一辆组成，也可根据需要单节使用。

冷板冷藏车的温度控制可靠性较差，适用范围不如机械冷藏车广泛。

3. 冷藏集装箱

冷藏集装箱是一种新型的冷藏载运工具，具有一定的运输灵活性和多式联运便捷性。冷藏集装箱具有良好的隔热、气密性能，且能维持一定低温要求，适用于各类易腐货物的运送、储存，是一种特殊集装箱。

目前，铁路冷藏集装箱有20ft、40ft、45ft机械冷藏集装箱，其主要技术参数见表1-3。

冷藏集装箱技术参数表   表1-3

箱型	外部尺寸 （mm×mm×mm）	内部尺寸 （mm×mm×mm）	容积 （m³）	总重 （kg）	自重 （kg）	载重 （kg）
20ft	6058×2438×2438	5391×2254×2130	25.9	24000	2750	21250
40ft	12192×2438×2896	11590×2294×2554	67.9	34000	4560	29440
45ft	13716×2438×2896	12716×2294×2554	74.5	30480	7180	23300

知识点二　易腐货物冷藏运输基本条件

 知识目标

1. 掌握易腐货物的运输条件。
2. 掌握易腐货物的质量、温度和包装要求。
3. 掌握易腐货物的装载方法。
4. 掌握易腐货物的运输方式。

能力目标

能够根据易腐货物冷藏运输基本条件进行易腐货物包装、装载等。

 理论知识

一、易腐货物的运输条件及运输种类

1. 易腐货物的运输条件

托运人、收货人和承运人在办理易腐货物运输时,均应遵守《铁路鲜活货物运输规则》(简称《鲜规》)"易腐货物机械冷藏车运输条件表"(见表1-4)的规定。该表以品类顺号、货物品类对各类易腐货物的感官质量、承运温度、运输温度、适用包装号或包装、装载方式等作了具体规定。

易腐货物机械冷藏车运输条件表(摘录)   表1-4

品类顺号	货物品类	货物品名	货物热状态	装车时货物质量要求		承运温度(℃)	运输温度(℃)	适用包装号或包装	装载方式		说明
				感官质量					装载要求	装载号	
1				速冻食品							
1.1	速冻水果	速冻荔枝、速冻草莓等	冻结	果面洁净,无不洁物污染。冻结良好,无结霜或粘连。无异味。产品包装完好无破损。无复冻现象		-18以下	-15以下	3	紧密堆码		
1.2	速冻蔬菜	速冻叶菜类(菠菜、青梗菜、白菜、甘蓝、辣椒叶等)	冻结	成品外观平面形状规则、均匀,棱角分明,冻结良好。单冻产品色泽符合本产品应有色泽,无粘连;块冻产品色泽鲜亮,镀冰衣完整、清澈。无黄枯叶、褐变叶。产品包装完好无破损。无复冻现象		-18以下	-15以下	3	紧密堆码		

2. 易腐货物的运输种类

易腐货物通常可办理整车运输,也可用冷藏集装箱或保温集装箱运输,铁路不办理鲜活货物零散快运。

【例1-1】 2017年10月6日,兰州局磐安镇站承运到福州东站整车蔬菜一车,其中萝卜500件,土豆1000件,车号C_{62} 4415966。运单托运人记事栏记载容许运输期限15天,10月9日该车在向塘站被列检扣修,由于扣修车较多,直至10月21日才修复挂出,10月23日到达福州东站,车站卸前货检良好,卸见上货不同程度腐烂变质。请判断该案例中萝卜和土豆能否用敞车运输?

【解】 按《鲜规》"易腐货物机械冷藏车运输条件表"的规定,萝卜和土豆的运输温度为7~12℃。而该敞车在运输过程中,越接近到站车内温度就会越高,不能满足两种易腐货物的运输温度要求。蔬菜属易腐货物,故在一定的季节和一定的区域不宜使用棚车、敞车通风运输,需使用机械冷藏车运输。

7

二、按一批托运的规定

①不同热状态的易腐货物不得按一批托运。

不同热状态的易腐货物,运输条件区别较大。例如禽蛋中,冰蛋是冻结货物,外温高于-6℃就需用冷藏车冷藏运输;冷却蛋是冷却货物,只有外温在7℃以上时,才需用冷藏车冷藏运输;鲜蛋是未冷却货物,仅在外温高于20℃时,才须使用冷藏车保持5~12℃的温度冷藏运输。另外,易腐货物的热状态不同,对运输成本和货物质量的影响也较大。经冻结和冷却的货物运输时,不但可以减少制冷量,提高货物装载量,降低运输成本,也易于将温度尽快降低到规定的运输温度,有利于保持易腐货物的质量。因此,不同热状态的易腐货物运输条件不同,不得按一批托运。

②使用机械冷藏车时,按一批托运的易腐货物,一般限同一品名。

不同品名的易腐货物,如运输温度要求接近、货物性质允许混装的,可按一批托运,在同一机械冷藏车内组织混装运输。一般情况下,下列货物不得混装运输:

a. 具有强烈气味的货物和容易吸收异味的货物;

b. 易产生乙烯气体的货物和对乙烯敏感的货物;

c. 水果和肉类,蔬菜和乳制品。

三、易腐货物的质量、温度和包装

托运人托运易腐货物时,货物的质量、温度和包装必须符合《鲜规》"易腐货物机械冷藏车运输条件表"和"易腐货物包装条件表"的规定。

1. 易腐货物的质量、温度和包装要求

托运的易腐货物应有良好的初始质量,必须品质新鲜。冻肉、冻禽、鱼虾、贝类等动物性易腐货物必须色泽新鲜,气味正常,无腐烂变质现象。植物性易腐货物中:水果必须色泽新鲜,无虫害、破裂、过熟、腐烂等现象;蔬菜必须色泽新鲜,无雨湿、水渍、腐烂等现象,瓜类无破裂。

承运温度是指装车时货物的温度。提交运输时,易腐货物的温度必须符合规定。冻结货物的承运温度,除冰为0℃外,其他在-10℃以下。冷却货物的承运温度,除冷却的香蕉为11~15℃、菠萝为7~11℃外,其他为0~7℃。

易腐货物的包装分为箱类、筐类、袋类和桶类包装。编为9个包装号,分别为木箱(1号)、花格木箱(2号)、纸箱(3号)、钙塑箱(4号)、塑料箱(5号)、竹筐(6号)、条筐(7号)、编织袋(8号)、桶(9号)。包装材料、包装要求及包装规格具体见《鲜规》"易腐货物运输包装表"。

易腐货物的包装应适合货物性质并能保证铁路运输安全。包装材料的质量应良好无污染,性能和结构能适应货物体积、形状的要求,便于装卸、搬运、堆码和装载。包装强度和性能须适应货物的性质:怕挤压的货物,包装必须坚固,能承受货物堆码的压力;需要通风的货物,包装应有适当的缝隙或通风孔。体大坚实的货物,如冻肉(胴体、腔体)、冻鱼和西瓜、哈密瓜可不包装。

2. 易腐货物的质量、温度和包装检查

托运人要落实货源,备齐单证,准备好必要的货物安全防护用品。发站应认真抽查托运货物的质量、包装及安全防护用品是否符合要求。对冻结货物和冷却货物还应抽查货物的

温度。使用机械冷藏车装运时,发站应在装车时会同乘务组对货物的温度、质量、包装和安全防护用品进行抽查,并将抽查情况记录在"机械冷藏车作业单"内。

检查货物的质量,多采用看、闻、触摸等感官观察的方法,有待研究科学实用的检测仪表,以保证检测的客观性和准确性。货物温度的检测:体大冻结的货物、货件,可在货物、货件上钻深孔,深度以达到货物、货件中心部位为宜,插入温度计并保持5~6分钟后抽出确定温度;松散有缝隙的货物、货件,可将温度计直接插入货物、货件中心部位测温。

货物质量、包装、温度达不到要求时,承运人有权拒绝承运货物。

四、易腐货物的装载方法

鲜活货物的装载与加固应符合《铁路货物装载加固规则》(简称《加规》)、《铁路超限超重货物运输规则》(简称《超规》)等有关技术要求。但易腐货物装车时,应根据货物的性质、热状态、包装、运输方式以及使用的车种,采用相应的装载方法。易腐货物的装载方法基本可以分为两类。

1. 紧密堆码装载法

常用于冻结货物、夹冰鱼虾等的装载。由于货件之间尽可能不留间隙,节省了车内空气在货件间的流通,货物内部积蓄的冷量不易散失,有利于保证货物质量,也能充分利用货物车载重量。主要适用于冻肉、冻鱼、冰激凌、雪糕等冻结货物和夹冰鱼虾、贝类等冷冻货物。

2. 留空隙装载法

各货件之间留有通风空隙和通风道以利于冷空气在货件间流通,使每件货物均能接触冷空气,以便货物降温和排出货物散发的热量。适用于具有包装且有热量散发的冷却货物和未冷却货物或者有呼吸作用的货物。例如水果、蔬菜采用留空隙的装载方法,可增大货物的散热面积,以利于车内冷空气在货件或货物间通畅循环,散发货物的田间热和呼吸热。

(1)"品"字形装载法(如图1-1所示)

奇数层与偶数层货件交错,骑缝装载。特点是在货件间形成纵向通风道,车内空气能沿车辆纵向循环,但不能上下流通,装载较牢靠。

(2)"一二三、三二一"装载法(如图1-2所示)

第一层按间隔一件、二件、三件留空隙,第二层按间隔三件、二件、一件留空隙,再往上的

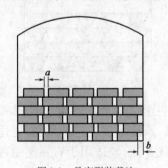

图1-1 品字形装载法
注:空隙值 $a=4\sim5$cm,$b=4\sim5$cm。

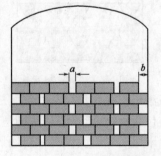

图1-2 "一二三、三二一"装载法
注:空隙值 $a=3\sim4$cm,$b=5\sim6$cm。

奇数层同第一层,偶数层同第二层。特点是车内空气只能纵向流通,而且通风道相对较少,空气循环差,但可提高装载量。

(3)"井字形"装载法(如图1-3所示)。

上、下层货物纵横交错码放,配置成井字形。特点是上下纵横均有通风道,空气循环较好,装载稳固。

(4)筐式装载法

①筐口对装法一(如图1-4所示)。

底层两侧的箩、篓、筐等大口朝下,中间的大口朝上,第二层则方向相反。特点是货件与车墙间和两侧货件间有纵向通风道,货件上下及横向有间隙,车内空气循环较好。

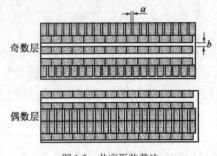

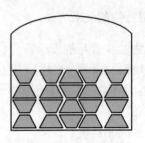

图1-3 井字形装载法　　　　　　图1-4 筐口对装法(一)

注:空隙值 $a=3\sim4\mathrm{cm}$, $b=3\sim4\mathrm{cm}$。

②筐口对装法二(如图1-5所示)。

第一层两相邻货件的大口与小口的朝向互相错开,第二层与第一层的朝向相反,再往上奇数层同第一层,偶数层同第二层。特点是货件间未设通风道,只有通风间隙,车内空气循环较差,但可多装货。为增大通风,筐内可加通风筒。本方法装运叶菜时筐内可加通风筒或夹碎冰。

③筐式顺装法(如图1-6所示)。

第一层及奇数层全部大口朝上,第二层及偶数层全部大口朝下。特点是货件间纵横向均设有通风道,上下有间隙,车内空气循环条件最好,但对车辆容积的利用较差。

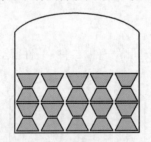

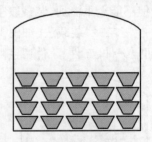

图1-5 筐口对装法(二)　　　　　　图1-6 筐式顺装法

以上装载法中,"品字形""一二三、三二一""井字形"装载法适用于木箱、纸箱、钙塑箱、塑料箱等箱类包装货物,筐式装载法则适用于竹筐、条筐等筐类包装货物,也适用于梯形塑料箱类包装。未留通风道或仅有纵向通风道的装载方法,较适用于有强制循环装置的机械冷藏车。

五、易腐货物的运输方式

易腐货物在不同外界气温条件下,需要采用不同的运输方式。

1. 冷藏运输

冷藏运输是指由冷藏车、冷藏集装箱提供冷源,保持车内、箱内温度低于外界温度来运输易腐货物。大部分易腐货物适宜的运输温度,多数情况下都低于外界温度,需要冷藏运输。冷藏运输是易腐货物运输的主要方式。

2. 保温运输

保温运输是指不采用任何制冷、加温措施,仅利用车体、箱体的隔热性能和货物本身的冷量或热量来保持运输温度在适宜范围内运输易腐货物。

3. 防寒运输

防寒运输是指用保温运输不能使车内温度维持在货物容许的最低温度以上时,须采取补充的防护措施来运输易腐货物,防止货物遭受冷害冻损。

防寒措施一般是在车墙上加挂棉被、草帘,在车门附近加挂棉帘、草帘等。

4. 加温运输

加温运输是指由运输工具提供热源,保持车内温度高于外界温度来运输易腐货物。当防寒措施仍不能防止易腐货物遭受冷害冻损时,可采取加温运输。目前铁路运输采用开启机械冷藏车的电热器使车内温度保持在规定范围内的加温方法。

5. 通风运输

通风运输是指在运输全程或部分区段需开启冷藏车的通风口盖、进风阀门、排气口,或开启棚车门窗或吊起敞车侧板对车内进行通风来运输易腐货物。

通风运输主要用于棚车、敞车运输水果、蔬菜。通风的目的在于散发货物的田间热、呼吸热,排除二氧化碳、乙醇等有害气体和多余水汽,避免货物积热不散、缺氧呼吸或被乙醇催熟而导致腐烂。

六、商定条件运输与试运

1. 商定条件运输的情形

①不同品名的易腐货物,如运输温度要求接近、货物性质允许混装的,按一批托运,在同一机械冷藏车内组织混装运输的,托运人应与发站和乘务组商定运输条件,将运输条件记录在电子运单"托运人记事"栏和"机械冷藏车作业单"内。

②使用机械冷藏车运输进口易腐货物,以及经过基因修改、非正常天然繁殖、使用过生长激素和经过化学药物处理等降低了耐储运性的易腐货物运输,托运人应与发站和乘务组商定运输条件,将运输条件记录在的电子运单"托运人记事"栏和"机械冷藏车作业单"内。

③使用机械冷藏车运输易腐货物,托运人要求不按《铁路鲜活货物运输规则》规定条件办理时,应在确认货物不致出现腐烂、变质、冻损等问题的前提下,与发站和乘务组商定运输条件,并将运输条件记录在电子运单"托运人记事"栏和"机械冷藏车作业单"内。

④使用机械冷藏车运输易腐货物,装车时的温度高于"易腐货物机械冷藏车运输条件表"规定或商定的运输温度的上限时,经托运人确认不影响货物质量的,可以组织运输,但托运人应与发站和乘务组签订运输协议并支付有关费用。

承运人按与托运人商定的运输条件组织运输,除承运人责任外,货物质量由托运人负责。

2. 试运的条件及规定

使用机械冷藏车装运《铁路鲜活货物运输规则》"易腐货物机械冷藏车运输条件表"中未列品名的易腐货物时,应按如下规定试运:

①试运前,托运人应与发站商定运输条件,提出"铁路易腐货物试运申请表"一式三份,托运人、发站、发送铁路局各一份,见表1-5。

铁路易腐货物试运申请表　　　　　　　　　　表1-5

货物品名		货物别名	
货物性质			
发站		到站	
申请试运起止时间			
托运时热状态(冻结、冷却、未冷却)			
果蔬采摘时间及前10天内天气情况			
托运时温度			
托运时外观和质量			
内包装		外包装(材质、尺寸)	
要求车内保持的温度范围		货物容许运输期限(天数)	
装运车辆要求			
装载要求			
运输条件			
其他需要说明的情况（可另附页）			
托运人签字:			
			(盖章) 年　月　日
铁路局主管部门意见	试运批准号:		
			(盖章) 年　月　日

②发站将"铁路易腐货物试运申请表"报铁路局,经批准后组织试运,铁路局将有关情况上报中国铁路总公司备案并抄送相关铁路局。

③托运人应将试运批准号和运输条件记录在货物电子运单"托运人记事"栏和"机械冷藏车作业单"内。

④发站在确认首批试运货物安全抵达到站后,方可发出下一批试运货物。同一发站、品名、运输条件的货物,首批试运不得超过4车,试运期不得超过1年。

⑤试运期间,如货物在运输过程中出现腐烂、变质、冻损等问题,须立即停止试运。发站应组织有关人员分析事故原因,并将结果报铁路局。需要继续试运的必须制定改进措施,重

新办理试运手续。

⑥试运结束后,发站应将试运总结报铁路局,铁路局将有关情况报中国铁路总公司。

知识点三 易腐货物运输作业

知识目标

1. 掌握易腐货物的托运与受理注意事项。
2. 正确选择和使用运输易腐货物的车辆。
3. 掌握易腐货物的途中作业。
4. 掌握易腐货物的到达作业。

能力目标

能够正确办理易腐货物的发送、途中、到达作业。

理论知识

一、易腐货物的托运与受理

1. 填写运单

运单主要包括以下项目,其填写方法如下。

(1)货物品名

托运易腐货物时,托运人应在电子运单"货物名称"栏内填记货物名称,注明品类顺号及热状态。

(2)货物容许运输期限

"托运人记事"栏内注明易腐货物容许运输期限(日数)。易腐货物容许运输期限须大于铁路规定的运到期限3日以上。

(3)冷藏车的运输方式

使用机械冷藏车运输易腐货物时,托运人应按"易腐货物机械冷藏车运输条件表"规定或与承运人商定的运输条件,在货物电子运单"托运人记事"栏内具体注明装载货物的运输温度要求和"途中控温""途中不控温""途中通风""途中不通风"等字样。

(4)押运事宜

需浇水运输的鲜活植物,托运人必须派押运员押运。需通风运输的易腐货物,托运人要求派人押运时,经车站同意,也可派人押运。押运人数除特定者外,每批不应超过2人。托运人要求增派时,须经车站承认。托运人应在电子运单"托运人记事"栏内注明押运人的姓名、证件名称及号码。

(5)运输标记

发站承运易腐货物后,在电子运单上会有红色"易腐货物"、⚠(⚠表示须快速挂运的货车)电子标识,以引起各环节运输工作人员的重视,防止易腐货物车辆在途中发生积压或滞留。

(6)检疫证明书

为防止病虫害的传播,控制疫情的蔓延,经由铁路运输的动植物产品和鲜活植物,应是无病和符合检疫要求的。例如需检疫运输的肉、油脂、内脏、生皮毛、血液、骨、蹄等畜禽产品,稻麦、瓜果、蔬菜的种子和中药材等植物产品,以及苗木、盆景等鲜活植物,应凭检疫合格证明办理运输。

托运需检疫运输的易腐货物时,托运人应按国家有关规定提出检疫证明,在电子运单"托运人记事"栏内注明检疫证明的名称和号码,车站凭此办理运输。

(7)商定条件运输的货物和试运的易腐货物

在实际运输工作中还不能完全排除某些环节或自然条件影响易腐货物运输条件的执行,例如水果、蔬菜在短途搬运中淋雨。遇有诸如此类情况,托运人认为货物运至到站不至腐烂变质,作为权宜之计,托运人可与车站商定条件运输,以托运人的责任承运。商定的运输条件应记入电子运单的"托运人记事"栏内。

不按规定条件运输和组织试运的易腐货物,车站与托运人商定运输协议,当使用机械冷藏车装运时,要通知乘务组,并在乘务报单和机械冷藏车作业单内注明商定的运输条件。

2.托运

使用机械冷藏车运输的货物,同一到站、同一收货人可以数批合填一份电子运单。

3.受理

车站受理托运人提出的电子运单需求联时,应认真审查电子运单内填记的事项是否符合铁路运输条件,审查的主要内容有:

①有无违反一批托运的限制。

②托运易腐货物,其容许运输期限是否符合要求。应记明货物的容许运输期限。容许运输期限至少须大于货物运到期限3天。

③需要声明事项是否在"托运人记事"栏内注明,如派有押运人的货物,托运人应在"托运人记事"栏内注明押运人姓名,并上传有关证明文件。

二、车辆选择和使用

选用的车辆必须符合易腐货物运输条件表的规定,装运易腐货物应按规定使用冷藏车,确因冷藏车不足时,承运人可根据托运人的要求,按《铁路鲜活货物运输规则》"使用棚敞车运输易腐货物的措施"规定使用棚车、敞车运输。

1.冷藏车使用规定

冷藏车是运输易腐货物的专用车,应用于装运易腐货物。使用机械冷藏车(包括空车回送和回空代用),应由发站逐级上报中国铁路总公司调度部门,经中国铁路总公司调度命令承认后方可使用。车站应将调度命令号码填记在"机械冷藏车装车通知单"(见表1-6)内。

机械冷藏车装车通知单　　　　　　　　　　　　　　　表1-6

车号	装车地点	货物品名及热状态	重量(t)	到站	计划装车时间	附注
中国铁路总公司、铁路局调度命令号码						

装车站货运员(签字)站戳
　　年　　月　　日
机械长(签字)列车戳
　　年　　月　　日

注:机械冷藏车装车通知单一式两份,一份交乘务组作为准备装货的通知,一份发站存查。

1. 无包装的水果、蔬菜(西瓜、哈密瓜、南瓜、冬瓜除外)等易污染、损坏车内设备的易腐货物不得用冷藏车装运。
2. 冷藏车严禁用于装运易污染、腐蚀和损坏车辆的非易腐货物。
3. 机械冷藏车装载货物的重量,不得超过车辆的标记载重量。
4. 机械冷藏车组,可组织同一到站卸车的两站分装,或同一发站装车的两站分卸。但两分装或分卸站应为同一径路,距离不超过200km。第一装车站的装车数或第二卸车站的卸车数不得少于全组车的一半(枢纽地区除外)。两站分装(卸)是指机械冷藏车组中不同货物车在不同车站装(卸)车,同一货物车只能在一个车站装(卸)车。
5. 机械冷藏车组中不同的货物车,可以装运温度要求不同的货物。
6. 托运人用冷藏车装运货物时,应在"托运人记事"栏内注明具体要求,作为铁路运输服务的依据。

2. 棚车、敞车使用规定

冷藏车不足时,在一定的运输期间和区域范围同,可有条件地使用棚车、敞车代替冷藏车装运易腐货物。易腐货物是否适合棚车、敞车运输,由托运人确定。托运人要求使用棚车、敞车代替冷藏车装运易腐货物时,应在提出的铁路货物运输电子订单上注明"如无冷藏车也可拨配棚车或敞车"。在电子运单的"托运人记事"栏内记明要求使用的车种和容许运输期限(日数)。

使用棚车、敞车运输易腐货物时,托运人应与发站商定运输条件,将运输条件记录在电子运单"托运人记事"栏内。承运人应尽量满足托运人需要的车种和车数,承运人可根据托运人的要求,按以下规定办理。

(1)货物品类限制

易腐货物的质量是否适合棚敞车运输,货物是否需要押运,由托运人负责确定。货物品名应限于易腐货物使用棚敞车运输条件表中明确规定的货物。运输未规定具体运输条件易腐货物,托运人应事先与发站商定试运条件,报铁路局批准。

(2)包装的规定

用棚敞车装运易腐货物,货物包装应符合易腐货物使用棚敞车运输条件表的规定。承运人应对包装进行定期检查、鉴定,防止因包装材料、构造、强度不符合要求造成易腐货物腐烂。例如,叶菜类货物使用通风不良、支撑力不足的编织袋包装,易造成集热不散,下层和底层货物被挤压损伤,导致货物腐烂。

(3) 车辆使用及装载要求

装车单位装车前要认真检查棚车、敞车的货运状态和卫生条件,状态不良不能保证货物安全的车辆,承运人应予以调换,不符合卫生条件的车辆要进行洗刷除污。降温用的冰和采取防寒、保温、隔热措施所用的稻草、棉被、草帘、薄膜等材料应清洁,避免货物受到污染、滋生细菌或感染疫病源。货物应稳固装载,需要通风运输的水果、蔬菜要留有足够的通风空隙。

(4) 编组隔离要求

敞车装运蔬菜、水果等,使用易燃材料做防寒覆盖时,应苫盖货车篷布运输。无法苫盖货车篷布时,应按《铁路危险货物运输管理规则》"铁路车辆编组隔离表"中 ② 的规定进行隔离。

(5) 快速运输要求和运输组织

托运人应在运单"托运人记事"栏内记明货物的容许运输期限,容许运输期限至少须大于铁路规定的运到期限 3 天时,发站方可承运。发站和编组站、区段站要将 ① 符号转记在列车编组顺序表内。

(6) 防寒、保温、隔热措施

运输途中各地区的外温低于 -10℃ 时,使用棚车装运玻璃瓶装的酒、罐头、饮料类货物必须采取保温措施。

采取防寒、保温、隔热措施时,所用材料应清洁无污染。车内铺砌的冰墙和直接加入菜内的冰要清洁无污染,冰的数量、形状、大小要满足运输要求。车内铺砌冰墙的,应确保冰墙融化后货物码放稳固,不倒塌、不坠落。

(7) 装卸车作业要求

易腐货物装卸车作业时,要做到轻拿轻放。

(8) 通风

对需要通风运输的水果、蔬菜等易腐货物要留有足够的通风空隙。同时可将车辆门窗开启固定,或将敞车下门吊起,翻转到最大限度并捆绑牢固,用栅栏将货物挡住。开启的门窗和吊起的小门最外突出部位不得超限。

(9) 押运人

使用棚车、敞车运输易腐货物时,是否需要押运由托运人确定。

三、易腐货物装车前准备

1. 装车前对车辆的检查

承运人应调配技术状态良好、干净清洁的车辆,装车单位应在装车前认真检查。对状态不良不能保证货物安全和运输质量的车辆,承运人应予调换。对不清洁的车辆,车站要组织清扫、洗刷。按规定需要消毒的,由托运人委托有资质的单位对车辆和货位进行消毒。

2. 装车前检查货物质量

托运人托运易腐货物,应按照《铁路鲜活货物运输规则》所规定的质量要求。必要时车站应会同托运人抽查货物质量。对于未冷却货物,主要检查货物表面是否有污染、发霉、腐烂、色泽是否新鲜,有无不正常气味,植物类鲜活货物有无机械伤,成熟度是否适合于运输以及有无不必要的"拖泥带水"等情况。

对于冷却和冻结货物,除应注意上述有关情况外,还应测定货物温度是否符合规定的标准范围。在检查货物质量的同时,还应检查货物的热状态及卫生状态。

3. 车辆预冷

用冷藏车运输易腐货物时,在装车前必须预冷,待车内温度降低到规定温度后,方可装车。机械冷藏车车内预冷温度:冻结货物为-3～0℃;香蕉为11～15℃;菠萝、柑橘为9～12℃;其他易腐货物为0～3℃。

四、易腐货物的装车

1. 装车责任划分

冻结的易腐货物,不论是在车站公共装卸场所还是在其他场所,均由托运人负责装车。

发站应与托运人商定易腐货物进货、装车等事项,将计划装车时间、装车地点、货物品名及热状态、重量、到站等事项填记在"机械冷藏车装车通知单"内,于装车前12小时内交给乘务组;两站分装的,第二装车站应在车辆到达后及时交给乘务组。乘务组应在装车前做好上水、补足油料、预冷车辆等工作。

2. 装车作业基本要求

(1)装车注意事项

易腐货物应按"易腐货物机械冷藏车运输条件表""易腐货物装载方法表"规定的方法装载。

①保持车内低温。

经过预冷的冷藏车装车时,应采取措施保持车内温度,避免降低预冷效果。

②不损坏车辆。

在装车作业中应使用不致损坏车内设备的工具,不得挤碰循环挡板和挤占车体压筋之间的空隙,上层货物距离循环挡板至少应留出50mm的空隙,不得在货物分层间使用影响通风的隔板。货物在车内的堆码,应当保证两侧车门能够方便开启。开关车门时,严禁乱砸硬撬。在采取保温、防寒、防湿等措施时,严禁以钉、钻、铆等方式损坏冷藏车车体。

③装卸时间的规定。

车站、机械冷藏车乘务组和托运人、收货人应加强装卸车组织工作,缩短装卸时间。易腐货物作业车停站时间原则上不得超过该站的货车停留时间。

单节机械冷藏车每辆装(卸)车作业时间(不包括洗车和预冷时间,下同)不得超过3小时。货物车为4辆的机械冷藏车组,每组装(卸)车作业时间不得超过6小时,每车的装(卸)车作业时间不得超过3小时。装(卸)车期间需要制冷的,要在"机械冷藏车作业单"中注明起止时间,车站按规定核收有关费用。由于托运人(收货人)的责任超过规定的装卸车时间,也应核收货车使用费。

车站货运员和机械冷藏车乘务员应对装卸车作业进行指导,发现问题及时联系托运人、收货人共同解决。货物装车完毕,机械冷藏车乘务员应检查车门是否关闭严密,及时记录车内温度并开机调温。

（2）施封

使用冷藏车、棚车运输的易腐货物应施封，但派有押运人员的货物和需要通风运输的货物可不施封。

（3）填写冷藏车作业单

使用机械冷藏车时，对同一到站、同一收货人和同一热状态、要求同一温度的货物可不限车数合填冷藏车作业单一式三份。交一份由机械冷藏车乘务组递交到站。冷藏车作业单是掌握易腐货物运输质量的原始记录，是改进易腐货物冷藏运输质量、分析事故原因、划分承运人与托运人之间以及铁路内部相互间责任的依据，所以装车单位必须按要求认真填写冷藏车作业单。

车站、铁路专用线（专用铁路）、机械冷藏车乘务组要认真按车填写"机械冷藏车作业单"始发站作业记录（见表1-7），并做好传递交接工作。

机械冷藏车作业单 表1-7

No.000000

一、始发站作业记录

1. 发站_____到站_____、车种、车型、车号_____运单号_____。
2. 货物品名、热状态_____；包装种类、状态_____。
3. 货物质量抽查情况：_____
_____
4. 货物装载方法_____
5. 商定的运输条件_____
6. 车辆预冷时间_____h，车内预冷温度_____℃。
7. 货物进站时间_____月_____日_____时。装车时间_____月_____日_____时_____分开始到_____月_____日_____时_____分止，其中制冷时间_____月_____日_____时_____分开始到_____月_____日_____时_____分止。
8. 装车时车内温度_____℃，车外温度_____℃，货物的承运温度_____℃。
9. 试运批准号：_____
10. 其他需说明情况：_____
_____

托运人或经办人签字（盖章）_____　机械冷藏车机械长签字（盖章）_____
铁路专用线（专用铁路）签字（盖章）_____　发站货运员签字（盖章）_____

五、易腐货物的押运

由于一些易腐货物的性质特殊，在运输过程中需要加以特殊防护和照料，否则不能保证易腐货物运输安全，因此需派押运员押运。需派人押运的情况如下：

①需要浇水运输的鲜活植物，需要专门人员根据气温条件定时、定量地浇水、照管。

②需要适时调节车内温度、湿度的货物。

六、易腐货物车辆挂运

在易腐货物运量集中的区段，应开行易腐货物或以易腐货物为主的班列、直达、快运等快速货物列车。在其他区段，应积极组织挂运快速货物列车。

承运人应根据易腐货物季节性强、运量波动大、时间要求快的特点，加强运输组织工作，坚持优先安排运输计划、优先进货装车、优先配空、优先取送、优先编组、优先挂运。

各级调度对装有易腐货物的列车、车辆应重点掌握,防止途中积压。对装有易腐货物的车辆,除中间站装(卸)车可编入摘挂、小运转列车外,均应编入快运列车或直通、直达、区段列车。车辆在编组站、区段站的中转停留时间,原则上不得超过车站有关去向的货车中转停留时间。

七、易腐货物途中作业

1. 机械冷藏车控温

机械冷藏车乘务组应按《铁路鲜活货物运输规则》中"易腐货物机械冷藏车运输条件表"规定或商定的温度要求保持车内温度,对未冷却的易腐货物应在最短时间内将车内温度降到规定的范围。同时定期对车内温度状况进行监控,在装车后及运输途中,每隔 2 小时记录一次各车内的温度,每 6 小时填写一次机械冷藏车温度记录表(见表1-8)。

机械冷藏车温度记录　　　　　　　　　表1-8

日/时/分										
外温										
车内温度										
日/时/分										
外温										
车内温度										
日/时/分										
外温										
车内温度										

机械冷藏车机械长签字(盖章)_____　　列车戳_____

注:1. 未冷却货物可不填记货物的承运温度。
　　2. 冷却及未冷却的货物以卸车时车内温度为货物交接温度。
　　3. 机械冷藏车温度记录填满时,可在本页反面画格填写。
　　4. "机械冷藏车作业单"一式三份,一份由发站留存,一份随车递送到站保存,一份由机械冷藏车乘务组交配属单位存档。
　　5. 本作业单保存期为1年。

2. 通风作业

全程或部分区段需通风运输的易腐货物,或运输一段距离后需要对车内通风换气的易腐货物,应根据外界气温情况进行适当的通风。通风分为停站通风和在途通风。

机械冷藏车的通风是由专门的通风装置实现的,它可根据车内所装货物的需要随时进行。使用机械冷藏车装运水果、蔬菜和其他需要通风运输的货物时,应根据具体情况定期进行通风作业。

装运易腐货物的棚车、敞车需要通风换气时,可以将车门、车窗开启固定或侧板吊起,但必须注意安全。吊起敞车侧板时要用铁线进行加固,并用栅栏将货物挡住。开启的门窗和吊起的侧板最外处的部位从车辆纵中心线起不得超过1700mm。

3. 上水预报

需中途上水的机械冷藏车应编在列车中部，乘务组应提前拍发电报将有关情况通知前方上水站。机械冷藏车需要上水时，各车站应予以支持并免费供水。

为便于检修和管理，机械冷藏车临时备用时，应停留在有上水条件的枢纽地区或车站。

4. 货物运输合同的变更

易腐货物原则上不办理变更到站。确需变更时，可变更到站一次，且容许运输期限要大于重新计算的运到期限3日以上。

托运人要求变更易腐货物到站时，受理站应对该批货物的运到期限重新计算，只有容许运输期限仍然大于新的运到期限3日以上时方能受理。计算新的运到期限时应扣除已发生的运输时间，托运人提出的原容许运输期限也应扣除已发生的运送日数，或由托运人另提容许运输期限。

5. 车辆滞留时的处理

装有易腐货物的车辆，在运行途中不得保留积压。遇有特殊情况需要保留时，保留站应立即向铁路局调度、货运部门报告，同时采取措施妥善处理，并在货票记事栏内记明滞留原因和滞留时间。

装有易腐货物的车辆因技术状态不良等原因发生滞留不能继运时，滞留站应及时报告铁路局调度、货运部门，并尽量组织按原运输条件倒装。由于气温、技术条件等限制不能倒装又不宜在当地处理的货物，滞留站应通知发、到站及时联系托运人、收货人，并限时提出处理办法。超过要求时间未接到答复或因等候答复使货物造成损失时，由发生地铁路局与发送铁路局协商处理。

机械冷藏车组中的部分车辆发生故障不能继运时，乘务组应立即电告发生铁路局并抄报中国铁路总公司，发生局应尽快抢修、继运。

八、易腐货物到达作业

1. 卸车

车站、机械冷藏车乘务组和收货人应加强卸车组织工作，缩短卸车时间。易腐货物作业车停站时间原则上不得超过该站的货车停留时间。收货人领取货物时，必须将货物的装车备品、防护用品、衬垫物品等全部搬出。

车站货运员和机械冷藏车乘务员应对卸车作业进行指导，发现问题及时联系收货人共同解决。

2. 交付

易腐货物运抵到站，联系不到收货人或收货人拒绝领取时，到站应自发出催领通知次日起（不能实行领货通知时，为卸车完了的次日）或收货人拒绝领取之日起，1日内及时通知发站和托运人，征求处理意见。托运人自接到通知之日起，2日内提出处理意见答复到站。对于超过容许运输期限仍无人领取的货物，或收货人拒领而托运人又未按规定期限提出处理意见的货物，或虽未超过上述期限，但是货物已开始腐坏、变质时，到站可按无法交付货物或依据有关规定处理。

到达货物出现腐烂、变质、冻损、污染、生理病害、病残死亡等问题时,到站应立即组织卸车并按规定编制货运记录,使用机械冷藏车的应会同乘务组组织卸车。收货人有异议的,不得拒绝卸车或中途停止卸车,否则因此造成的扩大损失由收货人承担。装运易腐货物的机械冷藏车,卸后应认真填写机械冷藏车作业单"到站作业记录"(见表1-9)。

机械冷藏车作业单　　　　　　　　　　表1-9
二、到站作业记录

1. 到达车次_____次,时间_____月_____日_____时_____分。
2. 车辆调入时间_____月_____日_____时_____分。卸车时间_____月_____日_____时_____分起至_____月_____日_____时_____分止,其中制冷时间_____月_____日_____时_____分开始到_____月_____日_____时_____分止。
3. 卸车时温度:车内温度_____℃,车外温度_____℃。
4. 货物质量:感官观察_____,冻结货物温度_____℃。
5. 车内洗刷情况_____。
6. 其他需说明情况:_____

收货人或经办人签字(盖章)_____　　　机械冷藏车机械长签字(盖章)_____
铁路专用线(专用铁路)签字(盖章)_____　　　到站货运员签字(盖章)_____

3. 货车、货位清扫和除污

卸车单位负责将卸后的车辆和货位清扫干净。

车辆洗刷除污、消毒后适当通风,晾干后再关车门。机械冷藏车洗刷除污、消毒后须经车站和乘务组检查验收,棚车、敞车洗刷除污、消毒后须经车站检查验收。

4. 冷藏车的回送与保管

卸车单位没有货车洗刷除污条件的,车站应根据调度命令填写"特殊货车及运送用具回送清单",向铁路局指定的洗刷除污站回送。清扫、洗刷除污费用由收货人承担。

单元三　活动物运输组织

教学提要

活动物在运输过程中对运输、温度、环境、卫生等有较高的要求,车站货运员要按照规定选择车辆,完成活动物的装车、承运,以便按时运抵到站。

知识点一　活动物发送作业

知识目标

1. 掌握活动物运输的基本要求。
2. 掌握活动物运输的车辆。
3. 掌握不同活动物的装车作业要求。

铁路特殊货物运输

能力目标

能够在实际工作中按照规章要求和活动物的实际状态,完成对一批活动物的发送作业。

理论知识

一、活动物的托运与受理

1. 活动物运输种类

活动物一般按整车运输。未装容器的活动物、蜜蜂限按整车运输。活动物可用活动物专用集装箱运输,但不能用通用集装箱运输。

2. 活动物运输证明

托运活动物时,托运人应按国家有关规定提出检疫证明,在电子运单"托运人记事"栏内注明检疫证明的名称和号码,并上传有关证明文件。

运输蜜蜂时,托运人要按车填写物品清单。物品清单要记明蜜蜂的空箱数、有蜂箱数、押运人所带的生活用品、饲养工具及蜜蜂饲料等。

3. 猛禽、猛兽商定条件运输

托运猛禽、猛兽时,托运人应与发站商定运输条件和运输防护方法,报发送铁路局批准。跨局运输时,发送铁路局应将商定的事项通知相关铁路局。托运人应在电子运单"托运人记事"栏内注明商定的运输条件和运输防护方法。

4. 活动物押运事宜

活动物运输的最大特点是运输过程中要同时进行饲养工作,养运难以分离。活动物(包括活鱼、鱼苗、蜜蜂、家畜等)需要专门人员供应饮水和照料,因此运输活动物时,托运人必须派熟悉动物特性的押运人随车押运,负责做好动物的饲养、饮水、换水、洒水、看护和安全工作。托运人应在电子运单"托运人记事"栏内注明押运人人数和押运人的姓名、证件名称及号码,并上传有关证明文件。

押运人的人数,每车以 1~2 人为限,托运人要求增派时,须经车站承认,但增派人数一般不得超过 5 人。鱼苗每车押运人不得超过 8 人,蜜蜂每车押运人不得超过 9 人,租用的家畜、家禽车回空时每次准许派 2 人押运。押运人应遵守"押运人须知"和铁路的有关规定,途中不得吸烟、生火、做饭、用明火照明。

押运人携带物品必须符合安全要求,只限于途中生活用品和途中需要的饲料和饲养工具,数量在规定期限内。为放蜂需要带的狗必须装在铁笼内,并交验检疫证明。押运人不得携带危险品和违反政令限制的物品。

5. 活动物运输标记

对承运的活动物,发站应在装载清单上注明"活动物"字样,以引起各环节运输工作人员的注意,做好沿途服务工作,及时办理运输作业,缩短在途时间。

二、活动物装车

1. 活动物运输车辆

装运活动物应选用专用车辆、敞车或有窗的棚车。活动物运输的车辆有如下几种：

（1）家畜车

家畜车是运输猪、牛、羊、鸡、鸭、鹅等家畜家禽的专用车。新中国成立初期，我国没有专用的家畜车。1963年，开始研制了J1型和J2型家畜车。1964年，研制了J3型家畜车。1966年，研制了J4型家畜车。1984年，研制了J5型家畜车。1986年，研制了J6型活牛专用车。由于铁路活动物运输市场的变化，从2008年起，家畜车基本退役，被改造成其他用途的车辆。如J5SQ型运输汽车专用车是在J5型家畜车基础上进行改造的，主要用于微型、小型汽车及中型面包车的铁路运输。

（2）棚车、敞车

棚车、敞车属通用货车。在活动物专用车不足的情况下，可有条件地选用棚车、敞车装运活动物。使用时，根据需要增设装载装置、装车备品并采取相应的防护措施，可用于装运马、牛、羊、猪等活动物。

（3）动物集装箱

动物集装箱是为装运活动物而特别设计的，设有外置式食槽，能遮蔽阳光直射，具有良好的通风条件，用于装运鸡、鸭、鹅等家禽和马、牛、羊等家畜。

2. 车辆选用

装运活动物宜选用合适的车辆。可使用清扫干净、未受污染的棚车、敞车，但不得使用无车窗的棚车。拨配的车辆是否适合装运活动物由托运人检查确定，并在电子运单"托运人记事"栏内记明同意使用车辆的车型、车号。托运人认为车辆不适合时，承运人应予以调换。

①装运牛、马、骡、驴、骆驼等大牲畜，应使用带有活标记的木地板货车；确因木地板货车不足需要使用其他货车时，应采取衬垫等防滑措施。

②装运活鱼不得使用全钢棚车及车窗不能开启的棚车（采用增氧机运输的除外）。托运人随车携带增氧机时，必须随车带1~2只灭火器。随车携带的动力用柴油不得超过100kg。柴油应盛装于小口塑料桶内，口盖必须拧紧，严密不漏。严禁使用汽油动力增氧机，严禁携带汽油上车。

3. 活动物装车

未装容器的活动物、蜜蜂、鱼苗，不论是在车站公共装卸场所内还是在其他场所，均由托运人或收货人负责。装车前，应认真检查车辆的货运状态、卫生条件是否适合装运活动物。装车时，应按规定的方法和要求装载。

①禽、畜可单层或多层装载，每层的装载数量由托运人根据季节、运输距离、活动物的体积及选用的车种、车型等情况确定。装运活动物的车辆可开启门窗，但应采取措施防止大牲畜头部伸出。对开启的车门应捆绑牢固，并用栅栏将活动物挡住。开启的门窗最外突出部位不得超限。

②棚车装活鱼、鱼苗应使用木箱、鱼篓、帆布桶、帆布槽等容器盛装。使用帆布槽盛装时，应用坚固的金属支架支撑，支架的高度不得超过1.7m，帆布应牢固、不渗水，装入鱼苗

后，槽内水位不得超过1.5m。禁止托运人在车体上钻孔安装支架。

活鱼、鱼苗运输中的生存环境，与自然的生长、养殖生态环境不同。在运输中须不断补充氧气，才能提高存活率。因此，活鱼、鱼苗装载密度不宜过大，鱼与水的比例以1∶10～1∶12为宜，运输用水必须清洁卫生，发现容器中有污物、残饵、死鱼应及时清除和换水。

③蜜蜂进站时，托运人必须在蜂箱巢门外安装好纱罩，防止蜜蜂飞出蜇人、遮蔽信号，影响车站作业和行车安全。蜂箱巢门未安装纱罩的，发站不得承运。

蜜蜂的装载，应纵向排列、稳固堆码，并留有足够的通风道，预留押运人休息的位置。在顶部蜂箱上不准乘坐人员，不准装载自行车和其他杂物。使用敞车装运的，高度不得超过4600mm，高出端、侧板的蜂箱要适当起脊堆码捆绑牢固，避免超限和运行中蜂箱倒塌、坠落，保证安全。

④使用棚车、敞车装运活动物时，为了通风散热，可开启门窗或吊起侧板，但应采取设置栅栏等措施防止活动物头脚伸出或坠落，避免活动物发生伤残死亡或引发行车事故。棚车开启的车门窗和敞车吊起的侧板不得超限并应固定捆绑牢固，敞车上搭盖防晒防雨棚应稳固不超限，以保证安全。

三、填写"鲜活货物运量统计表"

办理活动物货物发送的车站应如实填写"鲜活货物运量统计表"（见表1-10），于每季度第一个月10日前将上季度报表上报铁路局，铁路局汇总后20日前上报中国铁路总公司。

鲜活货物运量统计表　　　　　　　　　　　　　　表1-10

单位：＿＿＿＿＿＿铁路局（车站）　　　　　　　　　　＿＿＿＿年＿＿＿＿季度

货物品类	按去向发送量（t）						按车种发送量（车、t）								
	哈	沈	……	乌	青	合计	机械冷藏车		棚车、敞车		其他		合计		
							车	t	车	t	车	t	车	t	
速冻食品															
冻水产品															
肉类															
肉类制品															
油脂类															
禽蛋类															
乳制品															
糖果类															
饮品															
鲜蔬菜															
鲜水果															
坚果类															
活动物															
其他															
合计															
备注															

去向顺序按：哈、沈、京、呼、郑、武、西、济、上、南、广、宁、成、昆、兰、乌、青。

注：本表保存期为3年。

四、活动物车辆的调车限制和编组隔离要求

1. 调车限制

活动物装车后应插挂"禁止溜放"表示牌,车站在调车作业时,严禁溜放。

2. 编组隔离要求

①禽、畜、鱼苗装车后,在电子运单上有编组隔离的电子标识,应在装载清单上用红色记明编组隔离标记,并转记在货车表示牌上。

②装载活动物的车辆原则上不得与乘坐旅客的车辆编挂在同一列车内。确需编挂在同一列车内时,应与乘坐旅客的车辆隔离1辆以上。

③装蜜蜂的车辆与装载农药的车辆原则上不得编挂在同一列车上。如因车流不足、分别挂运有困难,在本次列车运行全程内不发生列车折角转向运行的条件下,可编入同一列车内,但应将蜜蜂车挂在农药车的前部,并隔离4辆以上。

④蜜蜂车和生石灰车编在同一列车内时应隔离2辆以上,并将蜜蜂车挂在生石灰车的前部。

知识点二　活动物途中作业和到达作业

知识目标

1. 掌握活动物途中作业的内容。
2. 掌握活动物发送作业的内容。
3. 了解途中、到达作业中应注意的问题。

能力目标

能够在实际工作中按照规章要求,完成对一批活动物的途中作业、到达作业的办理。

理论知识

一、活动物途中作业

1. 活动物车辆的运行

装有活动物的车辆,车站应及时组织挂运,除在中间站有装卸作业的可编入摘挂列车外,其他站均应编入快运列车或直达、直通列车。在编组站、区站段中转停留的时间,原则上不得超过本站方向别的中转站停留时间。将活动物车辆编入快运货物列车、鲜活货物直达列车,更有利于压缩活动物车辆的在途时间。

2. 活动物车辆途中上水

活动物在中途上水,由铁路指定的上水站免费供应,上水站站名见表1-11。上水用具由托运人或押运人自备。车站对挂有活动物车辆的列车,应接入备有上水设备的股道。上水站上水后应按规定用电报依次向前方上水站进行预报。上水预报电文内容和代号见表1-12。

上水站站名表　　　　　　表1-11

局　别	上　水　站　站　名
哈尔滨	哈尔滨南、三间房、南岔、牡丹江、让湖路、佳木斯、绥化、加格达奇、博克图、哈尔滨东、北安、塔河、八达沟、伊图里河、齐齐哈尔、龙镇、红兴隆、海拉尔
沈阳	山海关、沈阳西、沈阳南、四平、长春北、通辽、梅河口、大安北、赤峰、锦州、大石桥、本溪
北京	丰台西、南仓、石家庄、张家口南、隆化、平泉、德州、唐山北、银城铺、唐山东、蓟县、邯郸、阳泉、衡水、双桥
太原	大同、太原北、榆次、介休、临汾、运城
呼和浩特	包头东、集宁、乌海西、乌海、临河、呼和浩特、赛汗塔拉
郑州	郑州北、商丘、商丘北、新乡、安阳、月山、晋城北、长治北、三门峡西、洛阳东、洛阳北、关林、平顶山西、嘉峰
武汉	武汉北、襄樊北
西安	新丰镇
济南	济南西
上海	南翔、阜阳北、芜湖东、绩溪县
南昌	鹰潭、向塘西
广州	株洲北、江村、衡阳北、岳阳北、长沙东、郴州、韶关
南宁	柳州南、桂林北、玉林、南宁南、黎塘、凭祥、金城江、茂名、湛江
成都	广元、西昌南、达州
昆明	昆明东、宣威、威舍、红果、读书铺、开远、王家营、山腰
兰州	兰州西、武威南、迎水桥、天水、嘉峪关、惠农
乌鲁木齐	柳园、哈密、鄯善、吐鲁番、奎屯、阿拉山口、库尔勒、阿克苏
青藏	无

上水预报电文内容和代号　　　　　　表1-12

内容	开车月、日	车次	车型车号	货物品名	到站	收货人
代号	(1)	(2)	(3)	(4)	(5)	(6)

注：1. 在电文首部冠以"上水预报"字样。
　　2. 整列运输时，代号(3)只报车型、车数，不报车号。代号(6)由最后一个上水站向到站预报。

3. 活动物途中损失处理

运输过程中发现活动物染疫、疑似染疫、病死或死因不明时，押运人应及时通知车站。车站发现上述情况时，应及时向当地动物防疫部门报告并按动物防疫部门的规定妥善处理，同时拍发电报通知发、到站和上级主管部门。严禁乱扔染疫、疑似染疫的活动物及病死或死因不明的活动物尸体。

4. 活动物途中卫生状况处置

活动物的排泄物以及垫料、包装物、容器等污染物应由押运人或收货人在铁路指定站或到站清除，并按动物防疫部门的规定处理，不得中途随意向车外抛撒，不得违规在中途站清扫和冲洗。

5. 蜜蜂的途中作业

蜜蜂运输不办理变更到站，为保证铁路作业安全，蜜蜂在车站和运输过程中不得放蜂。

二、活动物到达作业

活动物车辆到达后，到站负责卸车的应及时组织卸车和交付，收货人负责卸车的应及时办理送卸和交接。卸车时要采取必要的措施防止活动物发生病残死亡等事故。

蜜蜂到达到站后，要尽快办理卸车、交付手续，并及时搬出货场。

装过活动物、鲜鱼苗的车辆，除清扫干净外，还要由铁路负责洗刷、除污，并向收货人核收费用。装过病死动物的车辆还应进一步按规定或依照防疫部门的处理意见进行消毒。清除的秽物和洗刷消毒产生的废水，需进行无害化处理，不得污染环境。活动物车辆的洗刷除污、消毒及回送办法，参照易腐货物的相关规定办理。

拓展知识

铁路冷链物流网络布局"十三五"发展规划简介

我国铁路冷链物流自开办以来发展迅速，1991年铁路冷链高峰年运量达1669万t，占全国冷链总运量的70%以上。随着高速公路的快速发展，以及国家出台公路"绿色通道"扶持政策、免收鲜活农产品的过路过桥费用等，使铁路冷链物流在运价、时效性、灵活性等方面的竞争力明显下降，冷链运量逐年下滑。

为适应铁路货运向现代物流转型发展要求，加快推进铁路冷链物流网络布局，进一步改善鲜活农产品流通环境，拓展铁路冷链物流市场，形成布局合理、技术先进、节能环保的铁路冷链物流服务体系，中国铁路总公司发布了《铁路冷链物流网络布局"十三五"发展规划》（简称《规划》），提出：到2020年，铁路冷链运量规模达到2000万吨以上，冷库容量规模达到300万~500万吨，冷链物流营业总收入达到500亿~700亿元；冷链主通道基本形成稳定的运输班列；新增新型冷藏车(箱)1000辆；构建畅通高效的铁路冷链物流网络通道结构，形成布局合理、功能完善的铁路冷链物流网络。

根据铁路冷链物流基地在路网中的作用及服务区域不同，主要分为区域级冷链物流基地和地区级冷链物流基地。

根据全国冷链运输强度，结合运量预测，依据沿线铁路载体城市冷链产品的产销情况，综合考虑铁路冷链运输综合成本，主要形成主、次两级铁路冷链运输通道。

综合分析主要运输通道上的地区经济总体水平、冷链货品生产市场规模、冷链市场需求规模、地区货运量规模、铁路场站条件、国家特殊扶持政策等24个指标构成的指标体系，确定铁路冷链物流基地82个。其中，区域级铁路冷链物流基地14个，地区级铁路冷链物流基地68个。

实训项目

1. 2018年6月,某托运人在湛江站托运未冷却的甜椒和未冷却的半熟番茄(收货人相同)至天津站,要求同批托运,使用一辆 B_{10} 7008923 装运,托运人提出两种货物的容许运输期限均为15天。

要求如下。

(1)确定运输条件,判断托运人托运的两种货物能否拼装在同一车内按一批托运。

(2)审定湛江站能否承运(湛江至天津运价里程2869km)。

(3)根据《易腐货物机械冷藏车运输条件表》确定货物的承运质量、适用的包装号和名称。

(4)请根据货物的包装、性质、运输方式以及使用的车种,制定货物的装载方法。

(5)填写机械冷藏车始发站作业记录(装车作业起止时间自拟)。

(6)填写运单(包括托运人、承运人填写部分)。

(7)核算运杂费。

注:不足条件可结合现场实际按规章规定自拟。

2. 某站12月12日装冻肉一车到广州西站(运价里程2206km),12月21日该车到达信阳站后,托运人要求变更到三水西站,要求完成以下任务。

(1)请以托运人的身份填写货物运输变更要求书。

(2)若你是信阳站的货运员,能否受理该运输合同的变更要求?

(3)该案例中整车货物变更到站是否应上报主管局?

(4)若你是受理该运输合同变更的货运员,应如何处理相关票据?

(5)请核算变更到站后,铁路应核收的运杂费是多少?托运人应补交还是退还运杂费,并计算是多少费用?

3. 西安北站发深圳北外贸出口活牛一车,托运人张某,收货人李某,使用 P_{64} 木地板棚车装运,该车2017年7月5日装车完毕,并于次日由12008次列车挂出,中途需要在郑州北站和株洲北站上水。要求如下。

(1)办理活动物运输,确定调车作业限制条件。

(2)明确相关运输票据上需要注明哪些特殊标记或文字。

(3)拟发活动物上水预报。

4. 某区段站在编组23032次货物列车时,因车流不足,按编组计划要求,需将一辆整车1605农药车(W_5 8001368)、一辆生石灰车(C_{62B} 4325837)和一辆蜜蜂车(P_{64} 3405098)编入该次列车。针对此情况,指出列车编组、列车编组顺序表填写以及货车表示牌选择和填记的特殊要求。

复习思考题

1. 什么是鲜活货物?
2. 易腐货物装载方法有何要求?

3. 试述冷藏车的使用范围。
4. 装运易腐货物时，应在哪些票据上注明哪些特殊标记？
5. 为什么易腐货物宜采用冷藏运输？
6. 装运活动物如何选择车辆？
7. 蜜蜂装载有何要求？
8. 车站用棚车、敞车装运需要通风运输的易腐货物时，有何要求？

模块二　危险货物运输组织

单元一　危险货物认知

教学提要

危险货物运输影响着铁路运输安全乃至社会、人身、财产的安全。正确识别铁路危险货物及其分类、特性,有利于保证运输安全。

知识点一　危险货物识别

知识目标

1. 掌握铁路危险货物的定义。
2. 熟悉铁路危险货物品名表。
3. 掌握铁危编号的组成。
4. 掌握铁路危险货物的分类。
5. 掌握铁路各类危险货物的特性及安全防护。
6. 掌握铁路新品名危险货物运输组织。

能力目标

1. 能够准确判定某货物是否为铁路危险货物。
2. 能准确区分危险货物的类别。
3. 能描述危险货物的主要特性及安全防护要求。
4. 能正确办理危险货物新品名运输。

理论知识

在铁路运输中,危险货物具有与一般货物不同的特性,它们除本身具有的主要危险性外,还兼有其他危险性,其中一些货物与其他货物在相互接触后会发生强烈的反应。为了安全地运输这些货物,在铁路运输中,必须严格执行国家和中国铁路总公司(简称铁总)关于危险货物运输的有关规定。

一、铁路危险货物定义

《铁路危险货物运输管理规则》(简称《危规》)中所称危险货物,是指具有爆炸、易燃、毒害、感染、腐蚀、放射性等危险特性,在铁路运输、装卸和储存保管过程中,容易造成人身伤亡、财产毁损或者环境污染而需要特别防护的物质和物品。

一种货物是否属于危险货物必须符合危险货物的定义。该定义的具体内容包括以下三个方面:

①具有危险特性;
②可能造成危害后果;
③可以采取特别的防护措施。

危险货物的危险性主要取决于货物本身的理化性质,但是与外界的环境条件也密切相关。只要我们严格按章办事,以科学的态度掌握危险货物的性质和变化规律,认真做好危险货物的运输、搬运、装卸、保管、防护等各项工作,控制可能导致危险货物发生事故的外界条件,就能实现危险货物的安全运输。

二、判定危险货物的方法

危险货物的运输条件,比非危险货物要求更严格、更复杂。如果把危险货物误认为普通货物,就会降低危险货物的运输条件,如不采取特殊措施,就有可能酿成事故;如果把普通货物误认为危险货物,在运输过程中就会增加不必要的防护措施,延误货物的运送,影响铁路运输效率。

危险货物的具体判定方法,可按下述步骤进行。

①在《铁路危险货物运输管理暂行规定》、《铁路危险货物品名表》(简称《品名表》)中列载的品名(见表2-1),均属危险货物(特殊规定可按普通货物运输条件运输的品名除外),均按危险货物运输条件运输。

铁路危险货物品名表(摘录) 表2-1

铁危编号	品名	别名	信息化品名	主要特性	包装标志	包装类	包装方法	灭火方法	洗刷除污编号	急救措施	特殊规定	联合国及国标编号
1	2	3	4	5	6	7	8	9	10	11	12	13
21053	液化石油气	石油气(液化的)	液化石油气	浅黄色易燃液化气体,有特殊臭味,气体密度1.5g/cm^3,不溶于水,主要成分为丙烷、丁烷、丙烯、丁烯,易燃易爆	4,6	Ⅱ	1	雾状水,泡沫,干粉,二氧化碳	1	中毒者移至新鲜空气处,严重时送医院急救	2(a),18	1075

续上表

铁危编号	品名	别名	信息化品名	主要特性	包装标志	包装类	包装方法	灭火方法	洗刷除污编号	急救措施	特殊规定	联合国及国标编号
1	2	3	4	5	6	7	8	9	10	11	12	13
41511A	萘	粗萘，精萘，萘饼，工业萘	萘(固)	无色或白色结晶或粉末，有特殊气味，比重1.16，熔点80℃，闪点79℃，易挥发	8	Ⅲ	10,11,13,21,22,24	水、砂土、泡沫灭火器、干粉，熔融萘着火不能用水		3	6,29	1334

注：危险货物品名表由13个栏目组成：

第1栏：铁危编号，由5位阿拉伯数字及英文大写字母组成。

第2栏：品名，为危险货物的正式运输名称及附加条件。

第3栏：别名，为危险货物正式运输名称以外的其他名称。

第4栏：信息化品名，为危险货物运输电子运单填写以及货运管理使用名称。

第5栏：主要特性，为危险货物的主要物理、化学性质及危险性。

第6栏：包装标志，为危险货物包装标志。

第7栏：包装类，为按危险货物的危险程度划分的包装类。

第8栏：包装方法，为危险货物包装表的包装号及特定的包装方法。

第9栏：灭火方法，为推荐的灭火剂及灭火禁忌。

第10栏：洗刷除污编号，为洗刷除污方法编号及特殊洗刷除污方法。

第11栏：急救措施，为建议的临时急救措施。

第12栏：特殊规定，为该品名执行有关铁路危险货物运输特殊规定的顺序号。特殊规定的内容必须认真查看，严格执行。

第13栏：联合国及国标编号，联合国编号为联合国危险货物运输专家委员会《关于危险货物运输的建议书》中该品名的编号(仅供参考用)，国标编号是GB 12268中的编号。

②未列入《品名表》中，但铁总已确定并公布为危险货物的品名时，按铁总规定办理。

③在《品名表》中未列载的化工原料、化工产品，可按《危规》中新产品的有关条件办理运输。

三、铁路危险货物的编号和分级

铁危编号是判断货物是否为危险货物的重要标志，是办理承运、配放、确定运输条件的主要依据，也是发生事故时判定货物性质、采取施救措施的依据。

铁危编号由5位阿拉伯数字及英文大写字母组成。第1位数字表示该危险货物的类别；第2位数字表示该危险货物的项别；后3位数字表示该危险货物品名的顺序号。其中类别和项别的号码顺序并不完全代表货物的危险程度顺序，后3位顺序号001～500为一级，501～999为二级(第三类二级除外)。

如萘的铁危编号为41511A，第一位"4"表示该物品属危险货物的第四类，第二位"1"表示该物品属第四类中的第一项，"511"表示萘在该项的顺号为511。

同一品名编号具有不同运输条件时，在数字编号后用英文大写字母(如A、B、C等)表

示,举例如下:

①焦油(编号 31292A)又称煤膏,是煤干馏过程中得到的一种黑色或黑褐色黏稠状液体,具有特殊臭味,可燃并有腐蚀性,密度通常为 0.95g/cm³~1.10g/cm³,闪点 100 ℃,是一种高芳香度的碳氢化合物。限使用钢制企业自备罐车装运或钢桶包装的可用敞车运输。

②煤焦油(编号 31292B)是黑色黏稠液体,有特殊臭味,相对密度小于 1g/cm³,闪点 15.6~25 ℃,能刺激皮肤,有毒,易燃。限使用钢制企业自备罐车装运或钢桶包装的可用敞车运输。

③松焦油(编号 31292C)是黑色黏稠液体,有特殊臭味,相对密度小于 1g/cm³,闪点 15.6~25 ℃,能刺激皮肤,有毒,易燃。钢桶包装的可用敞车运输。

四、铁路危险货物的分类

1. 危险货物分类

经由铁路运输的危险货物品类繁多、性质复杂,要求运输条件各异。根据国家公布的《危险货物分类和品名编号》和《危险货物品名表》,结合铁路运输实际情况,铁路运输危险货物按其主要危险性和运输要求划分为九类,各类危险货物按其性质又划分为若干项,具体类项名称见表2-2。

危险货物类项名称   表2-2

类号及名称	项号及名称	铁危编号
第一类 爆炸品	1.1 有整体爆炸危险的物质和物品	11001~11148
	1.2 有迸射危险,但无整体爆炸危险的物质和物品	12001~12057
	1.3 有燃烧危险并有局部爆炸危险或局部迸射危险或这两种危险都有,但无整体爆炸危险的物质和物品	13001~13061
	1.4 不呈现重大危险的物质和物品	14001~14066
	1.5 有整体爆炸危险的非常不敏感物质	15001~15005
	1.6 无整体爆炸危险的极端不敏感物品	16001
第二类 气体	2.1 易燃气体	21001~21072
	2.2 非易燃无毒气体	22001~22069
	2.3 毒性气体	23001~23077
第三类 易燃液体	3.1 一级易燃液体	31001~31319
	3.2 二级易燃液体	32001~32158
第四类 易燃固体、易于自燃的物质、遇水放出易燃气体的物质	4.1 易燃固体(一级易燃固体)	41001~41074
	(二级易燃固体)	41501~41559
	4.2 易于自燃的物质(一级自燃物品)	42001~42052
	(二级自燃物品)	42501~42537
	4.3 遇水放出易燃气体的物质(一级遇水易燃物品)	43001~43057
	(二级遇水易燃物品)	43501~43510

续上表

类号及名称	项号及名称	铁危编号
第五类 氧化性物质和有机过氧化物	5.1 氧化性物质（一级氧化性物质）	51001~51087
	（二级氧化性物质）	51501~51530
	5.2 有机过氧化物	52001~52123
第六类 毒性物质和感染性物质	6.1 毒性物质 一级毒性物质（剧毒品）	61001~61205
	二级毒性物质（有毒品）	61501~61941
	6.2 感染性物质	62001~62004
第七类 放射性物质	六种形式：易裂变物质、低弥散放射性物质、低比活度放射性物质、表面污染体、特殊形式放射性物质、其他形式放射性物质	71001~71030
第八类 腐蚀性物质	8.1 酸性腐蚀性物质（一级）	81001~81135
	（二级）	81501~81647
	8.2 碱性腐蚀性物质（一级）	82001~82041
	（二级）	82501~82526
	8.3 其他腐蚀性物质（一级）	83001~83030
	（二级）	83501~83515
第九类 杂项危险物质和物品	9.1 危害环境的物质	91001~91021
	9.2 高温物质	92001、92002
	9.3 经过基因修改的微生物或组织，不属感染性物质，但可以非正常地天然繁殖结果的方式改变动物、植物或微生物物质	93001

2. 易燃普通货物

不属于上述九类危险货物，但易引起燃烧、在铁路运输过程中需采取防火措施的货物，如棉花、麻类、牧草等，属易燃普通货物，见表2-3。

易燃普通货物品名表　　　　　　　表2-3

顺号	品名
1	《品名表》规定之外的籽棉、皮棉、黄棉花、废棉、飞花、破籽花
2	《品名表》规定之外的各种麻类和麻屑
3	麻袋（包括废、破麻袋）、各种破布、碎布、线屑、乱线、化学纤维
4	牧草、谷草、油草、蒲草、羊草、芦苇、荻苇、玉米棒（去掉玉米的）、玉蜀黍秸、豆秸、秫秸、麦秸、蒲叶、烟秸、甘蔗渣、蒲棒、蒲棒绒、芒杆、亚麻草、烤烟叶、晒烟叶、棕叶以及其他草秸类
5	葵扇（芭蕉扇）、蒲扇、草扇、棕扇、草帽辫、草帘、草苫、草包、草袋、蒲包、草绳、芦席、芦苇帘子、笤帚以及其他芦苇、草秸的制品
6	干树皮、干树枝、干树条、树枝（经脱叶加工）、带叶的竹枝、薪柴（劈柴除外）、松明子、腐朽木材（喷涂化学防火涂料的除外）

续上表

顺 号	品 名
7	刨花、木屑、锯末
8	纸屑、废纸、纸浆、柏油纸、油毡纸
9	炭黑、煤粉
10	粮谷壳、花生壳、笋壳
11	羊毛、驼毛、马毛、羽毛、猪鬃以及其他禽兽毛绒
12	麻黄、甘草

注:1. 用敞车、平车、砂石车装运易燃普通货物时,应用篷布苫盖严密,在调车或编入列车时,应进行隔离。但对干树皮、干树枝、干树条和带叶的竹枝,由于干湿程度、带叶多少不同应否苫盖篷布由发站根据气温和运输距离在确保运输安全的原则下负责确定。

2. 腐朽木材喷防火涂料或采取其他防火措施后,可不苫盖篷布。

3. 本表未列的品名,是否也属于易燃普通货物,由发站报铁路局确定。

4. 以易燃材料作为包装、捆扎、填塞物,以竹席、芦席、棉被等苫盖的非易燃货物,以及用木箱、木桶、铁桶包装的易燃普通货物,均按普通货物运输。以敞车装运时,是否应苫盖篷布,由托运人根据货物的运输安全情况负责确定,并在电子运单托运人记事栏内注明。

五、铁路危险货物的性质

1. 爆炸品

在国防建设、开山筑路、房屋爆破等方面我们要大量用到爆炸品,因此,掌握爆炸品的性质,确保爆炸品的运输安全具有重要的意义。

按引起爆炸的原因可分为化学爆炸、物理爆炸和核爆炸三种。原子弹、氢弹的爆炸属于核爆炸;装有压缩气体的钢瓶受热爆炸属于物理爆炸;炸药及爆炸性药品的爆炸、可燃性气体(石油液化气)与空气混合达到爆炸极限时遇明火发生的爆炸、可燃性粉末(面粉厂粉尘)与空气混合遇明火发生的爆炸等属于化学爆炸。危险货物中爆炸品的爆炸一般都属于化学爆炸。

(1)爆炸品的定义

爆炸品是指受到高热、摩擦、撞击、震动或其他外界作用,能迅速发生剧烈化学反应,瞬间产生大量气体和热量,形成巨大的压力而发生爆炸,对周围环境造成破坏的物品。

(2)爆炸品的性质

①爆炸性。

爆炸品的爆炸具有反应速度快、释放大量热量、产生大量气体的特点。

如1kgTNT炸药完全爆炸仅需10^{-5}s,放出热量3997kJ,生成气体690L,爆速为6990m/s,气体被加热到2000~3000℃,压力达到10.1~40.5GPa。所以,爆炸品一旦发生爆炸,会对周围的环境造成严重破坏。

爆炸的反应速度通常用爆炸速度(简称爆速)表示,爆速一般以8000 m/s为界限,高于此限的为烈性炸药,低于此限的为一般炸药。

②敏感性。

在外界能量作用下,炸药发生爆炸的难易程度,称为炸药的敏感度。由于各种炸药的成分不同,其敏感度也不一样。敏感度一般以引起炸药爆炸所需要的最小外界能量来度量,这种能量称为起爆能。炸药的起爆能越小,其敏感度越高。在铁路运输中,炸药遭受撞击、摩擦、加热、遇火、遇光都有可能引起炸药爆炸,所以在炸药的保管、列车运行、调车作业及炸药的装卸作业过程中必须按章办事,防火花、防撞击、防摩擦,同时还要防止杂质(如砂石、金属屑等物)混入炸药,以免提高炸药的敏感度。

过分敏感或反应性很强以致可能产生自发反应的爆炸性物质禁止运输。

2. 气体

气体通常应以耐压的气瓶装运,部分沸点高于常温的气体,可用安瓿瓶或质量良好的玻璃、塑料、金属容器盛装,个别气体亦可采用特殊容器装运。它们在受热、撞击等作用时易引起爆炸,加之这些气体具有易燃、助燃、有毒等特性,在运输中应当引起高度重视。

(1) 气体的定义

气体是指符合下述两种情况之一的物质:

①在50℃时,蒸气压大于300 kPa 的物质;

②在20℃及101.3kPa 标准大气压下完全是气态的物质。

气体包括:压缩气体、液化气体、溶解气体、冷冻液化气体、气体与其他类别物质的蒸气混合物、充有气体的物品和烟雾剂。

对一定量的气体,在温度不变的条件下,对其加压越大它的体积就会变得越小,利用气体的这个特性我们通常用高压的方式把气体压缩到钢瓶内储运。如果钢瓶内装有一定的气体,这个钢瓶内的气体压力会随着温度的升高而增大,当钢瓶内气体的压力增大到超过钢瓶所能承受的程度,这时就会发生钢瓶胀裂或爆炸,这就是为什么装有气体的钢瓶严禁接触火种、热源的道理。

处于压缩状态的气体叫作压缩气体。如果对压缩气体继续施压,压缩气体就会转化为液体,这就是铁路运输中的液化气体。但是有些气体仅仅使用加压的办法并不能使其变为液体,还必须在加压的同时降低其温度。例如氧气,必须把温度降到 -118.8℃,施加5.04 MPa 的压力,才能液化。若温度未达到此值,无论施加多大的压力都不能使其液化。这个能使气体液化的最高温度叫作临界温度。不同气体,其临界温度也不相同。在临界温度时,使气体液化所需要的最小压力叫作临界压力。

(2) 气体的危险性质

①气体受热膨胀。

压缩气体和液化气体使用高压和低温压缩与液化,气体分子处于压缩状态,存在很大动能。当温度升高时,充装在钢瓶内的气体压力将随之增大。这种压力大至超过钢瓶所能承受的程度时,就会导致钢瓶爆炸。例如一个氧气钢瓶的爆炸威力相当于5吨TNT炸药的爆炸威力。

②压力容器具有危险性。

盛装压缩气体和液化气体的容器为压力容器,具有很大的危险性,如果爆炸则具有杀伤性。安全帽、阀门、气嘴安装或关闭不到位时易折断,造成货物外泄。

③一些气体具有易燃性、毒性或窒息性。

易燃气体和一些毒性气体很容易燃烧,如氢气、甲烷、磷化氢等,遇火即能燃烧。

有些气体是剧毒气体,如氰化氢气体、氯气、氨气等,对人、牲畜有很大的毒害性。当空气中含有 0.01%~0.02% 的氯化氢气体时,吸入人体内即能引起人体中毒。当充装有毒气体的钢瓶泄露时,有毒气体就会扩散到空气中,造成大面积的空气污染,由于多数有毒气体比空气重,短时间内不易扩散到高空,被污染的空气长时间与人接触,将会引起人体中毒甚至死亡。

当有大量的不燃气体(如二氧化碳)扩散到空气中时,有可能使人体因缺氧而窒息死亡。

3. 易燃液体

易燃液体均为有机化合物,很多属于石油化工产品原料。该类货物除具有一般液体的性质外,还具有易燃、易爆、易挥发等性质。

(1) 易燃液体的定义

易燃液体通常用闪点来界定,闪点是用闪点测定仪器测定的。在盛有易燃液体的容器中,液体表面的蒸气和空气形成的混合物与火焰接触初次发生蓝色火焰时的温度,即为该液体的闪点。根据测定仪器的不同,闪点又分为开杯闪点和闭杯闪点两种。开杯闪点是将易燃液体放在敞开的容器中加热所测定(称开杯法)的闪点;闭杯闪点是将易燃液体放在一个特定的密闭容器中加热所测定(称闭杯法)的闪点。

易燃液体系指闭杯闪点不高于 60.5℃ 或开杯闪点不高于 65.6℃ 的液体或液体混合物,或在液体及悬浮液中含有固体的液体。

易燃液体在常温下易挥发,其蒸气与空气混合能形成爆炸性混合物,部分易燃液体还具有毒性或麻醉性。某些易燃液体,易自行聚合,放出热量和气体,导致容器胀裂。

(2) 易燃液体的性质

①高度的易燃性。

易燃液体的沸点较低,如汽油、醇、苯等在常温下能不断地挥发蒸气,挥发程度随温度的升高而增大,这些蒸气一旦接触明火甚至与火焰相隔一定距离就会燃烧,甚至爆炸。易燃液体的易燃程度通常用闪点来表示,闪点越低,其越易燃烧,危险性越大。

②蒸气的易爆性。

由于易燃液体都有很强的挥发性,当其挥发的蒸气和空气混合达到一定比例范围时,遇明火或火花后就会发生爆炸,这种比例范围称为该液体的爆炸极限。爆炸极限通常用蒸气在混合物中的体积百分比来表示,能引起燃烧爆炸的最低浓度,称为爆炸下限,能引起燃烧爆炸的最高浓度,称为爆炸上限。如乙醇的爆炸极限为 3.3%~19%,环氧氯丙烷的爆炸极限为 5.2%~17.5%。爆炸下限越低,爆炸极限范围越大,其危险性越大。常见易燃液体挥发的蒸气的爆炸极限见表 2-4。蒸气的浓度低于或高于爆炸极限浓度范围,都不会发生爆炸。

几种易燃液体的闪点和蒸气的爆炸极限　　　　　表 2-4

液体名称	闪点(℃)	蒸气的爆炸极限		
		下限(%)	上限(%)	爆炸范围(%)
乙醚	-45	1.85	36.5	34.65
二硫化碳	-30	1.3	50	48.7
苯	-11	1.3	7.1	5.8

续上表

液体名称	闪点(℃)	蒸气的爆炸极限		
		下限(%)	上限(%)	爆炸范围(%)
甲醇	11.11	6.7	36	29.3
煤油	>37.78	0.7	5.0	4.3
苯乙烯	31.1	1.1	6.1	5.0

易燃液体除上述主要特性外,还具有高度的流动扩散性、较大的蒸气压、遇强酸及氧化剂等能发生剧烈反应而引起燃烧等特性。有的易燃液体还具有毒性,如甲醇、苯、二硫化碳等,人体吸入较多后能引起急性中毒。大多数易燃液体不溶于水,且相对密度小于1,所以在灭火中不应使用水扑救。

4. 易燃固体、易于自燃的物质、遇水放出易燃气体的物质

和其他类危险货物相比,该类货物运量较小。易燃固体中的金属粉末燃烧时温度高,与空气混合达到爆炸极限时容易引起粉尘爆炸。易于自燃的物质如黄磷,不少经办站发生过货物自燃着火事件。遇水放出易燃气体的物质在受潮、雨淋或与水接触过程中会带来燃烧甚至爆炸,和一般货物的性质有根本区别,所以应该引起足够的重视。

(1) 易燃固体

① 易燃固体的定义。

燃点低,对热、撞击、摩擦均较敏感,易被外部火源点燃,燃烧迅速,并可散发出有毒烟雾或气体的固体称为易燃固体。

包括:在运输环境和条件下容易燃烧或由于摩擦可能引燃或助燃的固体;可能发生强烈放热反应的自反应物质;不充分稀释可能发生爆炸的固体退敏爆炸品。

② 易燃固体的性质。

易燃固体主要有含磷化合物、硝基化合物、易燃金属粉末等。此外,它们之中有的是含过量水分或小包装的爆炸性物品。其主要特性如下。

a. 燃点低,在高热、明火、摩擦作用下易燃烧。

易燃固体的着火点比较低,一般在300℃以下,在常温下只要有能量很小的着火源与之作用即能引起燃烧。如镁粉、铝粉只要有20mJ的点火能即可被点燃;硫黄、生松香只需15mJ的点火能即可被点燃。有些易燃固体在储存过程中受撞击等外力作用时也能引发燃烧。例如红磷、闪光粉等受摩擦、震动、撞击等也能起火燃烧甚至爆炸。所以易燃固体在储存、运输、装卸过程中,应轻拿轻放,避免摩擦、撞击等外力作用。

b. 遇酸、氧化剂易燃易爆。

绝大多数易燃固体具有还原性,与酸、氧化剂接触,尤其是与强氧化剂接触,能够立即引起着火或爆炸。如H发孔剂与酸性物质接触能立即起火,萘与发烟硫酸接触反应非常剧烈,甚至能引起爆炸。红磷与氯酸钾、硫黄与过氧化钠或氯酸钾相遇,都会立即引起着火或爆炸。

c. 可分散性

固体具有可分散性。一般来讲,物质的颗粒越细,其表面积越大,分散性就越强。当固

体粒度小于0.01mm时,可悬浮于空气中,这样能充分与空气中的氧接触,发生氧化作用。易燃固体中的金属粉末,如铝粉、镁粉等,燃烧时不仅温度很高,而且粉尘极易飞扬,与空气混合达到爆炸极限时,遇明火可引起粉尘爆炸。

d. 热分解性。

某些易燃固体受热后不熔融,而是发生分解现象。有的受热后边熔融边分解。一般来说,热分解的温度高低直接影响危险性的大小,受热分解温度越低的物质,其火灾爆炸危险性就越大。

e. 毒害性。

许多易燃固体有毒,或燃烧产物有毒,或有腐蚀性,如二硝基苯、二硝基苯酚、硫黄、五硫化二磷等。

(2) 易于自燃的物质

①易于自燃物质的定义。

自燃点低,在空气中易于发生氧化反应,放出热量,而自行燃烧的物质。

本项包括:发火物质和自热物质。

②易于自燃物质的性质。

a. 极易氧化

自燃的发生是由于物质的自行发热和散热速度处于不平衡状态而使热量积蓄的结果。自燃物质多具有空气氧化、分解的性质,且燃点较低。在未发生自燃前,一般都经过缓慢的氧化过程,同时产生一定热量,当产生的热量越来越多,积热使温度达到该物质的自燃点时,便会着火燃烧。

凡能促进氧化的一切因素均能促进自燃。空气、受热、受潮、氧化剂、强酸、金属粉末等能与自燃物质发生化学反应或对氧化反应有促进作用,它们都是促使自燃物质自燃的因素。例如油布、油纸等在常温、潮湿的环境中能缓慢氧化,并且不断放出热量,当积热不散,达到一定温度时,也会引起自燃。

b. 易分解。

某些自燃物质的化学性质很不稳定,在空气中会自行分解,积蓄的分解热也会引起自燃,如硝化纤维素胶片、赛璐珞等。

(3) 遇水放出易燃气体的物质

①遇水放出易燃气体的物质的定义。

遇水或受潮时发生剧烈化学反应,放出大量的易燃气体和热量的物质,称作遇水放出易燃气体的物质。

本项物质与水接触或受潮可能放出易燃气体,这种气体与空气混合能够形成爆炸性混合物。这种混合物极易被引燃,所产生的冲击波和火焰可能对人和环境造成危害。

②遇水放出易燃气体的物质的性质。

a. 遇水易燃易爆。

遇水后发生剧烈的化学反应使水分解,夺取水中的氧与之化合,放出可燃气体和热量。当可燃气体在空气中达到燃烧范围时,或接触明火,或由于反应放出的热量达到引燃温度时,就会发生着火或爆炸。如金属钠遇水反应剧烈,放出氢气多,产生热量大,能直接使氢气燃爆。

遇水后反应较为缓慢,放出的可燃气体和热量少,可燃气体接触明火时才可引起燃烧。电石、碳化铝等遇湿易燃物质盛放在密闭容器内,遇湿后放出的乙炔或甲烷及热量逸散不出来而积累,致使容器内的气体越积越多,压力越来越大,当超过了容器的强度时,就可能使容器胀裂以致发生化学爆炸。

b. 遇氧化剂和酸着火爆炸。

遇湿易燃物质除遇水能反应外,遇到氧化剂、酸也能发生反应,而且比遇到水反应得更加剧烈,危险性更大。有些遇水反应较为缓慢,甚至不发生反应的物质,当遇到酸或氧化剂时,也能发生剧烈反应。如锌粒在常温下放入水中并不会发生反应,但放入酸中,即使是较稀的酸,反应也非常剧烈,放出大量的氢气。这是因为遇水易燃物质都是还原性很强的物质,而氧化剂和酸等物质都具有较强的氧化性,所以它们相遇后反应更加强烈。

c. 毒害性和腐蚀性。

有一些遇水易燃物质与水反应生成的气体是易燃有毒气体,如电石放出的乙炔。碱金属及其氢化物、碳化物与水作用生成强碱,都具有很强的腐蚀性,必须注意防腐。

5. 氧化性物质和有机过氧化物

氧化性物质和有机过氧化物是化学性质比较活泼的一类物质,在工农业生产中常常用到,不少人错误地认为其危险性较爆炸品要小,所以在作业过程中,往往未能引起重视,反而成为危险货物中最容易发生事故的一类货物。因此,必须了解该类货物的性质,保证其安全运输。氧化性物质和有机过氧化物具有强氧化性,易引起燃烧、爆炸。

(1) 氧化性物质

① 氧化性物质的定义。

氧化性物质系指易分解并产生氧气和热量的物质,其本身不一定可燃,但能导致可燃物的燃烧,与粉末状可燃物能组成爆炸性混合物,对热、震动或摩擦较敏感。

② 氧化性物质的性质。

a. 很强的氧化性。

氧化剂中的无机过氧化物均含有过氧基,很不稳定,易分解放出原子氧,其余的氧化剂则分别含有高价态的氯、溴、氮、硫、锰、铬等元素,这些高价态的元素都有较强的获得电子的能力。因此,氧化剂最突出的性质是遇易燃物品、可燃物品、有机物、还原剂等会发生剧烈化学反应引起燃烧爆炸。

b. 遇热分解性。

氧化剂遇高温易分解出氧气和热量,极易引起燃烧爆炸。

c. 撞击、摩擦敏感性。

许多氧化剂,如氯酸盐类、硝酸盐类等对摩擦、撞击、震动极为敏感,储运中要轻装轻卸,以免增加其爆炸性。

d. 与酸作用分解。

大多数氧化剂,特别是碱性氧化剂,遇酸反应剧烈,甚至发生爆炸。例如,过氧化钠(钾)、氯酸钾、高锰酸钾等,遇硫酸立即发生爆炸。这些氧化剂不得与酸类接触,也不可用酸碱灭火剂灭火。

e. 与水作用分解。

有些氧化剂,特别是活泼金属的过氧化物,如过氧化钠(钾)等,遇水分解出氧气和热量,有助燃作用,使可燃物燃烧,甚至爆炸。这些氧化剂应防止受潮,灭火时严禁用水、酸碱、泡沫、二氧化碳扑救。

f. 有毒性和腐蚀性。

有些氧化剂具有不同程度的毒性和腐蚀性。例如,铬酸(三氧化铬)、重铬酸盐等既有毒性,又会烧伤皮肤;活性金属的过氧化物有较强的腐蚀性,操作时应做好个人防护。

g. 强氧化剂与弱氧化剂之间的反应。

有些氧化剂与其他氧化剂接触后能发生复分解反应,放出大量热而引起燃烧或爆炸。如亚硝酸盐、次亚氯酸盐等,遇到比它强的氧化剂时显示还原性,发生剧烈反应而导致危险。因此,氧化剂也不能混储、混运。

(2) 有机过氧化物

① 有机过氧化物的定义。

有机过氧化物系指分子组成中含有过氧基(-O-O-)的有机物质,属热不稳定物质,可能发生放热自加速分解等,主要特性有:可能发生爆炸性分解;迅速燃烧;对碰撞或摩擦敏感;与其他物质起危险反应;损害眼睛。

有些有机过氧化物在常温下会自行加速分解,所以必须控温运输;有的则需要加入一定的稳定剂方能运输。

如过氧化二苯甲酰干品极不稳定,受撞击易燃爆炸,运输中要求含水率不少于30%。

② 有机过氧化物的性质。

a. 分解爆炸性。

由于有机过氧化物都含有过氧基(-O-O-),而过氧基是极不稳定的结构,对热、震动、冲击或摩擦都极为敏感,所以当受到轻微的外力作用时即分解。如过氧化二乙酰,纯品制成后存放24h就可能发生强烈的爆炸;过氧化二苯甲酰在含水1%以下时,稍有摩擦即能爆炸;过氧化二碳酸二异丙酯在10℃以上时不稳定,达到17.22℃时即分解爆炸;过氧乙酸(俗称过醋酸)纯品极不稳定,在-20℃时也会爆炸,浓度大于45%时就有爆炸性,作为商品制成含量为40%的溶液时,在存放过程中仍可分解出氧气,加热至110℃时即爆炸。不难看出,有机过氧化物对温度和外力作用是十分敏感的,其危险性和危害性比其他氧化剂更大。

b. 易燃性

有机物一般都易燃,而有机过氧化物更容易燃烧,如过氧化叔丁醇的闪点为26.67℃,过氧化二叔丁酯的闪点只有12℃。有机过氧化物受热或与杂质(如酸、重金属化合物、胺等)接触或摩擦、碰撞而发热分解,产生有害或易燃气体,当封闭受热时迅速由燃烧转为爆炸。所以扑救有机过氧化物火灾时应特别注意爆炸的危险性。

c. 人身伤害性。

过氧化物容易伤害人的眼睛,如过氧化环己酮、过氧化氢叔丁基、过氧化二乙酰等都对眼睛有伤害,其中某些过氧化物即使与眼睛短暂地接触,也会对角膜造成严重的伤害。因此,应避免眼睛接触过氧化物。

6. 毒性物质和感染性物质

该类物质不仅是化工生产的重要原料与产品,而且是农业生产中不可缺少的重要物资(如农药等)。毒性物质在危险货物品名中所占比例较大,也是铁路运输中造成人、畜中毒的主要物质以及成为车辆污染的主要污染源。因此,搞好毒性物质的安全运输,意义重大。

(1)毒性物质

①毒性物质的定义。

毒性物质是指进入人体后累积达到一定的量,能与体液组织发生生物化学作用或生物物理变化,扰乱或破坏肌体的正常生理功能,引起暂时性或持久性的病理状态,甚至危及生命的物质和物品。

毒性物质在吞食、吸入或与皮肤接触后可能损害人类健康、造成严重损伤甚至死亡。

毒性物质的毒性大小通常用半数致死量(用 LD_{50} 表示)或半数致死浓度(用 LC_{50} 表示),其含义是指在一群实验动物中,一次染毒后引起半数动物死亡的剂量(mg/kg)或浓度(mg/L)。

毒性物质包括:急性经口毒性 $LD_{50} \leq 200$ mg/kg 的固体和 $LD_{50} \leq 500$ mg/kg 的液体;急性皮肤接触毒性 $LD_{50} \leq 1000$ mg/kg 的物质;急性吸入毒性 $LC_{50} \leq 10$ mg/L(蒸气、粉尘或烟雾)的物质。

毒性物质划分为一级毒性物质(剧毒品)和二级毒性物质(有毒品),见表2-5。

毒性物质分级表　　　　　　　表2-5

分　　级	经口摄取半数致死量 LD_{50} (mg/kg)	经皮肤接触24小时半数致死量 LD_{50} (mg/kg)	粉尘、烟雾或蒸气吸入半数致死浓度 LC_{50} (mg/L)
一级毒性物质(剧毒品)	≤50	≤200	≤2
二级毒性物质(有毒品)	固体:50~500 液体:50~2000	200~1000	2~10

②毒性物质的性质。

a. 毒害性

毒害性主要表现为对人体及其他动物的伤害,引起人体及其他动物中毒的主要途径是呼吸道、消化道及皮肤三个方面。

呼吸道中毒:在毒害品中,挥发性液体的蒸气和固体粉尘最容易通过呼吸道进入人体,尤其在工作现场,接触毒害品时间较长,很容易引起呼吸道中毒,如氢氰酸、苯胺、乙基对硫磷农药1605、氯化乙基汞(西力生)、有机汞(赛力散)、三氧化二砷等,这些物质进入人体后,随着血液循环还可以扩大中毒。

消化道中毒:毒害品侵入人体消化道引起的中毒。主要是在进行毒害品作业后,未经漱口、洗手、更换工作服等就喝水、饮食、吸烟,或操作中误将毒害品服入消化器官,进入胃肠溶解被人体吸收后引起人身中毒。

皮肤中毒:一些能溶解于水或脂肪的毒害品接触皮肤后侵入人体内引起中毒,如农药1605、硝基苯等。尤其通过皮肤破裂的地方侵入人体,并随着血液循环而迅速扩散,如氰化物的血液中毒,很快导致死亡。此外,氯苯乙酮等对眼角膜等人体黏膜有较大的危害。

b. 易燃性。

在毒品中,约89%都具有易燃性。无机毒害品中的金属氰化物和硒化物大都本身不燃,但遇水、遇湿易燃性(如氰化钠、氰化钾等)。它们遇水、遇湿后放出极毒的氰化氢气体是易燃气体。锑、汞、铅等金属氧化物、硝酸铊、硝酸汞、五氧化二钒等大都本身不燃,但都有氧化性,能在500℃以下分解,当与可燃物接触时易引起着火或爆炸。

c. 易爆性。

毒害品中的三氯化钠,芳香族含2,4位两个硝基的氯化物、苯酚、酚钠等化合物,遇热或撞击等都能引起爆炸,并分解出有毒气体。如2,4-硝基氯化苯,毒性大,遇明火或受热至150℃以上即可以燃烧或爆炸。

(2) 感染性物质

含有病原体的物质,包括生物制品、诊断制品、基因突变的微生物和其他媒介,如病毒蛋白等。

感染性物质少量误服、吸入或皮肤接触后,能与体液和组织发生生物化学作用或生物物理变化,扰乱或破坏肌体正常生理功能,引起暂时性或持久性的病理状态,甚至危及生命。

7. 放射性物质

(1) 放射性物质的定义

在托运货物中,任何含有放射性核素并且其活度和比活度均高于国家规定的豁免值者属于放射性物品(物质,下同)。

(2) 射线特性

① α射线。

α射线是带正电的粒子流,带两个单位的正电荷,电离能力强;射程很短,在空气中一般为2~12cm;穿透能力很弱,用一张纸、衣服或几十厘米的空气就能"挡住"。但因其电离能力强,一旦进入体内,会引起较大的伤害。

② β射线。

β射线是高速运动的电子流,由于它的速度高,所以能量也较大,穿透能力较强,但可被几毫米厚的铝片、塑料板"挡住"。β射线的电离能力较弱。

③ γ射线。

γ射线是一种波长较短的电磁波(即光子流),不带电,而以光的速度(30万km/s)在空间传播。射线穿透能力很强,而电离能力很弱。

④ 中子流。

中子流是不带电的中性粒子束。在自然界中,中子并不单独存在,只有在原子核分裂时才能从原子核里释放出来。中子流的穿透能力很强,容易被含有很多氢原子的物质和碳氢化合物吸收,如水、石蜡、水泥。相反却能通过很重的物质,如铁、铅等。

几种射线的特性比较见表 2-6。

几种射线的特性比较　　　　　　　　　　　表 2-6

射线种类	带电性质	速度	空气中射程	穿透能力	电离能力	主要照射方式	防护材料
α 射线	带正电的粒子流	2 万 km/s	10 多厘米	最弱	强	内照射	塑料、铝
β 射线	带负电的粒子流	20 万 km/s	20 多米	较强	较强	外、内照射	塑料、铝
γ 射线	不带电的光子流	30 万 km/s	几百米	强	只能间接电离	外照射	铁、铝
中子流	不带电的粒子流	与 γ 射线相似	与 γ 射线相似	强	—	外照射、内照射	水、石蜡

(3) 半衰期和放射性活度

① 半衰期。

放射性元素因放出射线而变成另一种新元素的有规律的核变化,称为放射性元素的衰变。放射性物质的原子数因衰变减少到原来一半所需要的时间,称为半衰期。每种放射性元素都有一定的半衰期,如镭^{226}的半衰期是 1620 年,碘^{131}的半衰期是 8.04 天。在铁路货物运输中,通常把半衰期少于 15 天的放射性元素称为"短寿命"放射性物质。

② 放射性活度。

放射性活度是放射性物质放出射线强弱的一种物理量,其单位为 Bq(贝可)。

在铁路货物运输中,常用"放射性比活度"表示单位物质中所含放射性的强弱。其含义是:单位质量(或单位体积)的固体物质中所具有的放射性活度,常用单位有 Bq/kg、kBq/kg。

(4) 剂量当量及剂量当量率

剂量当量是人体对一切射线所吸收能量的剂量,单位为 Sv(希沃特)。

单位时间内所受到的剂量当量,称为剂量当量率,国际单位制规定为 Sv/s,常用单位为 mSv/h。

(5) 放射性物质的形式

放射性物质有下列六种形式。

① 低比活度放射性物质(LSA),此类物质放射性比活度较低,包括 Ⅰ 类、Ⅱ 类和 Ⅲ 类低比放射性物质。

② 表面污染物体(SCO),包括 Ⅰ 类和 Ⅱ 类表面污染物体。

③ 带有放射性物质的仪器或仪表等制品。

④ 放射性同位素。

⑤ 易裂变物质,包括 ^{235}U、^{233}U、^{238}Pu、^{239}Pu 和 ^{241}Pu。

⑥ 其他放射性物质,不包括在上述五种形式内的放射性物质。

8. 腐蚀性物质

硫酸、硝酸、盐酸、烧碱等腐蚀性物质,是化工生产的基本产品,也是化学工业的重要原料。在铁路运输中与其他危险货物相比,也是运量较大的一类危险货物。

(1) 腐蚀性物质的定义

腐蚀性物质系指与完好皮肤组织接触不超过4h,在14天的观察期中发现引起皮肤全厚度损毁,或在55℃时,对S235JR+CR型(或类似型号)钢或无覆盖层铝的表面均匀年腐蚀率超过$6.25mm^2$的物质。

(2) 腐蚀性物质的性质

腐蚀性物质可的化学性质比较活泼,能与金属、有机物及动植物机体发生化学反应,并具有毒害性及易燃性。

①腐蚀性。

腐蚀性物质可对人体造成灼伤,如硝酸、硫酸等对人的皮肤、眼睛及黏膜具有破坏作用;酸、碱都能与金属材料发生不同程度的反应,对金属容器、货物包装、车辆、仓库地面等造成腐蚀,如硫酸与铁发生反应,对铁质包装造成锈蚀;氢氧化钠与铅发生反应生成铅酸钠和氢气等。此外,酸、碱与棉、麻、纸张、木材等发生作用,使它们脱水碳化,从而失去使用价值。

②氧化性。

有些酸类具有很强的氧化性;有的自身分解,释放出氧气;有的在与其他物质作用时,可以从其他物质中获得电子,将其氧化,如硝酸置于空气中,就会分解放出氧气。

③毒害性。

腐蚀性物质中的一些强酸还具有不同程度的毒性,如发烟硝酸、发烟硫酸、氢氟酸等易挥发出有毒气体,能引起人体的局部或全身中毒。

④易燃性。

有些腐蚀性物质本身易燃烧,如甲酸、乙酸等接触火源时,会立即引起燃烧。

9. 杂项危险物质和物品

本类物质和物品是指第一类至第八类未包括的物质和物品。如干冰(CO_2固体),按其性质归纳在前八类中任何一类都是不恰当的。还有其他一些物质,如锂电池组、多卤联苯或多卤三联苯(液体和固体)和石棉类等。这些物质都是对环境有害的。随着我国和世界各国对环境保护认识的提高,各种公害事件不断发生,血的教训唤起了人们对环境的重视。为了自身的生存和发展,维持正常的生态平衡变得非常重要。因此,增设第九类,共列9.1项、9.2项和9.3项,都是对生态和环境有害的物质和物品。

(1) 危害环境的物质

凡是能对地球生物生存环境(如温度、大气成分、水质、土壤、声音强度等)造成危害的物质,都可以称作危害环境的物质。如CO_2是联合国环境规划署列为全球最有害的化学品之一。在使温室效应加剧的原因中CO_2占56%、氯氟烃占24%、CH_4占11%,NO_2占6%。

有研究指出,全球气候变暖所带来的后果是十分严重的,全球增温,两极冰帽融化,水因升温膨胀,海平面将上升,沿海城市和海岛将被淹没,全球1/3的人口受到影响。气候变暖会使温度带和降水带移动,使生态环境受到影响。变暖的气候有利于病菌、霉菌和有毒物质的生长,导致食物受污染或变质,气候变暖甚至会引起全球疾病的流行,严重威胁人类的健康。

石棉的微粒是大气和室内空气中非常有害的物质,吸入体内积累后危害极大,具有强致癌作用。此外,锂电池组及多卤联苯等对水质的污染也非常严重,对环境造成很大的破坏。

(2)高温物质

这些物质是温度大于等于100℃的液体(包括熔融金属和熔融盐)和大于等于240℃的固体。高温物质出事故后会直接伤害人体和各种生物体,影响周围环境。如:改质的煤焦沥青,原来煤焦沥青中的有害成分已改变,软化点在100℃以上,经鉴定不属于前八类危险货物,但超过100℃运输时,按第九类危险货物办理。

(3)经过基因修改的微生物和组织

该项是经过基因修改的微生物或组织,能够以非正常的繁殖结果的方式改变动物、植物或微生物的原有特性。这类物质会影响生物体的遗传,引起变异,破坏生态平衡。

六、危险货物新品名试运

1. 新品名的运输条件

铁路危险货物品名表中未列载的产品且货物性质不明确的,托运人办理运输时应委托经国家安全生产监督管理部门认定的检测鉴定机构进行性质技术鉴定,出具鉴定报告;属于危险货物时,应办理危险货物新品名试运手续。鉴定机构对鉴定结果负责。鉴定为普通货物时,不需要进行试运。

危险货物新品名试运应符合《品名表》"特殊规定"栏的特殊规定,试运应在指定的时间和区段内进行。跨铁路局试运时,由批准单位以电报形式通知有关铁路局。试运前办理站、托运人双方应签订试运安全运输协议。

2. 新品名办理运输的程序

(1)由托运人提交品名鉴定

托运人提交技术鉴定前,需填写《铁路货物运输技术说明书》(见表2-7),一式四份。托运人对填写内容和送检样品真实性负责。托运人办理新品名试运时,应向铁路局提交试运技术条件、事故应急预案和环保应急处理预案。

(2)向铁路局提出试运申请

危险货物新品名试运由铁路局批准,并报总公司运输局备案。经批准后,发站、铁路局、托运人各留存一份《技术说明书》。

(3)试运期间

试运时间为2年。新品名试运时,由托运人在电子运单"托运人记事"栏内注明"比照《铁危》编号×××新品名试运,批准号×××"字样。

试运结束时,托运人应会同办理站将试运结果报主管铁路局。铁路局对试运结果进行研究后,提出试运报告、新品名铁路运输条件或新包装技术条件建议报总公司运输局。新品名铁路运输条件建议应包括事故应急预案和环保应急处理预案。总公司运输局组织专家进行技术审查,通过技术审查后公布新品名铁路运输条件或新包装技术条件,纳入正式运输。

铁路货物运输技术说明书

表 2-7

		申请单位声明		
		本单位对所填数据的真实性负责,保证送鉴样品与所托运货物一致。否则,所造成的一切损失由本单位承担经济、法律责任。 申请单位(盖章): 经 办 人(签字): 年 月 日		
申请鉴定单位填写	品名		别名	
	外文名称		分子式(结构式)	
	成分及百分含量			
	货物主要理化性质	颜色:_____;状态:_____;气味:_____; 相对密度:_____;水中溶解度:_____g/100mL 熔点:_____℃;沸点:_____℃;闪点:_____℃(闭杯); 燃点:_____℃;黏度:_____; 分解温度:_____℃;聚合温度:_____℃; 控温温度:_____℃;应急温度:_____℃ 与酸、碱及水反应情况: 其他有关化学性质:		
	拟用包装	内包装(材质、规格、封口): 衬垫(材质、方法): 外包装(材质、规格、封口、捆扎): 单位重量:_____kg;总重:_____kg;包装标志:_____;包装类:_____		
	防护及应急措施	作业注意事项: 容器破损及撒漏处理方法: 灭火方法:_____;灭火禁忌:_____ 中毒急救措施: 存放注意事项:_____;洗刷除污方法:_____		

续上表

鉴定单位填写	货物的主要危险性	爆炸性	爆发点：_____℃；爆速：_____m/s；撞击(摩擦)感度：	
		气体特性	临界温度：_____℃；50℃时蒸气压：_____kPa； 充填压力：_____kPa	
		易燃性	闪点：_____℃(闭杯)；爆炸极限：_____； 燃点：_____℃；燃烧产物：_____	
		自燃性	自燃点：_____℃	
		遇水易燃性	与水反应产物：_____；反应速度：_____；放热量：_____	
		氧化性	与可燃物粉末混合后燃烧、摩擦、撞击情况：	
		毒害性	经口或皮肤接触半数致死量：LD_{50} = _____ mg/kg； 吸入蒸气：LC_{50} = _____ mg/m^3；感染性：_____	
		放射性	比活度：_____Bq/kg；总活度：_____Bq； 半衰期：_____；射线类型：_____	
		腐蚀性	与皮肤、碳钢、纤维等作用情况：	
		其他危险性	水生急毒性：_____；恶臭：_____；其他影响运输的性质：_____	
	鉴定单位意见	该货物属于：危险货物(　　)；非危险货物(　　)		
		危险货物		非危险货物
		该货物应属危险货物第_____类，第_____项； 比照编号： 比照品名： 比照《包装表》第_____包装； 包装标志：_____；包装类：_____		
		建议：		
	鉴定单位及鉴定人	鉴定单位(公章)　　　　　　　　　　　　鉴定人(签章) 　　　　　　　年　月　日　　　　　　　　　　　　年　月　日		
装车站意见				
		（公章）　　年　月　日		
直属站、车务段（货运中心）意见				
		（公章）　　年　月　日		
铁路局主管部门意见				
		（公章）　　年　月　日		
产品生产及托运单位	产品生产单位：　　　　　　　　　　　　电话： 地址：　　　　　　　　　　　　　　　　邮编： 产品托运单位：　　　　　　　　　　　　电话： 地址：　　　　　　　　　　　　　　　　邮编： 托运单位(公章)　　　　联系人(签章)　　　　年　月　日			

注：本表A4纸(A3纸对开)两页印刷。

知识点二　危险货物运输作业地点

知识目标

1. 掌握危险货物办理站的定义及分类。
2. 了解铁路危险货物办理站的技术要求。

能力目标

能够正确区分铁路危险货物作业地点。

理论知识

一、危险货物办理站

危险货物办理站（以下简称办理站）是站内或接轨的专用线（含专用铁路，下同）办理危险货物发送（含换装，下同）、到达业务的车站。按类型分为以下三种。

①站内办理站：仅在站内办理危险货物业务的车站。

②专用线接轨站：仅在接轨的专用线办理危险货物业务的车站。

③兼办站：在站内和接轨的专用线均办理危险货物业务的车站。

办理站除应执行铁路货场、专用线一般规定外，还应符合铁路危险货物办理站、专用线货运安全设备设施有关技术条件等相关规定，以及有关法律、法规、规章对危险货物运输安全管理、安全作业、安全培训和应急处置等要求。

与国家铁路网接轨的危险货物专用线新建、改扩建时，应符合《铁路专用线接轨管理办法》等有关规定。

站内办理站、兼办站和与国家铁路网接轨的危险货物专用线企业应按照《中华人民共和国安全生产法》《危险化学品安全管理条例》《铁路危险货物运输安全监督管理规定》《危险化学品建设项目安全监督管理办法》等法律、法规、规章相关规定，对危险货物装卸、储存作业场所和设施等安全生产条件进行安全评价。新建、改建危险货物装卸、储存作业场所和设施，在既有作业场所增加危险货物品类，以及危险货物新品名、新包装和首次使用铁路罐车、集装箱、专用车辆装载危险货物的，应当进行安全评价。

安全评价机构应严格按照有关法律、法规、规章和标准等规定开展安全评价工作，并对评价结果负责。安全评价报告应符合有关法律、法规、规章、标准和铁路危险货物办理站、专用线货运安全设备设施有关技术条件等相关规定。有关单位应落实安全评价报告中的整改方案，消除安全隐患。

二、铁路危险货物办理站的技术要求

①危险货物办理站的储运仓库、作业站台、专用雨棚等专用设施、设备要与所办理危险

货物的品类和运量相适应。耐火等级、防火、防爆、防雷、防静电、污水排放和污物处理等应符合国家有关技术标准的规定。

②铁路危险货物集装箱办理站应设置专用场地,并按货物性质和类项划分区域;场地须具备消防、报警和避雷等必要的安全设施;配备装卸设施设备及防爆机具和检测仪器。危险货物集装箱的堆码存放应符合《铁路危险货物配放表》中的有关规定。严禁在站内办理危险货物集装箱的装箱、掏箱作业。

③危险货物办理地点、场所应配备有关检测设备和报警装置;作业人员应配备相应的防护用品;装卸设备应具有防爆、防静电功能;装卸能力、计量方式、消防设施、安全作业防护应符合规定要求。

④货运人员、技术管理人员、装卸及驾驶人员经过铁路危险货物运输业务知识培训,熟悉本岗位的相关货物知识,掌握铁路危险货物运输规定。

⑤建立健全危险货物受理、承运、装卸、储存保管、消防、劳动安全防护等安全作业规程及管理制度。

⑥有铁路危险货物运输事故应急预案,配备应急救援人员和必要的救援器材及设备。

单元二 危险货物运输包装和标志

教学提要

危险货物运输的安全性受包装质量好坏的影响,选择适宜的包装,不仅对危险货物有防护作用,还可以保证危险货物安全运输,大大降低危险性。

知识点一 危险货物运输包装分类及要求

知识目标

1. 掌握危险货物包装的分类。
2. 掌握危险货物包装的要求。

能力目标

能按规定审查各种危险货物的运输包装是否符合要求。

理论知识

一、危险货物运输包装类别

危险货物运输包装(以下简称包装)应符合国家有关法律、法规、标准和《危规》的要求,并与内装物的性质、特点相适应。根据其内装物的危险程度,包装划分为以下三种类别。

Ⅰ类包装:盛装具有较大危险性的货物,包装强度要求高。
Ⅱ类包装:盛装具有中等危险性的货物,包装强度要求较高。
Ⅲ类包装:盛装具有较小危险性的货物,包装强度要求一般。

二、危险货物运输包装使用要求

①包装不得重复使用(盛装气体类危险货物的钢瓶除外)。

②包装和内包装应按《铁路危险货物品名表》及《包装表》的规定确定,同时还应符合下列要求。

a. 包装材料材质、规格和包装结构应与所装危险货物性质和质量相适应。包装材料不得与所装物产生危险反应或削弱包装强度。

b. 充装液态货物的包装容器内至少留有5%的余量(罐车及罐式集装箱装运的液体危险货物应符合《危规》第十二章有关要求)。

c. 包装封口应根据内装物性质采用严密封口、液密封口或气密封口。装有通气孔的容器,其设计和安装应能防止货物流出和杂质、水分进入。

d. 包装应坚固完好,能抗御运输、储存和装卸过程中正常的冲击、震动和挤压,并便于装卸和搬运。

e. 包装的衬垫物不得与所装货物发生反应而降低安全性,应能防止内装物移动并起到减震及吸收作用。

f. 包装表面应保持清洁干燥,不得粘附所装物质和其他有害物质。

③采用集装化运输的危险货物,包装应符合《危规》的要求,使用的集装器具应有足够的强度,能够经受堆码和多次搬运,并便于机械装卸。

④货物包装上应牢固、清晰地标明《危险货物包装标志》(GB 190—2009)和《包装储运图示标志》(GB/T 191—2008)中相应的包装标志和储运标志。

⑤进出口危险货物在国内段运输时应粘贴、拴挂或喷涂相应的中文危险货物包装标志和储运标志。

⑥包装应由取得工业产品生产许可证(列入国家实行生产许可证制度工业产品目录的包装)的企业生产,除符合国家有关标准外,还应符合《危规》附件4《铁路危险货物运输包装性能试验规定》和《危规》附件5《铁路危险货物运输包装性能试验要求和合格标准》,并经国家质量监督检验检疫部门认定的检验机构(以下简称包装检验机构)检验合格,出具包装检验报告。包装检验机构对检验结果负责。

⑦放射性物质(物品)运输包装容器应符合《放射性物品运输安全管理条例》《放射性物质安全运输规程》(GB 11806)的相关规定。压力容器应当符合国家特种设备安全监督管理部门制定并公布的《移动式压力容器安全技术监察规程》《气瓶安全技术监察规程》等有关安全技术规范要求,并在经核准的检验机构出具的压力容器安全检验合格有效期内。

知识点二　危险货物包装标志及包装储运图示标志

1. 掌握危险货物包装标志。
2. 掌握包装储运标志。

1. 能按规定审查危险货物包装标志和储运标志是否符合要求。
2. 能根据所运输的危险货物选择合适的包装及标志。

运输包装标志是指在运输包装外部制作的特定记号或说明,有包装储运图示标志和危险货物包装标志两种。运输包装标志主要赋予运输包装件以传达功能,目的是识别货物,实现货物的收发管理,明示物流中采取的防护措施,识别危险货物,以保证危险货物运输安全。

一、铁路危险货物包装标志

在危险货物包装外部明显位置,应标打危险货物包装标志。标志分为标记(表2-8)和标签(表2-9),其中标记4个、标签26个,其图形分别标示了9类危险货物的主要特性。标志的标打可采用粘贴、钉附及喷涂等方法。

标　记　表　　　　　　　　　　表2-8
（摘自 GB 190—2009《危险货物包装标志》）

序　号	标记名称	标记图形
1	危害环境物质和物品标记	（符号：黑色，底色：白色）

续上表

序 号	标记名称	标记图形
2	方向标记	(符号:黑色或正红色,底色:白色) (符号:黑色或正红色,底色:白色)
3	高温运输标记	(符号:正红色,底色:白色)

1. 标记的使用要求

除另有规定外,根据《危险货物品名表》(GB 12268—2012)确定的危险货物正式运输名称及相应编号,标记应标示在每个包装件上。如果是无包装物品,标记应标示在物品上、其托架上,或其装卸、储存或发射装置上。

要求所有包装件标记应明显可见而且易读;应能够经受日晒雨淋而不显著减弱其效果;应标示在包装件外表面的反衬底色上;不得与可能大大降低其效果的其他包装件标记放在一起。

标　签　　　　　　　　　　　　　　　表 2-9

（摘自 GB 190—2009《危险货物包装标志》）

序号	标签名称	标签图形	对应的危险货物类项号
1	爆炸性物质或物品	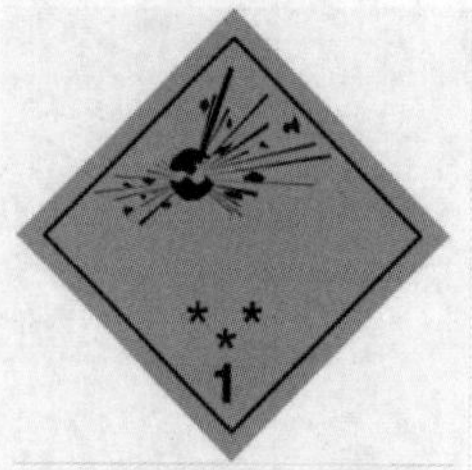 （符号：黑色，底色：橙红色）	1.1 1.2 1.3
		 （符号：黑色，底色：橙红色）	1.4
		 （符号：黑色，底色：橙红色）	1.5
		 （符号：黑色，底色：橙红色） ＊＊ 项号的位置——如果爆炸性是次要危险性，留空白 ＊ 配装组字母的位置——如果爆炸性是次要危险性，留空白	1.6

续上表

序号	标签名称	标签图形	对应的危险货物类项号
2	易燃气体	(符号:黑色,底色:正红色) (符号:白色,底色:正红色)	2.1
	非易燃无毒气体	(符号:黑色,底色:绿色) (符号:白色,底色:绿色)	2.2
	毒性气体	(符号:黑色,底色:白色)	2.3

续上表

序号	标签名称	标签图形	对应的危险货物类项号
3	易燃液体	(符号:黑色,底色:正红色) (符号:白色,底色:正红色)	3
4	易燃固体	(符号:黑色,底色:白色红条)	4.1
	易于自燃的物质	(符号:黑色,底色:上白下红)	4.2
	遇水放出易燃气体的物质	(符号:黑色,底色:蓝色) (符号:白色,底色:蓝色)	4.3

续上表

序号	标签名称	标签图形	对应的危险货物类项号
5	氧化性物质	(符号:黑色,底色:柠檬黄色)	5.1
	有机过氧化物	(符号:黑色,底色:红色和柠檬黄色) (符号:白色,底色:红色和柠檬黄色)	5.2
6	毒性物质	(符号:黑色,底色:白色)	6.1
	感染性物质	(符号:黑色,底色:白色)	6.2

续上表

序号	标签名称	标签图形	对应的危险货物类项号
7	一级放射性物质	(符号:黑色,底色:白色,附一条红竖条) 黑色文字,在标签下半部分写上: "放射性" "内装物" "放射性强度" 在"放射性"字样之后应有一条红竖条	7A
	二级放射性物质	(符号:黑色,底色:上黄下白,附两条红竖条) 黑色文字,在标签下半部分写上: "放射性" "内装物" "放射性强度" 在一个黑边框格内写上:"运输指数" 在"放射性"字样之后应有两条红竖条	7B
	三级放射性物质	(符号:黑色,底色:上黄下白,附三条红竖条) 黑色文字,在标签下半部分写上: "放射性" "内装物" "放射性强度" 在一个黑边框格内写上:"运输指数" 在"放射性"字样之后应有三条红竖条	7C

续上表

序号	标签名称	标签图形	对应的危险货物类项号
7	裂变性物质	(符号:黑色,底色:白色) 黑色文字 在标签上半部分写上:"易裂变" 在标签下半部分的一个黑边框格内写上:"临界安全指数"	7E
8	腐蚀性物质	(符号:黑色,底色:上白下黑)	8
9	杂项危险物质和物品	(符号:黑色,底色:白色)	9

2. 标签的使用要求

①储运的各种危险货物性质的区分及其应标打的标签,应按《危险货物分类和品名编号》(GB 6944—2012)、《危险货物品名表》(GB 12268—2012)及国家运输主管部门相关规定选取,出口货物的标志应按我国执行的有关国际公约(规则)办理。

②标签用来表示内装货物的危险性。但表明包装件在装卸或储藏时应加小心的附加标记或符号(例如,用伞作符号表示包装件应保持干燥),也可在包装件上适当标明。

③表明主要和次要危险性的标签应与表中所示的序号1至序号9所有式样相符。"爆炸品"次要危险性标签应使用序号1中带有爆炸式样标签图形。

④每个标签应在包装件尺寸够大的情况下,与正式运输名称贴在包装件的同一表面与之靠近的地方;贴在容器上不会被容器任何部分、容器配件、任何其他标签、标记盖住或遮住的地方;当主要危险性标签和次要危险性标签都需要时,彼此紧挨着贴;当包装件形状不规则或尺寸太小以致标签无法令人满意地贴上时,可将标签用结牢的签条或其他装置挂在包装件上。

⑤标签应贴在反衬颜色的表面上。

3. 标识尺寸

危险货物包装标志的尺寸一般分为四种,见表2-10。

标志尺寸表　　　　　　　　　　表2-10

尺寸号别	长(mm)	宽(mm)	尺寸号别	长(mm)	宽(mm)
1	50	50	3	150	150
2	100	100	4	250	250

注:如遇特大或特小的运输包装件,标志的尺寸可按规定适当扩大或缩小。

二、包装储运图示标志

货物包装件上按需要应标打包装储运图示标志,其目的是为了在物流过程中引起从业人员的注意,便于安全操作。包装储运图示标志见表2-11。

标志名称及图形表　　　　　　　　表2-11
（摘自 GB/T 191—2008《包装储运图示标志》）

序号	标志名称	图形符号	标　　志	含　　义	说明及示例
1	易碎物品	 (易碎物品图形)	 易碎物品	表明运输包装件内装易碎物品,搬运时应小心轻放	应标在包装件所有的端面和侧面的左上角 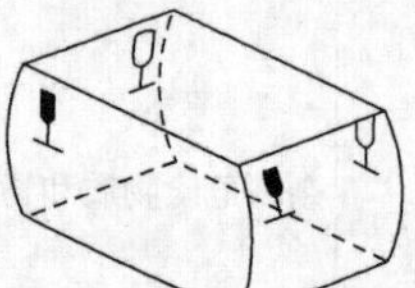
2	禁用手钩	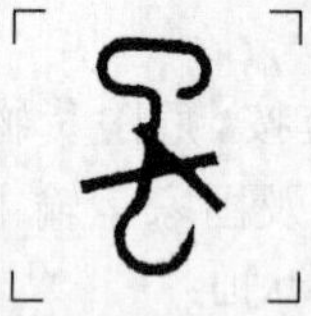 (禁用手钩图形)	 禁用手钩	表明搬运运输包装件时禁用手钩	

60

续上表

序号	标志名称	图形符号	标 志	含 义	说明及示例
3	向上	↑↑	向上	表明该运输包装件在运输时应竖直向上	应标在包装件所有端面和侧面的左上角;当和标志1同时,标志3应更接近包装箱角 a) b) c)
4	怕晒		怕晒	表明该运输包装件不能直接照晒	
5	怕辐射		怕辐射	表明该物品一旦受辐射会变质或损坏	
6	怕雨		怕雨	表明该运输包装件怕雨淋	

续上表

序号	标志名称	图形符号	标 志	含 义	说明及示例
7	重心	⊕	重心	表明该包装件的重心位置，便于起吊	应尽可能标在包装件所有六个面的重心位置上，否则至少应标在包装件2个侧面、2个端面上。该标志应标在实际位置上
8	禁止翻滚		禁止翻滚	表明搬运时不能翻滚该运输包装件	
9	此面禁用手推车		此面禁用手推车	表明搬运货物时此面禁止放在手推车上	
10	禁用叉车		禁用叉车	表明不能用升降叉车搬运的包装件	

续上表

序号	标志名称	图形符号	标志	含义	说明及示例
11	由此夹起		由此夹起	表明搬运货物时可用夹持的面	只能用于可夹持的包装件上,标注位置应为可夹持位置的两个相对面上,以确保作业时标志在作业人员的视线范围内
12	此处不能卡夹		此处不能卡夹	表明搬运货物时不能用夹持的面	
13	堆码质量极限	$\cdots kg_{max}$	堆码质量极限	表明该运输包装件所能承受的最大质量极限	
14	堆码层数极限	n	堆码层数极限	表明可堆码相同运输包装件的最大层数	包含该包装件,n 表示从底层到顶层的总层数

续上表

序号	标志名称	图形符号	标志	含义	说明及示例
15	禁止堆码		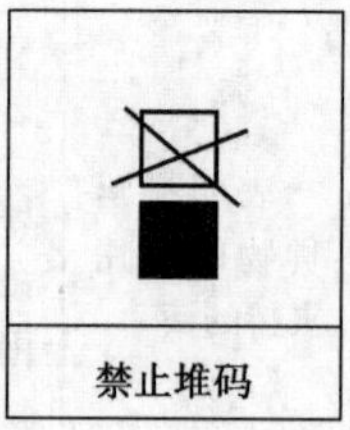 禁止堆码	表明该包装件只能单层放置	
16	由此吊起	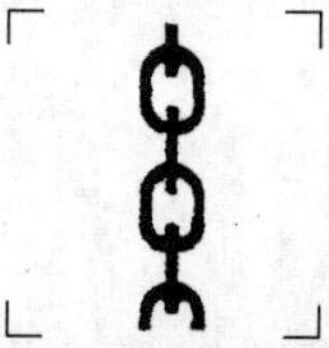	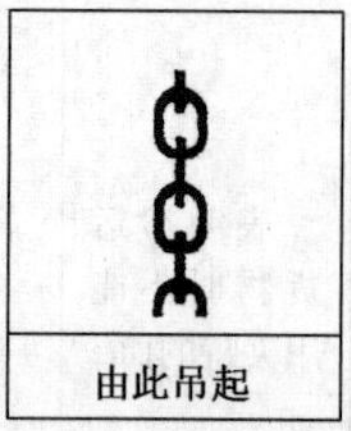 由此吊起	表明起吊货物时挂绳索的位置	应标在实际起吊位置上 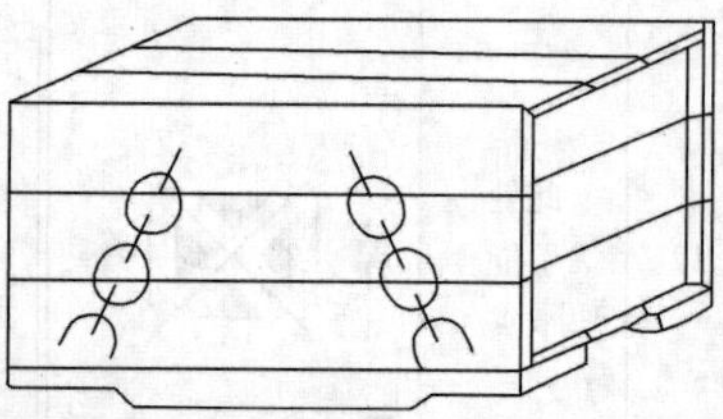
17	温度极限	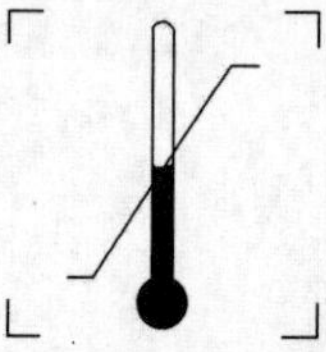	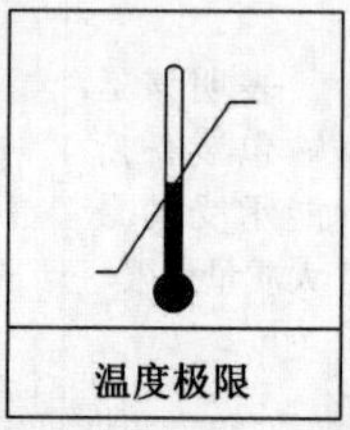 温度极限	表明该运输包装件应该保持的温度范围	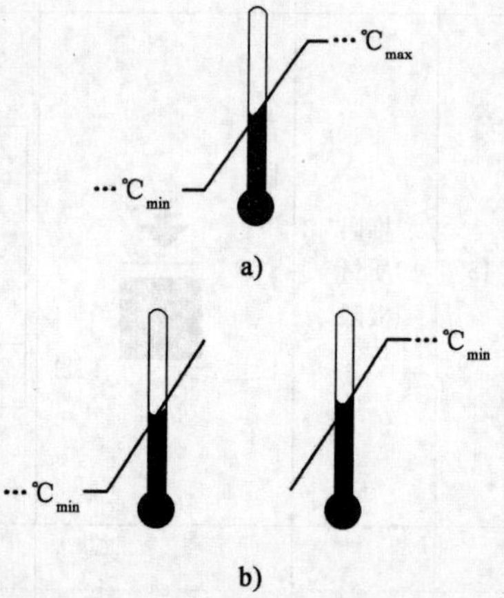 a) b)

包装储运图示标志整体外框为长方形,其中图形符号外框为正方形,尺寸一般分为四种,见表2-12。如果包装尺寸过大或过小,可等比例放大或缩小。

图形符号及标志外框尺寸表　　　　　　表2-12

序号	图形符号外框尺寸 （mm×mm）	标志外框尺寸 （mm×mm）	序号	图形符号外框尺寸 （mm×mm）	标志外框尺寸 （mm×mm）
1	50×50	50×70	3	150×150	150×210
2	100×100	100×140	4	200×200	200×280

包装储运图示标志颜色一般为黑色。如果包装的颜色使得标志显得不清晰,则应在印刷面上用适当的对比色,黑色标志最好以白色作为标志的底色。必要时,标志也可使用其他颜色,除非另有规定,一般应避免采用红色、橙色或黄色,以避免同危险品标志相混淆。

包装储运图示标志可采用直接印刷、粘贴、拴挂、钉附及喷涂等方法。印制标志时,外框线及标志名称都要印上,出口货物可省略中文标志名称和外框线;喷涂时,外框线及标志名称可以省略。一个包装件上使用相同标志的数目,应根据包装件的尺寸和形状确定。

单元三　危险货物运输载运设备

教学提要

装运危险货物的载运设备必须符合危险货物特性及安全防护的要求,正确选择载运设备可以保证危险货物安全运输。

知识点一　危险货物运输一般载运设备

知识目标

1. 掌握危险货物载运设备的类型。
2. 掌握危险货物载运设备的使用要求。

能力目标

能根据不同特性的危险货物选择合适的载运设备。

理论知识

一、危险货物办理种别

危险货物仅办理整车运输和集装箱运输。

铁路轮渡不办理危险货物运输。遇特殊需求时,应按国家有关规定执行。

青藏线格拉段等海拔超过3000m的高原铁路办理危险货物运输时,还应符合以下规定。

①装运车辆符合高原铁路运输的相关规定。

②办理站、托运人根据高原铁路运输危险货物的具体品名,制定专项事故应急预案和环保应急处理预案。

③所有有人值守的车站均应配备危险货物运输应急救援器材和安全防护设备。

④运输需要押运的危险货物时,应配备适应高原缺氧环境、符合环保要求的押运车辆。

押运人员应接受高原体检和健康教育,合格后方可执行押运任务。押运时应配备必要的药品和应急备品。

⑤运输气体、放射性物质(物品)、危害环境的物质、高温物质等性质特殊的危险货物时,由中国铁路总公司组织进行试验论证研究,确定安全运输条件。

二、其他车辆及使用要求

危险货物限使用棚车装运,但《铁路危险货物品名表》第12栏内有特殊规定除外。部分危险货物的适装车辆见表2-13。

部分危险货物的适装车辆　　　　　　　　表2-13

危险货物品名	车辆种类	备注
整车发送的毒性物质和放射性矿石、矿砂	必须使用有毒品专用车	
爆炸品、硝酸钠、氯酸钠、氯酸钾、黄磷和铁桶包装的一级易燃液体	用P_{64}型竹底棚车或木底棚车装运	如使用铁底棚车时,须经铁路局批准
爆炸品中14个品名	限用"停止制动作用"的棚车	见《危险货物品名表》和《危规》附件1《铁路危险货物运输特殊规定》
整车沥青及沥青的制品	禁用棚车	
1.塑料沥青 2.油布、绸、漆布、动植物纤维[含动植物油]、油纸及其制品、油棉纱、油麻丝、氧化钙 3.氢溶液、硫化钠、硫化钾、氢氧化钠、氢氧化钾、焦油、煤焦油、松焦油 4.含油金属屑 5.混胺-02、发烟硝酸	可使用敞车	1.可使用敞车 2.经铁路局批准,可用敞车苫盖篷布运输 3.钢桶包装的可以使用敞车 4.散装运输时,须使用全钢敞车,车内必须干燥 5.铁路局批准,可以使用规定的铝罐装敞车。铝罐封口应气密不漏并稳固地装入敞车内
硝酸铵	用P_{64}、P_{64A}、P_{64AK}、P_{64AT}型棚车装运	使用敞车运输时,须采取安全措施,并经过铁路局主管部门批准,应采取随货押运措施

三、危险货物集装箱

危险货物集装箱运输是货运工作的一项重大改革,是危险货物运输的发展方向之一。用集装箱运输危险货物,能减少作业环节,改善工作条件,加快货物的接取送达,提高工作效率,避免人工直接搬运危险货物所带来的不安全因素,有利于提高危险货物运输安全的管理水平。

知识点二　危险货物运输罐车

知识目标

1. 了解危险货物罐车的类型。
2. 掌握罐车充装量的计算。

能力目标

能根据气体、液体类危险货物确定合理的充装量。

理论知识

装运危险货物的车辆有罐车、棚车、敞车、平车、矿石车及其他特种车等。但由于危险货物的特殊性质,在铁路运输中,除袋装、箱装、桶装等危险货物使用铁路棚车、敞车外,危险货物绝大多数使用的是罐车,而且多数使用的是企业自备罐车。

危险货物在运输过程中,根据货物的性质不同,选用不同的运输车辆,除棚车以外,使用数量最大的是铁路罐车。在积极推进铁路危险货物现代科技手段的开发和应用之际,同时应大力发展危险货物集装箱运输。

一、罐车分类

1. 按罐车所有权分类

（1）铁路产权罐车

铁路产权罐车限装品名为原油、汽油、煤油、航空煤油、柴油、石脑油、溶剂油、轻质燃料油及非危险货物的重油、润滑油。对擅自涂改铁路产权罐车标记装运限定之外品名的,要立即扣车处理,同时追查有关责任单位、责任人的责任。

（2）企业自备罐车

铁路产权罐车限装品名以外的液体危险货物主要靠企业自备罐车装运,少数由罐式集装箱装运。

自备罐车装运危险货物,品名范围及车种要求应符合《品名表》"特殊规定"栏的特殊规定。《品名表》关于自备罐车使用的"特殊规定"如下。

a.2(a)限使用耐压液化气企业自备罐车装运。

b.2(b)限使用铝制企业自备罐车装运。

c.2(c)限使用有橡胶衬里钢制罐车或特制塑料衬里企业自备罐车装运。

d.2(d)限使用钢制企业自备罐车装运,原油、汽油、煤油、航空煤油、柴油、溶剂油、石脑油、轻质燃料油可使用铁路产权罐车装运。

e.2(e)限使用不锈钢材质企业自备罐车运输。

《品名表》"特殊规定"栏未注明2(a)、2(b)、2(C)、2(d)、2(e),采用自备罐车装运时，由铁路局组织研究提出安全运输条件，报中国铁路总公司组织技术审查确定。安全运输条件建议应包括事故应急预案和环保应急处理预案。中国铁路总公司货运部门组织专家进行技术审查，通过技术审查后公布安全运输条件。

企业自备货车一般在车辆中部涂有"××企业自备车"字样及过轨站站名，而无铁路路徽。其中企业自备罐车的罐体标识，见表2-14。

危险货物自备罐车罐体标识 表2-14

	罐体本底色	罐体两侧纵向中部涂刷一条宽300mm表示货物重要特性的水平环形色带	
一般	银灰色	易燃性为红色	氧化性为绿色
		毒性为黄色	腐蚀性为黑色
		环带300mm为全蓝色时表示非易燃无毒气体	
		环带上层200mm宽涂蓝色，下层100 mm宽涂红色表示易燃气体	
		环带上层200mm宽涂蓝色，下层100mm宽涂黄色表示毒性气体	
特殊	全黄色（装运酸、碱类）	黑色	
	全黑色（装运煤焦油、焦油）	红色	
	银灰色（装运黄磷）	不涂打环形色带，在罐体中部喷涂9号自燃物品标志和13号剧毒品标志	

注：1. 环形色带中部（有扶梯时在扶梯右侧）以分子、分母形式表示货物名称及其危险性，如苯：苯/易燃、有毒。对遇水会剧烈反应，还应在分母内喷涂"禁水"二字，如硫酸：硫酸/腐蚀、禁水。
2. 在罐体两端头两侧环形色带下方喷涂相应危险货物包装标志，规格：400mm×400mm。

2. 按罐车材质分类

按材质分为钢或不锈钢罐车、铝或铝合金罐车、橡胶或特质塑料衬里钢罐车。

3. 按使用压力分类

按使用压力分为常压罐车和压力罐车。

4. 按保温功能或加温形式分类

按保温功能或加温形式分为有保温功能的或带加温装置罐车和普通罐车。

5. 按装卸方式分类

按装卸方式分为上装上卸式罐车和上装下卸式罐车。

6. 按用途分类

按用途分为轻油类罐车（用来运送汽油、煤油等黏度较小的石油产品及其他液体货物）、黏油类罐车（用来运送石油、润滑油等黏度较大的货物）、酸碱类罐车、液化气体罐车。

二、危险货物罐车充装量的确定

1. 气体类危险货物罐车充装量

气体类危险货物在充装前应对空车进行检衡。充装后，需用轨道衡再对重车进行计量，严禁超装。充装量应按计算公式计算，但不得大于标记载重量；计算的充装量大于标记载重量时，充装量以标记载重量为准。

① 允许充装量的确定方法为：

$$W_{计算} = \Phi \cdot V_{标}$$

当 $W_{计算} \geq P_{标}$ 时，$W_{许装} = P_{标}$

当 $W_{计算} < P_{标}$ 时，$W_{许装} = W_{计算}$

式中：$W_{计算}$——根据重量充装系数确定的计算充装量，t；

$W_{许装}$——允许充装量，t；

Φ——重量充装系数，t/m³；

$V_{标}$——罐车标记容积，m³；

$P_{标}$——罐车标记载重，t。

常见介质的重量充装系数见表2-15。

常见介质的重量充装系数表　　　　　　　　　表2-15

充装介质种类	重量充装系数 Φ(t/m³)	充装介质种类	重量充装系数 Φ(t/m³)
液氨	0.52	混合液化石油气	0.42
液氯	1.20	正丁烷	0.51
液态二氧化硫	1.20	异丁烷	0.49
丙烯	0.43	丁烯、异丁烯	0.50
丙烷	0.42	丁二烯	0.55

注：液化气体重量充装系数，按介质在50℃时罐体内留有6%~8%气相空间及该温度下的比重求得。

②检衡复核充装量公式为：

$$W_{空检} \geq W_{自重} \text{ 时, } W_{实装} = W_{总重} - W_{自重}$$

$$W_{空检} < W_{自重} \text{ 时, } W_{实装} = W_{总重} - W_{空检}$$

要求 $W_{实装}$ 不得大于 $W_{许装}$，即：

$$W_{实装} \leq W_{许装}$$

式中：$W_{实装}$——实际充装量，t；

$W_{自重}$——罐车标记自重，t；

$W_{总重}$——重罐车检衡重量，t；

$W_{空检}$——罐车空车检衡重量，t。

2．非气体类液体危险货物充装量

充装非气体类液体危险货物时，应根据液体货物的密度、罐车标记载重量、标记容积确定充装量。充装量不得大于罐车标记载重量；同时要留有膨胀余量，充装量上限不得大于罐体标记容积的95%，下限不得小于罐体标记容积的83%。

即允许充装量应同时符合以下重量和体积要求。

①允许充装体积：

$$0.83V_{标} \leq V_{许装} \leq 0.95V_{标}$$

②允许充装重量：

$$W = \rho \cdot V_{许装} \leq P_{标}$$

式中：W——允许充装量，t；

ρ——充装介质密度，t/m³；

$V_{标}$——罐车标记容积，m³；

$P_{标}$——罐车标记载重，t；

$V_{许装}$——罐车允许充装体积，m^3。

装车单位要严格执行铁路罐车允许充装量的规定，防止超装超载。各铁路局要作出规划，加大计量仪器和安全检测设备投入，防止罐车装运的液体危险货物超装超载，确保运输安全。

三、危险货物罐车运输要求

危险货物罐车装卸作业应在专用线内办理。装运危险货物的罐车重车重心限制高度不得超过2200mm。承运危险货物自备货车时，应检查以下内容。

1. 气体类危险货物

①托运人或收货人的罐车产权单位名称应与《自备铁路车辆经国家铁路过轨运输证》（以下简称《过轨运输证》）的单位名称相统一。

②货物品名、托运人、收货人、发到站、专用线等应与办理限制相统一。

③货物品名应与罐体标记品名相统一。

④托运人提供的《铁路液化气体罐车充装记录》（以下简称《充装记录》）一式两份，一份由发站留存，一份至到站交收货人。

⑤罐车产权单位提供的移动式压力容器使用登记证。

⑥虽符合上述①～⑤项条件，但车辆检修时间过期、证件过期、车况不良、罐体密封不严、罐体标记文字不清等有碍安全运输的不予办理运输。

2. 非气体类液体危险货物

非气体类液体危险货物运输时比照气体类危险货物规定办理，不检查移动式压力容器使用登记证，应检查铁路罐车容积检定证书和铁路罐车罐体检测报告。

3. 其他类危险货物

其他类危险货物运输比照上述相应规定办理。

自备货车返空时，车站不再查验《过轨运输证》，其返空到站按空车托运人要求办理。

4. 其他要求

①装车前，托运人应确认罐车良好，罐体外表应保持清洁，标记、文字应能清晰易辨。

②罐体有漏裂，阀、盖、垫及仪表等附件、配件不齐全或作用不良的罐车禁止使用。

③气体类危险货物充装前应有专人检查罐车，按规定对罐体外表面、罐体密封性能、罐体余压等进行检查，不具备充装条件的罐车严禁充装。罐车充装完毕后，充装单位应会同押运员复检充装量，检查各密封件和封车压力状况，认真详细填记《充装记录》，符合规定时，方可申请办理托运手续。

④危险货物罐车装、卸车作业后，应及时关严罐车阀件，盖好人孔盖，拧紧螺栓，严禁混入杂质。

⑤气体类危险货物罐车卸后罐体内应留有不低于0.05MPa的余压。

⑥气体类危险货物罐车运输不允许办理运输变更或重新托运，如遇特殊情况需要变更或重新托运时，需经铁路局批准。

⑦危险货物运输变更或重新托运应符合有关要求。

单元四　危险货物发送作业及车辆要求

教学提要

危险货物的发送作业是杜绝安全问题发生的至关重要的一项作业，要认真核实品名，正确确定运输条件，为危险货物运输做好准备工作。

知识点一　危险货物发送作业

知识目标

1. 掌握危险货物受理、承运、装车、货运检查和签认等发送作业。
2. 掌握危险货物车辆禁止溜放、限速连挂、车辆编组等特殊防护事项。

能力目标

能正确组织各类危险货物的受理、承运、装车、货运检查和签认等发送作业。

理论知识

一、危险货物的托运

托运人托运危险货物时，应如实填写收货人名称，货物的名称、性质、重量、数量等，不得匿报、谎报品名、性质、重量，不得在普通货物中夹带危险货物。在电子运单"货物名称"栏内填写危险货物品名和铁危编号，在电子运单的右上角用红色戳记标明类项名称，并在电子运单"托运人记事"栏内填写经办人身份证号码，对派有押运员的还需填写押运员姓名、身份证号码。办理站应对承运的货物加强安全检查，发现托运人匿报、谎报危险货物品名或在普通货物中夹带危险货物时，除依法不予承运外，铁路局还应按《铁路危险货物运输安全监督管理规定》，及时向所在地铁路监督管理局报告。

托运爆炸品或烟花爆竹时，托运人须相应出具运达地县级人民政府公安部门核发的《民用爆炸物品运输许可证》或《烟花爆竹道路运输许可证》，均应在电子运单"托运人记事"栏内注明许可证名称和号码，并在电子运单右上角用红色戳记相应标明"爆炸品"或"烟花爆竹"字样。电子运单包装栏应按《包装表》的规定填写相应的外包装和内包装名称。办理民用爆炸物品、烟花爆竹业务的，提供民用爆炸物品生产许可证或烟花爆竹安全生产许可证；办理民用液化石油气、天然气业务的，提供燃气经营许可证；办理放射性物质（物品）业务的，提供辐射安全许可证等。对于列入铁路危险货物品名表或经鉴定为危险货物，但未列入国家实行生产许可证制度的工业产品目录或《危险化学品目录》的货物品名，在办理危险货物运输时，可不提交相应的生产许可证或经营许可证等。

危险货物仅办理整车运输和集装箱运输。

1. 铁路禁止运输的危险货物

铁路禁止运输法律、法规禁止生产和运输的危险物品、危险性质不明以及未采取安全措施的过度敏感或者能自发反应而产生危险的物品，如叠氮铵、无水雷汞、高氯酸（＞72％）、高锰酸铵、4－亚硝基苯酚等。

2. 有条件运输的危险货物

对易发生爆炸性分解反应或需控温运输等危险性大的货物，应由总公司组织研究确定运输条件。如：乙酰过氧化磺酰环己烷、过氧重碳酸二仲丁酯等。

凡性质不稳定或由于聚合、分解在运输中能引起剧烈反应的危险货物，托运人应采用加入稳定剂或抑制剂等方法，保证运输安全。如：乙烯基甲醚、乙酰乙烯酮、丙烯醛、丙烯酸，并在电子运单"托运人记事"内填写"已加入稳定剂或抑制剂"字样。

3. 可按普通货物条件运输的情况

铁路危险货物品名表"特殊规定"栏规定符合按普通货物运输条件的，铁路局应在其包装方法和包装标志满足危险货物要求，并使用整车或集装箱装载单一品名的情况下，批准其可按普通货物条件运输。托运人应在电子运单"托运人记事"栏内注明"×××（铁危编号），可按普通货物运输"，如"石棉（91006），可按普通货物运输"。

按普通货物条件运输的危险货物，限使用棚车装运。符合危险货物集装箱运输要求的，可使用集装箱装运，但应符合《品名表》"特殊规定"栏的特殊规定。

二、危险货物的受理、承运

办理站受理危险货物时，应符合下列规定。

①托运人名称与危险货物托运人名称表相统一。

②国家对生产、经营、储存、使用等实行许可管理的危险货物，发站还应查验收货人提供的相关证明材料并留存备查；必要时，到站应进行复查。

③经办人身份证与电子运单记载相统一。

④电子运单记载的品名、类项、编号等内容与铁路危险货物品名表的规定相统一，并核查铁路危险货物品名表"特殊规定"栏有无铁路危险货物运输特殊规定（以下简称特殊规定）。

⑤发到站、办理品名、装运方式与办理限制相统一。

⑥货物品名、重量、件数与电子运单记载相统一。

⑦经办人具有培训合格证明。

⑧托运人具有包装检验合格证明文件。

⑨电子运单右上角用红色戳记标明编组隔离、禁止溜放或限速连挂等警示标记。

⑩其他有关规定。

三、验收

验收应重点检查货物品名、重量、件数与电子运单记载是否相统一；货物的状态是否良好；货物的运输包装和标志是否符合规定。

四、保管

危险货物应按其性质和要求存放在指定的仓库、雨棚等场地。遇潮或受阳光照射容易燃烧或产生易燃、易爆、有毒气体的危险货物不得在雨棚、露天存放。

危险货物仓库按照保管货物的性质分为三类：一般危险货物仓库（综合性危险货物仓库）、爆炸品仓库、放射性物品仓库。

爆炸品仓库对周围环境有特殊的要求，一般有专办站或设专用货区、专用线路，储存量不宜过大。放射性物品仓库主要存放含放射性物质的仪器，以及放射性矿石、矿砂与放射源等，应根据物质的性质和实际需要建造能屏蔽辐射的库房。一般危险货物仓库用来存放除爆炸品和放射性物品以外的其他危险货物。

危险货物存放时要求按类、项区别专库专用，如不同类项的危险货物确需同库混合存放，应符合《铁路危险货物配放表》（表2-16）的规定。编号不同的爆炸品不得同库存放。

堆放危险货物的仓库、雨棚等场地应清洁干燥、通风良好，配备充足有效的消防设施。货场应设置明显的安全警示标志，应建立健全值班巡守制度。仓库作业完毕后应及时锁闭，剧毒品、爆炸品以及储存数量构成重大危险源的危险货物应加双锁，做到双人收发、双人保管。

五、危险货物装车作业

1. 装车前的要求

危险货物装车前，除办理普通货物装车前的各项检查、准备工作外，特别要做好以下工作。

①危险货物装车作业前，应对车辆和仓库进行必要的通风和检查。

②货运员应向装卸工组说明货物品名、性质、作业安全事项并准备好消防器材和安全防护用品。具有易燃易爆性质的危险货物装车作业时使用的照明设备及装卸机具应具有防爆性能，并能防止由于装卸作业摩擦、碰撞产生火花。

③检查货物。检查货物品名、包装、件数与电子运单填写是否一致，以及货物包装是否符合规定。

2. 装车要求

对车辆采取防溜、防护措施。作业时要轻拿轻放，堆码整齐稳固，防止倒塌，严禁倒放、卧装（钢瓶等特殊容器除外）。

3. 监督装卸工作

装载货物（含国际联运换装）不得超过车辆标记载重量及罐车允许充装量，严禁增载和超装、超载。

4. 装车后工作

①施封。装运危险货物的棚车、罐车都应该施封，但派有押运人的货物可以不施封。

②苫盖篷布。符合使用敞车装运危险货物的，应按要求苫盖篷布。

表 2-16 铁路危险货物配放表

危险货物的种类和品名		品名编号	配放号	1	2	3	4	5	6	7	8	9
气体	易燃气体	21001~21061,21063,21064	1	1								
	非易燃无毒气体（氧，空气，一氧化二氮及氧气空气油脂不得与同库配放）	22001,22003,22017	2	△	2							
	非易燃无毒气体（其他非易燃无毒气体）	22005~22016,22019~22055	3	×	△	3						
	有毒气体（液氯及液氨不得在同库配放）	23001~23061	4	×	×		4					
易燃液体		31001~31055,31058,31101~31302,31319,32001~32150,32152	5	×	×			5				
	易燃固体（发孔剂H不得与酸性腐蚀性物质及有毒或易燃酯类危险物品配放）	41001~41062,41501~41554	6	×	×			×	6			
易自燃的物质	一级易于自燃的物质	42001~42040	7	×	△			×	×	7		
	二级易于自燃的物质	42501~42526	8	△	△			×	×	×	8	
危险货物	遇水放出易燃气体的物质（不得与含水液体货物在同库配放）	43001~43051,43501~43510	9	△	△			△	△	×	×	9

续上表

危险货物的种类和品名			品名编号	配放号	10	11	12	13	14	15	16	17	18	19
氧化性物质和有机过氧化物	氧化性物质	过氧化氢	51001,51501	10	△									
		亚硝酸盐、亚(次)氯酸盐(注2)(注5)	51043～51046,51071,51074,51087,51509,51525	11	△	△								
		其他氧化性物质(配放号13所列品名除外)	51002～51042, 51047, 51067, 51069, 51080～51083, 51502～51508, 51510～51524, 51526, 51527	12	△	△	×							
		硝酸胍、高氯酸酐溶液、过氧化氢尿素、二氯异氰尿酸、三氯异氰尿酸、四硝基甲烷等有机过氧化物	51068, 51075～51079, 52001～52103	13	×	×	×	×						
毒性物质	氧化物		61006～61205,61501～61520,61551～61941	14	△	△	△	×	△					
	其他毒性物质(注6)			15	×	×	×	×	×	×				
腐蚀性物质	酸性腐蚀性物质	溴	81021	16	△	△	△	×	△	×	△			
		发烟硝酸、硝酸、硝化酸混合物、废硝酸、发烟硫酸、硫酸、废硫酸、铬硫酸、渣硫酸、氯磺酸	81001～81004,81006～81009,81023	17	×	×	×	×	×	△	△	注1		
		其他酸性腐蚀物质	81005, 81010～81020, 81022, 81024～81135, 81501～81647	18	△	△	△	×	△	△	△	△	△	
	碱性腐蚀物质(水不得与氧化性物质和有机过氧化物配放) 其他腐蚀性物质		82001～82041,82501～82526, 83001～83030,83501～83514	19			△	×		×		△	×	×

续上表

危险货物的种类和品名	品名编号	配放号	1	2	3	4	5	6	7	8	9	10	11	12	13	14	15	16	17	18	19	20	21	22	23	24
普通货物	易燃普通货物	20			×			△			△		×		△		△									×	
	饮食品、粮食、饲料、药品、药材类、食用油脂（注3）(注4)	21			△	×	△				×		×	△	×	×	×	×	×							△	
	非食用油脂	22									△		×		×											×	
	活动性（注3）	23			×	×	△				×		×	△	×	×	×	×	×							×	
	其他（注3）(注4)	24																									

说明：

一、配放符号
1. 无配放符号可以配放；
2. △表示可以配放，堆放时至少隔离2m；
3. ×表示不可以配放；
4. 有"注1"、"注2"等注释时按注释规定办理。

二、注释
1. 除硝酸盐（如硝酸钠、硝酸钾或硝酸铵等）与松软的粉状可燃物（如煤粉、焦炭、炭黑、糖、淀粉、锯末等）混存外，其他情况都不得混存；发烟硝酸可以混存；
2. 饮食品、粮食、饲料、药品、药材类、畜禽、食用油脂及活动物不得与贴有毒性气体、毒性物质、感染性物质包装标志的物品，及有恶臭能使货物污染异味的物品，以及畜产品中的生皮张、生毛皮（包括碎皮）、畜毛、骨、蹄、角、鬃等物品混存；
3. 饮食品、粮食、饲料、药品、药材类、食用油脂与普通货物运输应隔离2m以上，与饮食品、粮食、饲料、药品、药材类、食用油脂、化学试剂、香精、香料应隔离1m以上；
4. 漂白粉与过氧化物、非食用油脂、易燃物品、药剂衣标志的液态农药不得与氧化性物质和有机过氧化物混存，活动物不得混存。
5. 贴有易燃液体包装标志的液态农药不得与氧化性物质和有机过氧化物混存。

③按规定插挂货车表示牌。
④标记车辆编组隔离标记。
⑤需要停止制动作用的货车,通知车辆部门关闭截断塞门并施封,封上应有"停止制动"字样。
⑥清扫(洗)货位。
⑦对上述作业按要求进行"签认"。
⑧检查堆码及装载状态,查验门窗是否关闭良好,做好施封加锁工作等。

知识点二　危险货物车辆调车及挂运要求

知识目标

1. 掌握危险货物车辆禁止溜放、限速连挂的事项。
2. 掌握危险货物车辆编组隔离等特殊防护事项。

能力目标

能正确组织各类危险货物车辆调车及挂运要求。

理论知识

一、车辆停止制动作用

某些货车因货物性质需要有停止制动作用的车辆,即关闭截断塞门,使本车制动不起作用,规定需停止货车制动作用的货物见《品名表》"特殊规定"栏,如下所示:

11001	电引爆雷管[爆破用];
11002	非电引爆雷管[爆破用];
11007	导爆索[外包装金属的];
11008	导爆索[柔性的];
11020	重氮甲烷;
11035	三硝基四苯[干的或含水＜30％](别名 TNT)
11040	三硝基苯甲硝胺(别名特屈儿炸药);
11041A	环三亚甲基三硝胺[含水≥15％](别名黑索金、旋风炸药);
11041B	环三亚甲基三硝胺[减敏的](别名黑索金、旋风炸药);
11049A	季戊四醇四酸酯[含水≥25％或含减敏剂≥15％](别名季戊炸药);
11096	黑火药颗粒状或粉状(别名火药);
11138	硝化甘油混合炸药(别名爆胶、胶质炸药);
11143	硝化纤维素[含氮量＞12.6％](别名硝化棉);
13013	硝化二乙醇胺火药。

装运需要停止制动作用的货车时，车站应书面通知所在地货车车辆段，由货车车辆段派就近的列检作业场人员到场检查确认后关闭截断塞门并施封，封上应有"停止制动"字样，同时在电子运单上注明"停止制动"。施封后，所在地货车车辆段应认真做好记录，并将"停止制动"施封车辆的车种车型车号及到站及时通知到站所在地货车车辆段。到站卸车后，车站应书面通知所在地货车车辆段，由货车车辆段派就近的列检作业场人员到场检查确认后拆封，开启截断塞门，并将该车辆的车种车型车号及时通知发站所在地货车车辆段予以销号。

停止制动作用的货车上的表示方法为在插于货车两侧货车表示牌上要记明"停止制动作用"字样。运输单据上的表示方法为在电子运单右上角用红色记明"停止制动作用"字样。

二、危险货物车特殊防护

根据危险货物特殊性质，在调车作业和运输编组隔离、车辆技术检查、整备、检修等技术作业中需采取特殊防护事项，要有明确规定，并应书面通知有关单位和人员。有关运输单据和货车上的表示方式见特殊防护事项表（表2-17）。

特殊防护事项表　　　　　　表2-17

特殊防护事项	货车上的表示	运输单据上的表示
《铁路车辆禁止溜放和限速连挂表》附件7中规定禁止溜放和限速连挂的货车	在货车两侧插挂"禁止溜放"或"限速连挂"的货车表示牌	在电子运单右上角用红色记明"禁止溜放"或"限速连挂"字样
《铁路技术管理规程（普速铁路部分）》中规定编组需要隔离的货车	①在货车表示牌上要记明三角标记 ②未限定"禁止溜放"或"限速连挂"的货车可用货车表示牌背面记明三角标记，并插于货车两侧	在电子运单右上角用红色规定的三角标记
铁路危险货物品名表"特殊规定"栏中规定停止制动作用的货车	在货车表示牌上记明"停止制动作用"字样	在电子运单右上角用红色记明"停止制动作用"字样

三、危险货物车辆的溜放限制

危险货物车辆应避免冲撞，所以在调车作业时对装有某些危险货物的车辆规定为"禁止溜放"，某些规定为"限速连挂"。规定禁止溜放和限速连挂的货物见表2-18。

铁路车辆禁止溜放和限速连挂表　　　　　　表2-18

顺号	种类	禁止溜放 （调动这些车辆时禁止溜放，由驼峰上解体）	限速连挂 （溜放或由驼峰上解体调车，车辆连挂速度不得超过2km/h）
1	爆炸品	有整体爆炸危险的物质和物品；有迸射危险，但无整体爆炸危险的物质和物品；有燃烧危险并有局部爆炸危险或局部迸射危险或这两种危险都有，但无整体爆炸危险的物质和物品	①不呈现重大危险的物质和物品； ②有整体爆炸危险的非常不敏感物质；无整体爆炸危险的极端不敏感物品

续上表

顺号	种类	禁止溜放 （调动这些车辆时禁止溜放，由驼峰上解体）	限速连挂 （溜放或由驼峰上解体调车，车辆连挂速度不得超过2km/h）
2	气体	罐车（含空罐车）和钢质气瓶装载的易燃气体、毒性气体	①非易燃无毒气体； ②钢质气瓶以外其他包装装载的气体类危险货物
3	易燃液体	乙醚、二硫化碳、石油醚、苯、丙酮、甲醇、乙醇、甲苯	①除禁止溜放栏内规定以外的装入玻璃或陶瓷容器的易燃液体； ②汽油
4	易燃固体、易于自燃的物质、遇水放出易燃气体的物质	硝化纤维素、黄磷、硝化纤维胶片	三硝基苯酚[含水≥30%]，六硝基二苯胺[含水>75%]，三乙基铝，浸没在煤油或密封于石蜡中的金属钠、钾、铯、锂、铷、硼氢化物
5	氧化性物质和有机过氧化物	过氧化氢、过氧化钠、过氧化钾、氯酸钠、氯酸钾、氯酸铵、高氯酸钠、高氯酸钾、高氯酸铵、硝酸胍、漂粉精和有机过氧化物	除禁止溜放栏内规定以外的装入玻璃容器的氧化性物质和有机过氧化物
6	毒性物质和感染性物质	玻璃瓶装的氯化苦、硫酸二甲酯、四乙基铅（包括溶液）、一级（剧毒）有机磷液态农药、一级（剧毒）有机锡类、磷酸三甲苯酯、硫代膦酰氯	①禁止溜放栏内的货物装入铁桶包装时； ②除禁止溜放栏内规定以外的装入玻璃或陶瓷容器的毒害性物质
7	放射性物质（物品）	二、三级运输包装或气体的放射性货物	—
8	腐蚀性物质	罐车装载以及玻璃或陶瓷容器盛装的发烟硝酸、硝酸、发烟硫酸、硫酸、三氧化硫、氯磺酸、氯化亚砜、三氯化磷、五氯化磷、氧氯化磷、氢氟酸、氯化硫酰、高氯酸、氢溴酸、溴	除禁止溜放栏内规定以外的装入玻璃或陶瓷容器的腐蚀性物质
9	特种车辆	非工作机车、轨道起重机、机械冷藏车、大型的凹型和落下孔车、空客车及特种用途车（发电车、无线电车、轨道检查车、钢轨探伤车、电务试验车、通信车）、检衡车	—
10	特种货物	按规定"禁止溜放"的军用危险货物和军用特种货物	—
11	其他车辆	搭乘旅客的车辆，总公司临时指定的货物车辆	乘有押运人员的货车
12	贵重、精密货物	由发站和托运人共同确定的贵重的以及高级的精密机械、仪器仪表	电子管、收音机、电视机以及装有电子管的机械
13	易碎货物	易碎的历史文物、易碎的展览品、外贸出口的易碎工艺美术品、易碎的涉外物质（指各国驻华使、领馆公用或个人用物品，外交用品，国际礼品，展品，外侨及归国华侨的搬家货物）	鲜蛋类、生铁制品、陶瓷制品、缸砂制品、玻璃制品，以及用玻璃、陶瓷、缸砂容器盛装的液体货物

注：除顺号1、2、9、10、11"禁止溜放"外，其他"禁止溜放"的货物车辆可向空线溜放。

表2-19 铁路车辆编组隔离表

隔离标记 货物种类（品名编号）	距牵引的蒸汽机车	距牵引的内燃、电力机车，推进运行或后部补机及使用火炉的车辆	距乘坐旅客的车辆	距装载雷管及导爆索车辆（11001,11002,11007,11008）⑦	距装载雷管及导爆索以外的爆炸品 ⑧	距敞车、平车装载的易燃普通货物	距装载高出车帮的易鼓动货物	局补充规定 距小运转机车	局补充规定 距调车机车	备注
气体（含空罐车） 易燃气体（21001~21072） ①	4	4	4	4	8	2	2	4	4	运输气体类危险货物重、空罐车时，每列编挂不超过3组，每组间的隔离车不得少于10辆
非易燃无毒气体（22001~22069）										
毒性气体（23001~23077）										
一级易燃液体（31001~31085,31101~31302） ②	2	2	3	3	4	2		2	2	运输原油时，与机车及使用火炉的车辆可不隔离。运输硝酸铵时，与机车隔离不少于4辆
一级易燃固体（41001~41074）										
一级易于自燃的物质（42001~42052）										
一级氧化性物质（51001~51086）										
有机过氧化物（52001~52123）										
一级毒性物质（剧毒品）（61001~61204）										
一级酸性腐蚀性物质（81001~81067,81101~81135）										
一级碱性腐蚀性物质（82001~82041）										
一级其他腐蚀性物质（83001~83029）										

续上表

货物种类(品名编号)	隔离标记	最少隔离车辆数 隔离对象	距牵引的蒸汽机车	距牵引的内燃、电力机车,推进运行或后部补机及使用火炉的车辆	距乘坐旅客的车辆	距装载雷管及导爆索车辆(11001,11002,11007,11008) ⑦	除雷管及导爆索以外的爆炸品 ⑧	距敞车平车装载的易燃普通货物	距装车帮高出的易燃货物	局补充规定 距小运转机车	局补充规定 距调车机车	备注
放射性物质(矿石、矿砂除外)	③		4	2	4	×	×	2	1	2	2	×标记表示不能编入同一列车
七〇七 一级	④		4	4	4	4	4	4	2	4	4	一同二级编入同一列车时,相互隔离2辆以上,停放车站时相互隔离10m以上,严禁明火靠近
七〇七 二级	⑤		4	4	4	4	4	4	2	4	4	
敞、平车装载的易燃普通货物及敞车装载的散装硫磺	⑥		4	2	2	2	2		2	2	2	装载未涂防火剂的腐朽木材的车辆,运行在规定的区段和季节须与牵引机车隔离10辆,如隔离有困难时,各铁路局与邻路局协商隔离办法

续上表

最小隔离辆数 / 隔离标记 / 货物种类（品名编号） / 隔离对象	距牵引的蒸汽机车	距牵引的内燃、电力机车，推进运行后部补机及使用火炉的车辆	距乘坐旅客的车辆	距装载雷管及导爆索车辆（11001,11002,11007,11008）[7]	距装载除雷管及导爆索以外的爆炸品 [8]	距敞车、平车装载的易燃普通货物	距装载高出车帮易滚动货物	局补充规定 距小运转机车	局补充规定 距调车机车	备注
爆炸品 雷管及导爆索（11001,11002,11007,11008）[7]	4	4	4		[8]			4	4	
爆炸品 除雷管及导爆索以外的爆炸品 [8]	4	4	4	4		2	2	4	4	
活动物 禽、畜、鱼苗 [9]	4	4	1			2	2	4	1	

注：1. 有 △ 标记的车辆与装载蜜蜂的车辆运输时按有关规定办理。
2. 空罐车可不隔离（气体类危险货物除外）。
3. 局补充规定：
① 装载 △3 与 △8 的车辆不得在一起调车。
② 敞车和棚车装载的硝酸铵在站内停留和调车时不隔离。

派有押运员的成组危险货物车辆,要求成组连挂,不得拆解;发站应在该组车辆每张电子运单上注明"成组连挂,不得拆解"。

四、危险货物车辆的编组隔离限制

为了防止列车中内燃机车的烟火(火星)和电力机车接触网电弧对牵引的危险货物车辆发生影响,或两相邻(近)车辆装有货物性质互相影响,以及货物可能危及列车中人员安全,在编组列车时,应对装运某些货物的车辆的相互位置采取隔离措施,即用普通货物车将它们隔离开。规定编组需要隔离的货车见表2-19。

上述车辆编组隔离除符合《危规》规定外,还应符合《铁路技术管理规程(普速铁路部分)》关于铁路车辆编组隔离的规定。

【例2-1】 有以下货物需要运输:硒化铁、高氯酸(含量70%)、甲硫磷、苯酚钠、三氯化磷、高锰酸钾、磷化氢、溴、硫黄、硝酸。确定货物的类项、配放号、灭火剂(表2-20)。

货物类项、配放号、灭火剂　　　　　　　　表2-20

货物品名	危险品编号	类项	配放号	灭火剂
硒化铁	61018	一级毒害品	17	砂土
高氯酸(含量70%)	51015	一级氧化剂	14	干粉灭火器、泡沫灭火器、雾状水、二氧化碳
甲硫磷	61126	一级毒害品	17	水、砂土、干粉灭火器、禁用酸碱、泡沫灭火剂
苯酚钠	83013	一级其他腐蚀品	21	泡沫灭火器、砂土、雾状水、二氧化碳
三氯化磷	81041	一级酸性腐蚀品	20	干粉灭火器、砂土、二氧化碳(禁水)
高锰酸钾	51048	一级氧化剂	14	砂土、雾状水
磷化氢	23005	有毒气体	6	雾状水、1211灭火剂、二氧化碳、泡沫灭火器(抢救人员应戴防毒面具)
溴	81021	一级酸性腐蚀品	18	干砂、二氧化碳
硫黄	41501	二级易燃固体	8	泡沫灭火器、砂土、水
硝酸	81002	一级酸性腐蚀品	19	砂土、二氧化碳、雾状水(不得使用加压直流水,灭火时注意防腐蚀)

五、装运危险货物车辆的挂运要求

危险货物车辆,在始发站或编组站必须以最近车次挂出。货运员或车站货调应及时向站调报告危险货物的车种、车号、装完时间、存放地点,以便站调对危险货物车辆重点掌握,安排最近车次挂出。各中间站装完的车辆,则由车站值班员报告列调,由列调掌握最近车次挂出,做到快装、快卸、快取、快送、优先编组、优先挂运。站内停放危险货物车辆时,应采取安全防护措施,对需要看护的重点危险货物,由车站派员看守并报告铁路公安部门。

派有押运员的成组危险货物车辆,途中要成组连挂,不得拆解;发站必须在该组车辆每一张电子运单上注明"成组连挂,不得拆解"。

六、危险货物签认制度

爆炸品、硝酸铵、剧毒品(非罐装、铁路危险货物品名表"特殊规定"栏有第67条特殊规定的)、气体类和其他另有规定的危险货物运输作业实行签认制度。作业应按规定程序和作

业标准进行并签认。要对作业过程的完整性、真实性负责,严禁漏签、代签和补签。签认单保存期半年。

运输签认制度的有关要求按《铁路危险货物运输作业签认单》《铁路剧毒品运输作业签认单》《危险货物罐车作业签认单》办理。

货检站未产生货检作业时,可不进行签认。

单元五 铁路危险货物途中作业和到达作业

教学提要

按规定正确办理危险货物交接检查和签认,保证危险货物安全运送到到站。

知识点一 危险货物押运管理

知识目标

1. 掌握危险货物押运员的资质和证件情况。
2. 掌握危险货物押运方式、车辆及人数的规定。
3. 掌握危险货物押运工作的要求。

能力目标

1. 能全程监督检查危险货物运输押运员的押运情况。
2. 能正确保管和交付危险货物。
3. 能清扫、洗刷和保管危险货物车辆,确保危险货物车辆的清洁和安全。

理论知识

运输爆炸品(烟花爆竹除外)、硝酸铵、剧毒品(铁路危险货物品名表"特殊规定"栏有第67条特殊规定的)、罐车装运气体类(含空车)危险货物实行全程押运。装运剧毒品的罐车和罐式箱不需押运。其他危险货物需要押运时按有关规定办理。

一、押运员押运职责

押运员应当掌握所押运危险货物的性质、危害特性、包装容器、载运工具的使用特性和发生意外的应急措施。押运员押运时应携带培训合格证明,并符合下列规定。

①押运员在押运过程中应遵守铁路运输的各项安全规定,并对自身安全和所押运货物的安全负责。

②押运员应了解所押运货物的特性,押运时应携带所需安全防护、消防、通信、检测、维

护等工具以及生活必需品,应按规定穿着印有红色"押运"字样的黄色马甲,不符合规定的不得押运。押运员执行押运任务期间,严禁吸烟、饮酒及做其他与押运工作无关的事情。

③押运员在途中要严格执行全程押运制度,认真进行签认,严禁擅自离岗、脱岗。严禁押运员在区间或站内向押运间外投掷杂物。对押运期间产生的垃圾要收集装袋,到沿途有关站后,可放置在车站垃圾存放点集中处理。

④押运员应熟悉应急预案及施救措施,在运输途中发现异常现象时,应及时采取应急措施并向铁路部门报告。

气体类危险货物押运员应对押运间进行日常维护保养,破损严重的要及时向所在车站报告,由车站通知所在地货车车辆段按规定予以扣修。对门窗玻璃损坏等能自行修复的,应及时修复。押运员应按《危险》附件12《气体类罐车押运员携带工具备品及证件资料目录》携带相关工具备品及证件。

二、押运备品管理规定

押运间仅限押运员乘坐,不允许闲杂人员随乘。车辆运行时,押运间的门不得开启。押运间内应保持清洁,严禁存放易燃易爆物品及其他与押运无关的物品。对未乘坐押运员的押运间应锁闭,车辆在沿途作业站停留时,押运员应对不用的押运间进行巡检,发现问题及时处理。

发站要对押运工具、备品、防护用品以及押运间清洁状态等进行严格检查,不符合要求的禁止运输。

运输时发现押运备品不符合要求,押运员身份与携带证件不符或押运员缺乘、漏乘时应及时甩车,做好登记,并通知发站或到站联系托运人、收货人补齐押运员或押运备品,编制普通记录后方可继运。

三、押运员人数的规定

同一托运人、同一到站押运方式、车辆及人数规定如下。

①气体类6辆重(空)罐车(含带押运间车辆)以内编为1组,每组押运员不得少于2人。每列编挂不得超过3组。每组间的隔离车不得少于10辆(原则上需要用普通货物车辆隔离)。

②剧毒品(铁路危险货物品名表"特殊规定"栏有第67条特殊规定的)4辆(含带押运间车辆)以内编为1组,每组2人押运;2组以上押运人数由铁路局确定。

③硝酸铵4辆以内编为1组,每组2人押运;2组以上押运人数由铁路局确定。

④爆炸品(烟花爆竹除外)每车2人押运。

四、危险货物押运的其他规定

押运管理工作实行区段签认负责制。货检人员应与押运员在所押运的车辆前签认,签认内容见全程押运签认登记表(表2-21)。托运人再次办理运输时(含应押运的气体类罐车返空)应出具此登记表,并由车站保留3个月。对未做到全程押运的,再次办理货物托运时车站不予受理。

全程押运签认登记表　　　　　　　　　　　　表 2-21

发站	途中站	到站	车号	品名	到达车次	到达日期及时间	押运人单位	有无培训合格证明	押运员签字	货检员签章	备注（记录押运品不及等）

注：本表为 A4 纸横向打印。

车辆在检修时，要严格按有关规程加强对押运间检查、修理。在接到押运员的故障报告后要及时修理。气体类危险货物罐车检修完毕出厂前，罐车产权单位应主动到检修单位，按规程标准对押运间检修质量进行交接签认，并做好记录，确保气体类危险货物罐车押运间状态良好。

新造出厂的和洗罐站洗刷后送检修地点的及检修后首次返空的气体类危险货物罐车不需押运，但应在电子运单、货票注明"新造车出厂""洗刷后送检修"或"检修后返空"字样。

【例 2-2】　途中货检站对液化气罐车的检查及发现问题的处理。

2017 年××月××日××站接 20605 次列车时挂有 8 辆液化气罐车，随车押运的 2 名押运员身穿印有蓝色"押运"字样的黄色马甲，请问货检员应检查哪些内容？发现有哪些问题？应如何处理？

【解】　(1) 检查押运员人数是否符合规定，是否持有《液化气体铁路罐车押运证》和《培训合格证》，并在有效期内；押运证人名、身份证是否一致；押运货物品名与押运证记载的品名、企业名称及罐体标记是否相符；检查车体状态，良好无泄漏，定检不过期，罐体押运间无损坏，备品齐全符合要求，同一组每车罐体上标注的介质名称、企业名称相符。

(2) 发现的问题：

该列车挂有 8 辆液化气罐车，只有 2 名押运员与规定不符，7～12 车应不少于 4 人。押运员穿着的黄色马甲上应是红色"押运"字样。

(3) 问题的处理：

发现以上问题应及时甩车，做好记录，并以电报通知发站或到站联系托运人、收货人立即补齐押运员，并更换符合规定的押运员标志后方可继运。

【例 2-3】　11602 次货物列车于 2009 年 2 月 21 日 10 时 20 分到达某站，共挂有 2 组液化气罐车。请依据题意回答下列问题。

(1) 对液化气罐车运输的检查内容。

(2) 货检发现其中一辆液化气罐车发生泄漏应如何处理？

(3) 根据列车编组，列车到达应有几名押运员？

【解】　(1) 对液化气罐车运输的检查内容如下。

①液化气罐车罐体有无漏裂，货物有无外泄、渗漏。

②液化气罐车上盖是否关闭良好，阀件是否拧紧，配件是否齐全。

③液化气罐车押运检查：包括检查押运员人数是否符合要求；押运员是否携带《培训合格证》《押运员证》，是否与票据记载相符，有无冒名顶替；押运员着装是否符合规定；携带的工具、备品是否齐全，是否携带危险货物等违禁品；押运间状态是否良好等。

④车辆编组隔离是否符合规定要求。
⑤货检人员与押运员在所押运的车辆前签认。
(2)货检发现其中一辆液化气罐车发生泄漏应做如下处理。
①货检员立即向车站值班员和公安部门报告,同时通知押运员及时处理。
②得到货检员的报告后,车站应立即启动应急预案。
③货检员确认货物性质,采取临时防护措施,切断火源,防范闲杂人员出入。
④押运员无法自行修复时,车站与押运员应及时向铁路主管部门、地方政府、公安消防及环保、卫生防疫部门报告,并速请熟悉货物性质及罐体构造的部门协助处理。
⑤迅速将故障车辆调至安全处所,设立警戒区,组织人员向逆风方向疏散。
⑥采取积极抢救措施,喷水降温,防止事态扩大。
⑦对标有禁水标记的罐车,严禁用水施救,对有毒气体施救时,应站在上风方向,防止中毒事故发生。
⑧正确拍发货运损失速报。
⑨编制记录,登记台账。
(3)至少应有4名押运员。

知识点二　危险货物到达作业

知识目标

1. 掌握卸车作业要求。
2. 掌握需洗刷除污的车辆。
3. 了解洗刷除污所应具备的条件。

能力目标

1. 能全程处理卸车作业。
2. 能清扫、洗刷和保管危险货物车辆,确保危险货物车辆的清洁和安全。

一、卸车作业

危险货物卸车前,要做好以下三项工作。

①卸车作业前,应对待卸货车进行必要的通风和检查,对待卸仓库和货位提前清扫(洗)干净。卸车前通风时间满足作业安全的需要。

②货运员应向装卸工组说明货物品名、性质、作业安全事项并准备好消防器材和安全防护用品。具有易燃易爆性质的危险货物卸车作业时使用的照明设备及装卸机具应具有防爆性能,并能防止由于卸车作业摩擦、碰撞产生火花。

③作业前应依据危险货物品名的性质及特点,准备好符合要求的消防器材并移动至作业现场,同时装卸人员应配备类型合适、数量足够的安全防护用品。

卸车后工作。在收货人清理车辆残存废弃物后,对受到污染的车辆,及时回送洗刷所洗

刷除污。清理车辆残存废弃物交由收货人负责处理。因污染、腐蚀造成车辆损坏的,要按规定索赔。

二、危险货物卸后空车的洗刷除污

1. 需洗刷除污的危险货物货车

装过危险货物的货车,卸后应清扫干净。下列情况应进行洗刷除污。

①装过剧毒品的毒品车。

②发生过撒漏、受到污染(包括有刺激异味)的货车。

③回送检修运输过危险货物的货车。

2. 洗刷除污的其他规定

危险货物车辆洗刷除污的药剂主要有稀盐酸、碱水溶液、硫代硫酸钠、肥皂水等。

货车洗刷除污工艺应符合《铁路货车洗刷除污方法》。回送洗刷除污的货车,应在"特殊货车及运送用具回送清单"内注明品名及编号,并在货车两车门内外明显处粘贴"铁路货车洗刷回送标签"各一张。

货车经洗刷除污达到要求后应撤除货车洗刷回送标签,并在货车两车门内外明显处粘贴"铁路货车洗刷除污工艺合格证"各一张,并填写《洗刷除污登记表》。

未经洗刷除污合格的货车严禁使用或排空。

装过放射性物质(物品)的货车、苫盖的篷布及有关用具,卸后应由省级人民政府环境保护部门认定的有资质的辐射监测机构(以下简称辐射监测机构)对 α、β、γ 发射体的污染水平进行监测,监测结果应低于规定的限值,达到要求后方可排空使用。

对装过性质特殊、缺乏有效洗刷除污手段的货车,洗刷所应通知卸车站,要求收货人提供有效的洗刷除污方法和药物,再次洗刷处理。

3. 洗刷除污所应具备的条件

铁路局应按照管内货车自局洗刷、减少空车长距离回送洗刷和环保达标的要求,新建或升级改造货车洗刷除污所。洗刷除污所应具备的条件如下。

①洗车台位数、洗车线的数量和长度应达到洗刷除污的能力需求。

②洗刷除污的废水、废物处理技术条件应符合现行《铁路货车洗刷废水处理技术条件》(TB1797)、《铁路货车洗刷固体废物处理技术规定》(TB/T2321)以及《铁路污水处理工程设计规范》(TB10079)等相关要求。

③洗刷除污后的废水、废物的排放应达到环保部门的有关标准。

单元六 其他危险货物运输

 教学提要

剧毒品和放射性货物在铁路中的运量不多,但却影响着全社会的安全。

知识点一　剧毒品运输

知识目标

1. 掌握剧毒品的定义。
2. 掌握剧毒品运输要求。
3. 了解剧毒品计算机跟踪管理。
4. 掌握剧毒品运输组织。

能力目标

能正确办理剧毒品运输。

理论知识

一、剧毒品的定义

剧毒品是指《品名表》中第 6 类一级毒性物质。铁路危险货物品名表"特殊规定"栏有第 67 条特殊规定的，均实行铁路剧毒品运输跟踪管理，运输时采用剧毒品黄色专用运单，并在运单上印有骷髅图案。

未列入剧毒品跟踪管理范围的剧毒品不采用剧毒品黄色专用运单，但仍按剧毒品分类管理。

二、剧毒品运输要求

各铁路局要根据专用线办理剧毒品运输的情况，配齐专用线货运员。装车作业时，货运员要会同托运人确认品名、清点件数（罐车除外），监督托运人进行施封，并检查施封是否有效。装有剧毒品的车辆应在车辆上门扣用加固锁加固并安装防盗报警装置。到站卸车时，应与押运人、收货人共同确认封印状态，并及时与收货人办理交接手续。

车站货检人员对剧毒品车辆应作重点检查，用数码相机或手持机两侧拍照（如车号、施封、门窗状况），并存档保管至少 3 个月；运输过程中发现装有剧毒品的车辆或集装箱无封、封印无效以及有异状时，应立即甩车，并报告铁路公安部门共同清点，按规定进行处理。如发生丢失被盗等问题，立即报告铁路局和中国铁路总公司调度部门、货运部门及铁路公安部门。

各级货运、运输等部门，要把剧毒品日常运输纳入每日交班内容，严格掌握发运、途中和交付的情况。

三、剧毒品计算机跟踪管理

剧毒品运输实行三级计算机跟踪管理，主要内容如下。

①铁路剧毒品运输计算机跟踪管理应以办理站为基础,中国铁路总公司、铁路局和车站,根据不同层次管理要求建立信息管理系统。

②计算机跟踪管理工作由中国铁路总公司负责方案规划和监督指导,铁路局负责方案实施和日常管理,铁路信息技术部门负责软件维护、更新、完善等技术支持,保证系统正常运转。

③办理剧毒品运输的车站应与剧毒品计算机跟踪管理系统联网运行。需具备原始信息及时发送和接收能力,要求配备相应的传输、通信、打印等信息跟踪管理设备。

④装车站要将剧毒品运单所载信息,及时生成《剧毒品运输管理信息登记表》,实时报告剧毒品运输跟踪管理系统。内容包括剧毒品车的车号(集装箱类型、箱号及所装车号)、发到站、品名及编号、件数、重量和承运、装车日期等。

⑤挂有剧毒品车辆的列车,应在列车编组顺序表(运统一)记事栏中注明"D"字样,并将剧毒品车辆的车种车号、发到站、货物品名、挂运日期、挂运车次等信息及时报告给铁路局行车确报系统和剧毒品运输跟踪管理系统。

⑥中途站发现装有剧毒品的车辆或集装箱无封、封印无效以及有异状时,应立即甩车,报告所属铁路局和铁路公安部门,并共同清点。同时按规定及时以电报形式,向发到站及所属铁路局和中国铁路总公司报告有关情况。继续运送时,应及时生成《剧毒品运输管理信息登记表》,实时报告剧毒品运输跟踪管理系统。

⑦剧毒品到站后和卸车交付完毕后,立即将车种车号(集装箱箱型、箱号及所装车号)、发到站、托运人、收货人、品名及编号、件数、重量、到达日期、到达车次、交付日期等信息上网报告剧毒品运输跟踪管理系统,并在2小时内通知发站。

四、剧毒品运输组织

剧毒品运输安全要作为重点纳入车站日班计划、阶段计划。车站编制日班计划、阶段计划时要重点掌握,优先安排改编和挂运。车站要根据作业情况建立剧毒品车辆登记、检查、报告和交接制度,值班站长要按技术作业过程对剧毒品车辆进行跟踪监控。

1. 列车出发作业

车号员要认真编制列车编组顺序表(运统一),并在剧毒品车辆记事栏内标记"D"符号。发车前认真核对现车,确保出发列车编组、电子运单和列车编组顺序表内容一致。发车后,要及时发出列车确报。

车站调度员(车站值班员)于列车出发后,将剧毒品车辆的挂运车次、编挂位置等及时报告铁路局调度,并将信息登录到剧毒品运输信息跟踪系统。

2. 列车改编作业

车站调度员(调车区长)要准确掌握剧毒品车辆信息,及时安排解编作业,正确编制调车作业计划,并在调车作业通知单上注明标记。严格执行剧毒品车辆禁止溜放和限速连挂规定。

调车指挥人员要按调车作业计划,将剧毒品车辆的作业方法、注意事项直接向司机和调车作业人员传达清楚,严格按要求进行调车作业。作业完毕,及时将剧毒品车辆有关信息向车站调度员(调车区长)报告。

3. 列车到达作业

车号员严格执行核对现车制度,发现列车编组、电子运单和列车编组顺序表(运统一)内容不一致时,及时记录并向车站调度员(调车区长)汇报。对剧毒品车辆要进行标记。

货检人员对剧毒品车辆要进行重点检查。要认真检查剧毒品车辆的状态,没有押运员的应及时通知发站派人处理并采取监护措施,同时报告铁路公安部门。

完成上述工作后应将有关情况及时报告车站调度员(调车区长)。

跨铁路局运输的剧毒品,由总公司调度负责跟踪。在铁路局管内运输的剧毒品,由铁路局调度负责。各级调度部门要及时组织挂运,重点组织放行,成组运输的不得拆解,无特殊情况不得保留;挂有剧毒品的列车遇特殊情况,必须停车或保留时,要通知车站采取监护措施,同时报告铁路公安部门。

各级调度部门要掌握每天6时和18时装车、接入、交出、到达的剧毒品运输情况。

知识点二 放射性物质运输

知识目标

1. 掌握放射性物质定义。
2. 熟悉放射性物质运输等级。
3. 掌握放射性物质包装要求。
4. 掌握放射性物质托运与承运要求。

能力目标

能正确办理放射性物质运输。

理论知识

一、放射性物质的定义

在托运货物中,任何含有放射性核素并且其活度和比活度均高于国家规定的豁免值者属于放射性物品(物质,下同)。

二、运输等级

放射性物品包装件根据其外表面辐射水平和运输指数分为三个运输等级,见表2-22。

放射性物品包装件运输等级　　　　表2-22

运输等级(标志颜色)	包装件外表面任意一点最大辐射水平(H)mSv/h	运输指数(TI)
Ⅰ级(白色)	$H \leqslant 0.005$	TI=0(注1)
Ⅱ级(黄色)	$0.005 < H \leqslant 0.5$	$0 < TI \leqslant 1$
Ⅲ级(黄色)	$0.5 < H \leqslant 2$	$1 < TI \leqslant 10$
Ⅲ级(黄色)	$2 < H \leqslant 10$	$10 \leqslant TI$(注2)

注:对于TI≤0.05的包装件均认为TI=0,其他情况TI都应取1位小数,计算TI时只进位不舍位。

三、放射性物品包装要求

放射性物品的包装除应符合危险货物包装的有关规定外,还应满足下列要求。

①包装件应有足够的强度,保证内容物不泄漏和散失。内外容器应封严、盖紧,能有效地减弱放射线强度至允许水平并使放射性物品处于次临界状态。

②便于搬运、装卸和堆码,重量在5kg以上的包装件应有提手;袋装矿石、矿砂袋口两角应扎结抓手;30kg以上的应有提环、挂钩;50kg以上的包装件应清晰耐久地标明总重。

③应在包装件两侧分别粘贴、喷涂或拴挂放射性货物包装标志。

四、放射性物品的托运条件

①托运一类放射性物品或者放射性空容器的,应由辐射监测机构对其表面和辐射水平进行监测,托运人凭监测报告和国务院核安全部门批准的"核与辐射安全分析报告书批准书"以及省级环保部门的"一类放射性物品运输辐射监测备案表"办理托运;托运二类、三类放射性物品的,托运人应当凭辐射检测机构出具的表面污染和辐射水平监测报告办理托运。

②托运一类放射性物品、B型包装件、气体放射性物品、国家管制的核材料以及铁路危险货物品名表内未列载的放射性物品时,应由托运人的主管部门与中国铁路总公司商定运输条件。

国家管制的核材料主要如下。

a. 易裂变物质,包括233U(铀^{233})、235U(铀^{235})、239Pu(钚^{239})和241Pu(钚^{241}),或含有易裂变物质的材料和制品。

b. T(氚、3H),含T的材料和制品。

c. 6Li(锂^6)含6Li的材料和制品。

d. 其他需要管制的核材料和制品。

③托运一类放射性物品的,托运人应当委托有资质的辐射监测机构对其表面污染和辐射水平实施监测,辐射监测机构应当出具辐射监测报告。托运二类、三类放射性物品的,托运人应当对其表面污染和辐射水平实施监测,并编制辐射监测报告。监测结果不符合国家放射性物品运输安全标准的,不得托运。

④托运一类放射性物品的,托运人应当编制放射性物品运输的核与辐射安全分析报告书,报国务院核安全监管部门审查批准。

五、放射性物品的托运文件

①托运人应当向办理站提交运输说明书、辐射监测报告、核与辐射事故应急响应指南、装卸作业方法、安全防护指南,承运人应当查验、收存。

托运人提交文件不齐全的,办理站不得承运。

②运输国家管制的核材料时,托运人还需提交下列文件。

a. 托运一类放射性物品的,提交国务院核安全监管部门颁发的一类放射性物品运输容器设计批准书;托运二类放射性物品的,提交运输容器设计资料报国务院核安全监管部门备案的证明;托运三类放射性物品的,提交运输容器设计符合国家放射性物品运输安全标准的证明文件。

b. 托运一类放射性物品的,提交国务院核安全监管部门颁发的一类放射性物品运输容器制造许可证;托运二类放射性物品的,提交运输容器制造单位报国务院核安全监管部门备案的证明。

c. 使用境外单位制造的一类放射性物品运输容器的,提交国务院核安全监管部门颁发的使用批准书;使用境外单位制造的二类放射性物品运输容器的,提交运输容器材料报国务院核安全监管部门备案的证明。

d. 托运国家管制的核材料,提交国家核安全主管部门颁发的核材料许可证。

e. 进出口运输的,出具国家原子能主管部门颁发的核材料许可证及国务院对外贸易主管部门签发的进出口许可证。

f. 法律、法规规定的其他文件。

六、"短寿命"放射性物品的容许运输期限

托运"短寿命"放射性物品时,应在电子运单"托运人记事"栏内注明货物容许运输期限。容许运输期限应大于铁路货物运到期限 3 天。

七、包装件和运输工具的限值规定

① 货包、外包装和运输工具外表面放射性污染不得超过下列限值。

a. 对 β、γ 和低毒性 α 发射体为 $4Bq/cm^2$。

b. 所有其他 α 发射体为 $0.4Bq/cm^2$。

② 货包、外包装的运输指数不大于 10,车内各包装件运输指数总和不大于 50。Ⅰ类低比活度放射性物品运输指数总和不受限制。易裂变物质的货包或外包装的临界安全指数不大于 50,车内各包装件临界安全指数总和不大于 50。

③ 运输工具或包装件外表面任一点辐射水平不大于 $2mSv/h$,距运输工具 2m 处的任一点辐射水平不大于 $0.1mSv/h$。

八、放射性物品的装卸车要求

放射性包装件装车时,运输包装等级小的包装件应摆放在运输包装等级大的包装件周围。作业人员与放射性物品最小安全距离应符合表 2-23 的要求。每人每天装卸放射性货物的时间不得超过容许作业时间表 2-24 的限值。

作业人员与放射性物品最小安全距离表(单位:mm)　　　　　表 2-23

包装件的运输指数(TI)	照射时间 h(小时)[天]					
	1	2	4	10	24[1]	48[2]
0.2	0.5	0.5	0.5	0.5	1.0	1.0
0.5	0.5	0.5	0.5	1.0	1.5	1.5
1.0	0.5	0.5	0.5	1.0	2.5	2.5
2.0	0.5	1.0	1.5	2.0	4.0	4.0

续上表

包装件的运输指数(TI)	照射时间 h(小时)[天]					
	1	2	4	10	24[1]	48[2]
4.0	0.5	1.0	2.0	3.0	5.0	5.0
8.0	1.0	2.0	2.5	4.0	7.0	7.0
10.0	1.5	2.5	3.0	5.0	8.0	8.0

装卸放射性物品容许作业时间表　　　　　　　　　　表2-24

包装件运输等级	包装件表面辐射水平(mSv/h)	运输指数TI	徒手作业	简单工具(距包装件表面约0.5m)	半机械化操作(距包件表面1m)	机械化操作(距包件表面1.5m)
Ⅰ级	≤0.005	0(注1)	6h	—(注2)	—	—
Ⅱ级	0.01	0	4h	6h	—	—
	0.05	0	1.5h	6h	—	—
	0.1	0.1	40min	3h	—	—
	0.2	0.3	20min	2h	6h	—
	0.3	0.6	15min	1.5h	6h	—
	0.4	0.8	10min	1h	5h	—
	0.5	1.0	7min	40min	5h	—
Ⅲ级	0.6	1.5	×(注3)	40min	5h	—
	0.8	2.0	×	25min	3.5h	6h
	1.0	3.0	×	20min	2.5h	4h
	1.2	4.0	×	15min	1.7h	3h
	1.4	5.0	×	12min	1.5h	2h
	1.8	7.0	×	10min	1h	1.5h
	2.0	10.0	×	8min	30min	1h

注：1. 对于TI≤0.05(即0.0005mSv/h)的货包，其运输指数均认为0；
　　2. "—"表示不必限制；
　　3. "×"表示不容许。

拓展知识

2017年8月2日凌晨，位于黔江区的正阳火车站内，一辆停靠的货运列车车厢发生燃爆，致使火车站工作人员、候车旅客7人受轻伤。经初步调查，发生燃爆系该次列车第5号车厢，车厢内混装有汽车配件及化妆品、农药、电池、医药纸箱等物品。该列车途经停靠黔江区正阳火车站时，于2时17分、38分先后两次发生燃爆。

经成都铁路警方调查，系南昌铺地锦物流有限公司违法匿名托运易燃化工品，运输途中发生泄漏，引发爆炸。为深刻吸取黔江货车爆炸事故教训，国家铁路局发出关于加强铁路货物运输安全有关工作的通知,对危险货物运输全过程安全管理作出如下要求。

①加强运输源头管理。铁路运输企业要严格执行《铁路危险货物品名表》及有关规定,不得承运品名或者性质不明、不能确认安全的货物(如不明粉末、化工品或者装有不明气体或者液体的装置等),防止危险货物违规按普通货物运输。对于需凭证、办理有关手续或者添加稳定剂方可运输的货物,托运人应当提交相关证明材料,铁路运输企业应当审查并留存。

②强化储存安全管理。危险货物储存场所应当封闭管理,设立明显的安全警示标志,并配置相应的安全设备设施和视频监控设备。储存场所周边安全防护距离不满足安全要求、未配置专人安全管理、超量存储或者违规混存的,必须立即采取有效措施消除事故隐患,无法整改或者整改后仍然不符合安全要求的要调整关停。

③严格装卸安全管理。危险货物装车单位要建立健全装运前车辆、人员、单据等查验制度,装卸管理人员必须现场指挥或者监控装卸车作业。铁路罐车(箱)装运危险货物必须使用鹤管、栈桥等专用装卸设施,不得使用简易泵等进行铁路罐车、汽车槽罐车对装对卸作业,事故应急等特殊情况下必须使用时应当采取安全防护措施。要严格按照设计用途使用罐车和专用车辆,不得违规变更装运介质。危险货物装车、装箱严禁超过规定重量,罐车充装后必须保留不少于罐(箱)体标记容积5%的余量。

④加强危险货物运输安全防护。铁路运输企业应当通过定位系统等技术手段对危险货物车辆进行监控,实时掌握危险货物车辆停留位置和状态。在途停留时,应当远离客运列车及停留期间有乘降作业的客运站台等人员密集场所和设施。编组站作业人员应当掌握货物、车辆技术要求和运单记载事项,严格遵守编组、调车作业有关规定,不得违规溜放或者超速连挂。

⑤建立健全隐患排查治理和应急管理制度。铁路运输企业要建立健全隐患排查治理制度,重大隐患治理情况要定期向所在地铁路监管部门报告。要建立健全危险货物运输事故应急预案和应急演练制度,增加与不同层级、相关部门预案衔接的内容,并每年至少演练一次,现场处置方案要经常性开展演练,并进行总结评估,查漏补缺,不断完善应急准备。要深入推进安全生产标准化建设,实现危险货物运输安全管理、操作行为、设备设施和作业环境的标准化。

⑥建立健全危险货物流向记录和报告制度。铁路运输企业应当如实记录运输的危险货物品名及编号、发到站、装卸车地点、托运人、收货人、车(箱)号、装载数量(重量)等信息;发生危险货物被盗、被抢、丢失的,要立即采取必要的控制措施,并立即向当地公安机关报告,同时报告所在地铁路监管局。各地区铁路监管局要动态掌握辖区内危险货物运输情况并定期报送国家铁路局,7月15日、1月15日前分别报送辖区内上半年和去年危险货物运输情况,每月10日前报送辖区内上月爆炸品、剧毒品、放射性物品、易制爆危险化学品、易制毒化学品等重点管控危险货物运输情况。

⑦积极推进信息化建设。铁路运输企业要研究建立危险货物运输安全管理信息平台,并与铁路监管部门相关信息系统数据共享,逐步实现危险货物运输的全程跟踪和实时查询,提高企业安全管理和政府监管能力,落实国务院关于危险化学品全生命周期信息化安全管理及信息共享的工作要求,确保货物来源可追溯、责任能倒查、违法受追究,不断提升铁路危险货物运输安全水平。

实训项目

1. 教师准备若干危险货物品名，要求学生使用《铁路危险货物品名表》查定其有关特性。

危险货物品名	危险品铁危编号	类　项	配　装　号	灭　火　剂
高氯酸	51015			
一氧化二氮（压缩）	22017			
氧化钾	82007			
活性炭	42521			
三氟化溴	51012			
对硝基苯砷酸	61856			
甲酸	81101			
亚硫酸	81011			
甲醇	32058			
丙烯	21018			
迭氮酸	11002			
汽油	31001			
氢氧化钠	82001A			
氰化钾	61001			
过氧化氢含水≥40%	51001A			

2. 使用《运价里程表》，查找教师拟定的发站、到站是否是铁路危险货物办理站，其办理范围可否办理拟定的品名。

3. 教师拟定若干危险货物品名，要求学生查定是否需要禁止溜放、限速连挂，以及有无编组隔离要求，是否需要停止货车制动作用。确认插挂何种货车表示牌。

4. 以下为若干组危险货物品名，请查找《配放表》，确定每组的危险货物是否可以配放：

（1）乙炔（铁危编号21024B）与苯（铁危编号31150）；

（2）发烟硫酸（铁危编号81006）与保险粉（一）（连二亚硫酸钠，铁危编号42012）；

（3）发烟硫酸与电石（碳化钙，铁危编号43025）；

（4）冰醋酸（铁危编号81601A）与硝酸钠（铁危编号51055）；

（5）氰化钠（铁危编号61001）与砒霜（三氧化二砷，铁危编号61007）；

（6）硝酸钠与汽油（铁危编号31001）；

（7）双氧水（铁危编号51001A）与硝化棉（四）（含水硝化纤维素，铁危编号41031）；

（8）氢氧化钠（铁危编号82001A）、硫化钠（一）（铁危编号42009）与压缩氧（铁危编号22001）；

（9）亚硝酸钠（铁危编号51525）、硫化钠与活性炭（铁危编号42521）；

（10）电雷管（一）（电引爆雷管，铁危编号11001）、TNT（三硝基甲苯，铁危编号11035）与金属铀（铁危编号71002）。

复习思考题

1. 什么是危险货物？如何判定危险货物？
2. 危险货物是如何分类的？危险货物的铁危编号有何含义？
3. 危险货物办理站是如何分类的？
4. 办理站受理危险货物时，应符合哪些规定？
5. 托运危险货物时，应备齐哪些必要的证明文件？
6. 危险货物押运人数是如何规定的？
7. 哪些货车卸车后需洗刷除污？
8. 罐车水平环形色带分别表示货物哪些主要特性？
9. 运输时发现危险货物押运员未按规定押运时，应如何处理？
10. 发现装有剧毒品的车辆或集装箱无封、封印无效以及有异状时，应如何处理？
11. 同一托运人、同一到站押运方式，车辆及人数是如何规定的？
12. 对派有押运员的剧毒品、爆炸品、硝酸铵，途中站应对押运员如何检查？

模块三　超限超重货物运输组织

单元一　超限超重货物认知

教学提要

超限超重货物运输是铁路运输的重要组成部分,它所涉及的多是国家基本建设和工业建设中所需的大型设备。超限超重货物的安全和及时运输对于国家经济建设具有重要的意义。随着铁路技术的发展如铁路提速等,给超限超重货物运输带来一定的难度。另外随着工业的发展,超限超重货物的超限超重等级越来越大,这也给运输带来了一定的难度。因此按照规定的技术要求组织运输,对于保证车辆、货物及线路附近固定设备的安全至关重要。

知识点一　铁　路　限　界

知识目标

1. 掌握机车车辆限界的尺寸。
2. 掌握《超规》规定的各级限界。

能力目标

能标画铁路主要限界尺寸,并初步判断是否超限。

理论知识

为了确保机车车辆的运行安全,铁路沿线的建筑物和设备,必须与线路保持一定的距离,以防止机车车辆(包括装载的货物)与邻近的建筑物或其他设备相互接触。铁路规定了各种限界,主要有:机车车辆限界、超限限界和建筑限界。

一、机车车辆限界

机车车辆限界是指机车、车辆在设计制造时,机车车辆各部位距钢轨面最高和距线路中心线最宽的距离,是机车车辆横断面的最大轮廓,如图3-1所示。

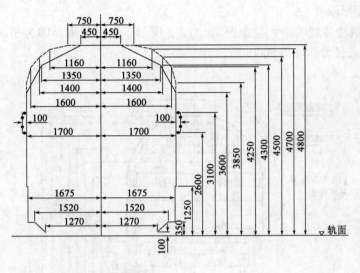

—— 机车车辆限界基本轮廓
------ 电力机车限界轮廓
●—● 列车信号装置、后视镜限界轮廓

图 3-1　机车车辆限界基本轮廓(尺寸单位:mm)

二、《超规》规定的各级限界

（1）一级超限限界

一级超限货物装载的最大轮廓图，如图 3-2 所示。超过此限界即为二级超限。其最大半宽为 1900mm，最大高度为 4950mm。

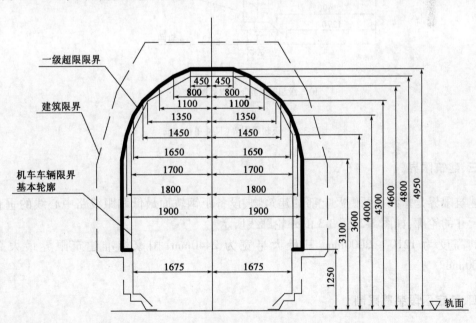

图 3-2　一级超限限界(尺寸单位:mm)

99

(2)二级超限限界

二级超限货物装载的最大轮廓图,如图3-3所示。超过此限界即为超级超限。其最大半宽为1940mm,最大高度为5000mm。

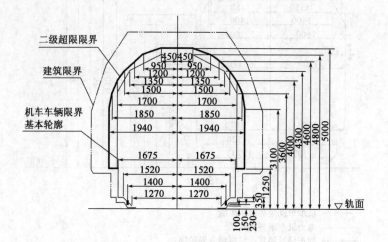

a)二级超限限界轮廓图

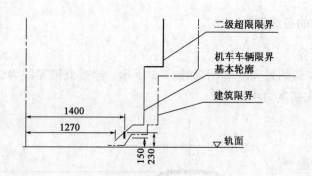

b)二级超限限界下部限界图

图3-3 二级超限限界(尺寸单位:mm)

三、建筑限界

建筑限界是指线路两侧及上部的建筑物、设备距钢轨面最低和距线路中心线的垂直面最窄尺寸的轮廓,如图3-2、图3-3的外轮廓线所示。

其高度为1210~3000mm,其最大半宽为2440mm;国家标准建筑限界最大高度为5500mm。

四、特定区段装载限制

装运通过特定区段的货物不得超过特定区段的装载限界,见表3-1。

模块三　超限超重货物运输组织

特定区段装载限制表　　　　　　　　　　　　　　　表 3-1

序号	线　名	区　段	限　制　事　项		附　记
			装载限界	车辆自重加实际载重（最大吨数）	
1	京包线	南口—西拨子间	装载货物高度和宽度按表 3-2 规定		
2		运往朝鲜的货物	按机车车辆限界装载，但最高不得超过 4750mm		
3	京广线	坪木线		100	坪石站出岔
4	丰沙线	沙城—三家店间上行线	装载货物中心高度由钢轨面起不得超过 4600mm		

京包线南口—西拨子间装载限界　　　　　　　　　　　表 3-2

由钢轨面起算的高度（mm）	由车辆纵中心线起算每侧的宽度（mm）	全部宽度（mm）
4300	1050	2100
4200	1150	2300
4100	1250	2500
4000	1350	2700
3900	1450	2900
1250 以上至 3600	1600	3200

知识点二　超限超重货物

知识目标

1．掌握超限货物定义。
2．掌握超限货物等级。

能力目标

能判断货物是否为超限超重货物。

一、超限货物的定义

货物装车后，车辆停留在水平直线上，货物的任何部位超出机车车辆限界基本轮廓者或车辆行经半径为 300m 的曲线时，货物的计算宽度超出机车车辆限界基本轮廓者，均为超限货物。

具体可分为下列两种情况。

①货物装车后，在平直线路上停留时，货物的任何部位超出机车车辆限界基本轮廓，称为超限货物。

②货物装车后，在平直线路上停留虽不超限，但行经半径为 300m 的曲线线路时，货物的

101

计算宽度超出机车车辆限界基本轮廓时,亦为超限货物。

二、超限货物的种类

①超限货物根据其超限部位,按装车站列车的运行方向,以线路中心线为标准,分为左侧超限、右侧超限和两侧超限。

②按货物超限部位所在的高度,超限货物分为三种类型:上部超限、中部超限和下部超限。

上部超限:自轨面起高度超过3600mm,任何部位超限者;

中部超限:自轨面起高度在1250～3600mm之间,任何部位超限者;

下部超限:自轨面起高度在150～1250mm之间,任何部位超限者。

③划分超限货物等级是为了具体说明超限货物的超限程度。可按超限等级确定超限货物的运送条件、确定请示范围及文电内容,同时超限等级也是发站计算核收超限货物运费的依据。

根据货物的超限程度,超限货物分为三个等级:一级超限、二级超限和超级超限。

一级超限:自轨面起高度在1250mm以上超限但未超出一级超限限界者;

二级超限:超出一级超限限界而未超出二级超限限界者,以及自轨面起高度在150mm至未满230mm间超限但未超出二级超限限界者;

超级超限:超出二级超限限界者,以及自轨面起高度在230～1250mm间超限者。

【例3-1】 货检站在检查敞车装载木材时,该车装载木材高度4500mm处一侧宽度为1100mm,请判断该货物是否属于超限货物?

【解】 货物装载高度4500mm处机车车辆限界一侧宽度为990mm,货物实际一侧宽度为1100mm。超过机车车辆限界,故为超限货物。

三、超重货物

装车后,重车总重活载效应超过桥涵设计标准活载(中—活载)的货物,称为超重货物。超重程度用活载系数(Q)衡量。

根据货物的超重程度,超重货物分为三个等级:一级超重、二级超重和超级超重。

一级超重:$1.00 < Q \leqslant 1.05$。

二级超重:$1.05 < Q \leqslant 1.09$。

超级超重:$Q > 1.09$。

超重货物分级见表3-3。

超 重 货 物 分 级　　　　表3-3

项 目 等 级	长大货车型号	重车总重P(吨)	长大货车型号	重车总重P(吨)
一级	D_2	$P > 314$	D_{28}	$369 < P \leqslant 388$
	D_{2A}	$P > 329$	DK_{29}	$370.8 < P \leqslant 389.5$
	D_{2G}	$326 < P \leqslant 342$	D_{30G}	$437 < P \leqslant 459$
	D_{18A}	$P > 310$	D_{32}	$491 < P \leqslant 515$
	DK_{23}	$P > 296$	350t落下孔车	$490 < P \leqslant 514$

续上表

项　目　等　级	长大货车型号	重车总重 P(吨)	长大货车型号	重车总重 P(吨)
一级	D_{23G}	$310 < P \leqslant 326$	DQ_{35}	$P > 508$
	D_{25A}	$P > 374$	DK_{36}	$P > 545.7$
	DA_{25}	$P > 361$	DK_{36A}	$P > 521.3$
	D_{32A}	$P > 545$	D_{38}	$543 < P \leqslant 571$
	D_{26}	$371 < P \leqslant 390$	D_{45}	$580 < P \leqslant 609$
	D_{26AK}	$P > 332$	DA_{37}	$P > 542.2$
	D_{26B}	$371 < P \leqslant 390$	DQ_{45}	$585t < P \leqslant 615t$
二级	D_{2G}	$342 < P \leqslant 355$	350t 落下孔车	$P > 514$
	D_{23G}	$P > 326$	D_{32}	$515 < P \leqslant 535$
	D_{26}	$P > 390$	D_{38}	$571 < P \leqslant 592$
	D_{26B}	$P > 390$	D_{45}	$609 < P \leqslant 632$
	D_{28}	$P > 388$	DQ_{45}	$615t < P \leqslant 638$
	D_{30G}	$P > 459$	DK_{29}	$P > 389.5$
超级	D_{2G}	$P > 355$	D_{45}	$P > 632$
	D_{32}	$P > 535$	DQ_{45}	$P > 638$
	D_{38}	$P > 592$		

单元二　超限货物测量及拍发超限超重货物运输电报

教学提要

超限货物测量尺寸直接关系货物超限等级和重车运行条件的确定。正确测量超限货物装车前、装车后各部位尺寸,是确定超限货物等级和运送条件的重要依据。

知识点一　超限货物测量

知识目标

1. 掌握货物装车前、装车后测量的方法。
2. 理解超限货物装车前、装车后测量的要求。

能力目标

根据货物的测量方法,能够正确完成阔大货物模型的装车前、装车后测量。

理论知识

超限货物测量尺寸直接关系货物超限等级和重车运行条件的确定。若其测量尺寸大于实际尺寸,就会把一般货物误认为超限货物或将超限等级低的提级,从严了运输条件造成不必要的限速、禁止会车、误收运费等;若测得的尺寸小于实际尺寸,就可能将超限货物误认为一般货物或降低超限等级,从而降低了运输条件,易酿成事故,造成损失。因此,必须按照规定严格进行超限货物外形尺寸以及运输车辆的有关测量。

一、测量的基本要求

在测量超限货物时,应认真细致,尺寸准确,记录完整,并应满足下列基本要求。

①测量前要合理选择计划装载方案,这是进行装车前测量工作的基础,要考虑尽量缩小货物的超限程度。

②装载货物的高度包括垫木的高度,宽度应包括铁线、钢丝绳、腰箍等加固材料在内,测量要有完整的记录,数据必须齐全。测量结果应与"托运超限货物说明书"中的有关数据进行核对。

③装车后按实际装载状态进行测量,高度从轨面起算;宽度从车辆纵中心线所在的垂直平面起算,并测量检定断面(确定超限等级所在的垂直横断面)距车辆横中心线间的水平距离。

④超限货物的测量尺寸,均以毫米为单位。

二、装车前测量

装车前测量是对货物的测量,按批准的装载加固方案测量货物尺寸。

1. 长度

测量其最大长度、支重面长度、重心至端部的距离、检定断面至重心的距离,如图 3-4 所示。

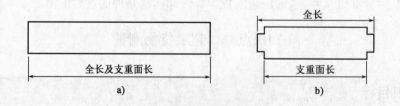

图 3-4 货物全长及支重面长

2. 高度

自支重面起,测量其中心高度、侧高度和重心高度,如图 3-5 所示。

①中心高度:自支重面起至最大高度处的高度为中心高度。

②侧高度:中心高度以下各测点至支重面的高度。如有数个不同侧高度时,应由上至下测出每个不同的侧高度。

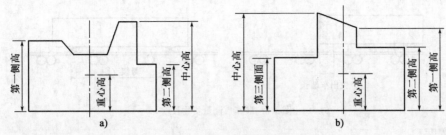

图 3-5 货物装车前测量货物高度

3. 宽度

由货物的重心所在的纵向垂直平面起,测量中心高度处的宽度和不同侧高度处的宽度。如图 3-6 所示。

(1) 中心高度处的宽度

中心高度处,在货物重心所在纵向垂直平面左侧和右侧的最大宽度。

(2) 侧高度处的宽度

每一侧高度处,在货物重心所在纵向垂直平面左侧和右侧的最大宽度。

(3) 其他情况的宽度

其他情况的宽度如图 3-7 所示,中心高为 $R+h$,中心宽左右为 0,侧高为 h,侧宽为 R。货物上部为圆弧形,应测量并记录表述为自 $h(\text{mm})$ 以上为半径 $R(\text{mm})$ 的圆弧。货物上部为椭圆形,可选定几个高度分别测量其不同高度和宽度。

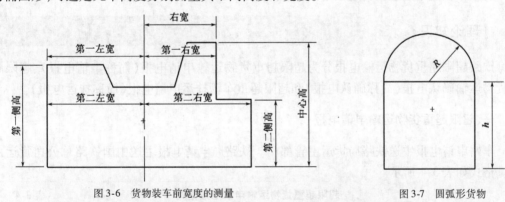

图 3-6 货物装车前宽度的测量　　　　　图 3-7 圆弧形货物

不同高度为斜坡形表述为:×侧高(中心高)—×侧高之间为斜坡形。

三、装车后测量

装车后,按实际的装载加固状态测量(含装载加固材料或装置)货物尺寸。超限货物装车后应进行复测,其目的是检查装载状态是否与上级批准指示的装运办法相符,按照装载实际情况填写"超限超重货物运输记录"。

1. 长度(图 3-8)

① 跨装时,测量支距和两支点外方的长度。

② 突出装载时,测量突出车辆端梁的长度;如两端突出不相等时,应分别测量。

2. 高度

自轨面起测量其中心高度和侧高度。

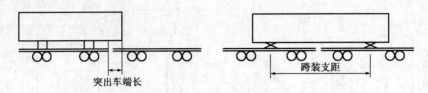

图 3-8 装车后测量货物长度

3. 宽度

自车辆纵中心线所在垂直平面起,分别测量中心高度和不同侧高度处在其左侧和右侧的宽度。

知识点二 超限超重货物运输电报

知识目标

掌握超限货物运输电报的种类、拍发格式及主要内容。

能力目标

能够拍发超限超重货物运输电报。

理论知识

铁路超限超重货物运输电报分为超限超重货物运输申请电报(简称申请电报)、超限超重货物运输确认电报(简称确认电报)和超限超重车辆挂运申请电报(简称挂运电报)。

一、超限超重货物运输申请电报

车站申请电报主送铁路局货运主管部门。铁路局申请电报主送中国铁路总公司货运部门。格式如表3-4所示。

超限超重货物运输申请电报格式　　　　　表3-4

1. 发站、到局、到站
2. 货物概况
3. 货物外形尺寸
4. 拟使用车种、车型及辆数
5. 装载方法
6. 预计装后尺寸
7. 其他特殊运输要求
××站(××局)超限超重××号 　　　　　年　月　日

申请电报主要内容如下。

1. 发站、到局、到站

2. 货物概况

货物概况应注明货物品名、件数、重量、全长、支重面长度、货物重心高度。自轮运转货物还应注明自重、长度、轴数、轴距、固定轴距、转向架中心销间距离、运行限制条件以及其他特殊运输要求等。

货物重量含装载加固材料和装置等的重量。货物重心高度含垫木或支架等的高度,并须注明其中垫木或支架等的高度(单位为 mm)。支重面长度为垫木或支架等之间距离时,须注明两横垫木或支架之间距离(单位为 mm)。

3. 货物外形尺寸

货物外形尺寸应包括固定包装、装载加固材料或装置,表述必须完整、准确。不同高度处的宽度按自上而下顺序排列,尺寸均以 mm 为单位。

①一个高度:

中心高××mm 处左宽××mm,右宽××mm。

②两个高度:

中心高××mm 处左宽××mm,右宽××mm;

侧高××mm 处左宽××mm,右宽××mm。

③三个及以上高度:

中心高××mm 处左宽××mm,右宽××mm;

一侧高××mm 处左宽××mm,右宽××mm;

二侧高××mm 处左宽××mm,右宽××mm。

④圆弧形货物:

××侧高(中心高)××——××mm 处为××mm 半径圆弧,并注明圆心位置。

⑤不同高度之间为等宽:

××侧高(中心高)××——××mm 处左宽××mm,右宽××mm。

⑥不同高度之间为斜坡形:

××侧高(中心高)——××侧高之间为斜坡形。

⑦同一高度左右两侧等宽:

××侧高(中心高)××mm 处宽各××mm。

⑧一般情况下,货物外形尺寸采用同一高度处左右等宽方式表述,等宽宽度取左右宽度的最大数值。有特殊需要时,采用左右宽度实际数值表述。

4. 车种、车型及辆数

车种、车型及辆数应根据货物件数、尺寸、重量及装载要求等合理选择,科学确定。

5. 装载方法

装载方法主要包括不突出车端装载、突出车端装载和两车跨装装载三种方式。

①不突出车端装载:注明每车装载件数及合装、分装等具体装载方法。

②突出车端装载:除须注明每车装载件数及合装、分装等具体装载方法外,还应注明货物突出车端的长度、突出端的宽度及高度,两端同时突出的应分别注明。需要使用游车的,注明使用游车的车种及辆数。

③两车跨装装载:两负重车中间或两端需要使用游车的,注明中间或两端使用游车的车

种及辆数。注明货物跨装支距、突出支点长度和突出端的宽度及高度,同时突出两支点的应分别注明。

6. 预计装后尺寸

预计装后尺寸高度自轨面开始计算,宽度自车辆纵中心线所在垂直平面开始计算,按货物外形尺寸表述方式规定表述。预计装后尺寸必须完整、准确,保证预计货物装后的各不同高度处的最大计算宽度对应的部位不遗漏。

7. 特殊运输要求

特殊运输要求是指为保证货物和超限车的铁路运输安全,根据货物自身性质及超限车的技术条件,必须明确的特殊运输限制条件等。如:运输变压器时,托运人提出途中运输加速度的限制;自轮运转货物的最高运行速度、曲线限速、侧向道岔限速及通过最小曲线半径限制;超限车的最高运行速度、曲线限速、侧向过岔限速及通过最小曲线半径限制等。

【例3-2】 铁路超限超重货物运输申请电报。

铁路传真电报

签发:　　　　　　核稿:　　　　　　拟稿人:
会签:　　　　　　　　　　　　　　电话:

发报所名	电报号码	等级	受理日	时分	收到日	时分	值机员

主送单位:××货运处
抄送单位:

报　　文

我站发××局××站变压器4件,各重145t,各长6400mm,各支长5000mm,货物尺寸中心高3950mm处宽各800mm,一侧高3300mm处宽各1650mm,二侧高2900mm处宽各1780mm,三侧高0~350mm处宽各1600mm。货物重心高1800mm。

拟各使用(D_2)凹1辆,大车前后各挂空隔离车1辆。装后中心高4900mm处宽各800mm,一侧高4250mm处宽各1650mm,二侧高3850mm处宽各1780mm,三侧高1300~930mm处宽各1600mm。装车后重车重心高1831mm。

装运办法:请批示。

××站超限超重00006号
××年××月××日

二、超限超重货物运输确认电报

中国铁路总公司货运部门确认电报主送始发、经由和到达铁路局货运主管部门。

铁路局确认电报主送发站、本局调度所、发站所在地车辆段及沿途货检站等;根据需要主送本局其他相关站段,抄送本局运输、工务、电务、车辆、机务、供电等处室。铁路局直接确认的本局发送的超限超重货物运输电报须抄送经由和到达铁路局货运主管部门。铁路局接到发布的确认电报后,应结合管内的实际情况及时确认转发。对需临时改变建筑物、固定设备的,应在电报中详细指明。铁路超限超重货物运输确认电报格式见表3-5。

超限超重货物运输确认电报格式　　　　　　　　　　　　　　　表 3-5

1. 发站、经由、到站
2. 货物概况
3. 使用车种、车型及辆数
4. 装载方法
5. 货物装后尺寸
6. 装运办法
铁总（××局）超限超重××号 　　　　　　　　　　　　　年　月　日

确认电报主要内容如下。

①发到站和经由的铁路线路须已开办超限超重货物运输业务。经由的铁路正线（区段），根据超限货物装后尺寸、超重货物等级、相关铁路正线（区段）的限界、线桥承载能力，结合车流径路、列车编组计划等正确确定。超限超重货物应经由最短径路运输，但受到建筑限界或其他不利因素影响时，可指定径路运输。跨铁路局运输的，经由以铁路局间分界站表述。

②货物概况、装载方法、装后尺寸参照申请电报表述。确定使用车种、车型及辆数时，还应根据货物重量和经由铁路线桥承载能力，确定超限超重车两端加挂的隔离车车种、辆数等。

③装运办法必须准确、具体、完整。使用《铁路超限超重货物运输电报代号》（表3-6）中规定的电报代号加文字表述，无代号的应直接用文字准确、具体、完整、规范表述。

铁路超限超重货物运输电报代号　　　　　　　　　　　　　　　表 3-6

顺序	代字	被代用的文字	附　注
1	A	超限等级	代号后写几级
2	C	凡距线路中心线几毫米，高度超过几毫米，如道岔表示器等设备，在列车通过前拆除，通过后立即恢复正常位置	代号后分子为距线路中心线宽度的毫米数，分母为自轨面起高度的毫米数
3	D	通过接近限界的限制速度，按《超规》第四十二条办理	
4	E	禁止接入距离线路中心线几毫米，高度超过几毫米的站台线路。	代号后分子为距线路中心线宽度的毫米数，分母为自轨面起高度的毫米数
5	G	最高运行速度	代号后写限速值
6	K	会车条件按《超规》第四十一条办理	
7	L	通过300m及以下半径曲线线路时的限制速度	代号后写限速值
8	M	途中货检站按规定检查无碍后继续运送	
9	N	各邻接调度所密切联系注意运行状态，接运和挂运按《超规》第三十六条和第三十九条办理	
10	P	需要货物转向架和使用车钩缓冲停止器	
11	R	货物重心高度	代号后写毫米数
12	S	重车重心高度	代号后写毫米数
13	W	经过侧向道岔的限制速度	代号后写限速值
14	Z	超重等级	代号后写几级

【例3-3】 装运办法表述示例。

1. 重车重心不超高时

①A X级超限;②Z X级超重;③KMN。

2. 重车重心超高时

①A X级超限;②Z X级超重;③R 1950;④S 2029;
⑤G 50km;⑥L 20km;⑦W 15m;⑧KMN。

3. 较复杂情况时

①A X级超限;②Z X级超重;③G 50km;
④$R \geq 600m$,限速40km/h;$400m \leq R < 600m$,限速40km/h;$300m \leq R < 400m$,限速30km/h;
　$R < 300m$,限速10km/h;
⑤W 15m;
⑥禁止侧向通过8号及以下道岔;
⑦禁止通过半径小于250m曲线线路;
⑧禁止通过驼峰和高站台线路、禁止溜放和冲撞;
⑨KMNP;
⑩附车辆技术鉴定书一份;
⑪成组运输不得拆解,该机组挂列车尾部(专列除外)。

【例3-4】 超限超重货物运输确认电报。

铁路传真电报

签发:　　　　　　核稿:　　　　　　拟稿人:
会签:　　　　　　　　　　　　　　电话:

发报所名	电报号码	等级	受理日	时分	收到日	时分	值机员

主送单位:沈阳、锦州车务段,锦州、山海关、沙岭站、锦州车辆段,沈阳、锦州、山海关工务段,路局调
　　　　　度所。

抄送单位:

报　文

依总公司超限超重442号,沙岭站经山海关、临清、梁堤头、王楼、淮滨、小林、郙营、西斋、秀山到漫水湾变压器4件,各重145t,各长6400mm,各支重面长5000mm。各使用160(D_2)1辆装运。装后中心高4900mm处宽各800mm,一侧高4250mm处宽各1650mm,二侧高3850~3770mm处宽各1780mm,三侧高1220~870mm处宽各1600mm。

装运办法:(1)A超级超限;(2)KMN。

沈超限超重386号
沈阳铁路局货运处
××年××月××日

三、超限超重货物运输车辆挂运申请电报

车站挂运电报主送铁路局调度所,抄送铁路局货运主管部门。

挂运电报主要内容包括:确认电报号,发站、到站,货物品名、件数,使用车种、车型、车号(含游车、隔离车)及辆数,装载完毕时间,装后尺寸复测情况,装后货物装载加固状态及车辆状态检查确认情况等。超限超重货物运输车辆挂运申请电报格式见表3-7。

超限超重货物运输车辆挂运申请电报格式　　　　表3-7

奉××(局)超限超重××号电报,××站发××站的××(货物品名)××件,使用××[车种、车型、车号(含游车、隔离车)]××辆装运,××级超限××级超重,已于××月××日××时装载(检查)完毕,经复测(检查),货物装后尺寸符合确认电报要求,装载加固状态良好,请求挂运。 注:具体内容由铁路局结合实际自行规定。 　　　　　　　　　　　　　　　　　　　　　　　　　　　××站××号 　　　　　　　　　　　　　　　　　　　　　　　　　　　年　月　日

【例3-5】 超限超重货物运输车辆挂运申请电报。

铁路传真电报

签发:　　　　　　　核稿:　　　　　　　拟稿人:
会签:　　　　　　　　　　　　　　　　 电话:

发报所名	电报号码	等级	受理日	时分	收到日	时分	值机员

主送单位:沈阳铁路局调度所
抄送单位:沈阳铁路局货运处

报　　文

依沈超限超重386号电报(总公司超限超重442号),沙岭站发漫水湾站变压器4件,使用D_2××××
×××,D_2×××××××,D_2×××××××,D_2×××××××共4辆装运,超级超限,已于××月
××日××时装载(检查)完毕,经复测(检查),货物装后尺寸符合批示电报要求,车辆状态及装载加固状态良好。

现已具备挂运条件,请求挂运。

　　　　　　　　　　　　　　　　　　　　　　　　　沙岭站××号
　　　　　　　　　　　　　　　　　　　　　　　　　××年××月××日

单元三　超限等级确定

教学提要

货物超限意味着与普通货物(车)相比,超限货物所需空间大于普通货物(车)所需空间,因此超限货物与建筑限界间的净空变小,运行条件变差。随着超限程度加大,运输组织更加严格。确定超限等级是请示装运办法、确定运输条件及核算运输费用的依据。

知识点一　计算宽度的确定

知识目标

掌握确定计算宽度的主要因素：实测宽度、货物偏差量、偏差量增大值、曲线线路建筑限界内外侧水平距离的加宽值。

能力目标

能够确定货物的计算宽度。

理论知识

确定超限等级是请示装运办法、确定运输条件及核算运输费用的依据。

超限等级是以计算点所在检定断面的计算宽度（或实宽）和相对应的计算高度查超限等级表（《超规》附件4）而确定。

当超限货物车行经在平直线路上时，确定超限等级的宽度是实测宽度；当超限货物车行经在曲线线路上时，确定超限等级的宽度是计算宽度。

一、相关概念

1. 检定断面

检定断面是用以确定超限等级的断面，是根据各种因素确定的货物超限程度最大的垂直横断面。结合实际，一般在车辆横中心线处、货物突出端部及货物横断面形状发生改变处选定。

2. 计算点

与确定超限等级有关的检定断面外轮廓上的一些超限程度最大的点即为计算点。可以根据测量尺寸中心高度及侧高度与其对应宽度确定的点来选定计算点。

3. 实测宽度

检定断面上由车辆纵中心线所在垂直平面至计算点直接测量所得的宽度即为实测宽度。可以根据测量尺寸中不同高度对应的左宽、右宽来选定。

二、影响计算宽度的主要因素

确定计算宽度（X）的主要因素有：货物检定断面的实测宽度、货物偏差量、附加偏差量、曲线线路建筑限界内外侧水平距离加宽值。

1. 货物检定断面的实测宽度（B）

货物检定断面的实测宽度是指计算点至负重车纵中心线垂直面的水平距离。通常用米尺测量而定，用符号"B"表示。

2. 货物偏差量（C）

当超限车行经平直线路时，两转向架中心销的垂直投影落在线路中心线上，货车纵中心线与线路中心线相重合。当超限车经过300m曲线时，车辆纵中心线偏离线路中心线的数值（也就是货物计算点偏离线路中心线的距离）即为货物偏差量，用符号"C"表示。货物偏差量的大小取决于货物突出车辆的长度、车辆销距、跨装货物的支距、曲线半径以及检定断面的位置等。

3. 附加偏差量（K）

车辆走行部分游间和曲线处轨距加宽产生的偏差量，即为附加偏差量，用符号"K"表示。此值仅在计算外偏差量时才计算。

4. 曲线线路建筑限界内外侧水平距离加宽值

该值与车辆长度和销距有关。《超规》采用的是以车长13.2m销距为9.35m的平车，经过半径为300m曲线时，产生的内外偏差量作为曲线线路建筑限界水平距离加宽值，为36mm。

三、货物偏差量的计算

图3-9中，圆弧为半径300m曲线（《超规》规定，以行经半径300m的曲线线路时的计算宽度作为确定超限等级的依据）的线路中心线；直线 AB 为货车纵中心线，M、N 为货车两转向架中心销在线路中心线上的投影。

车辆在水平直线上处于理想状态时，车辆纵中心线和线路中心线处于同一垂直平面上，但是车辆运行到曲线上时，车辆纵中心线和线路中心线就不可能在同一平面上。当车辆转向架中心销投影在线路中心线上时，车辆纵中心线在转向架中心销之间部分向曲线线路中心线内侧偏移，而转向架中心销外侧的部分则向曲线中心线外侧偏移，如图3-9所示。显然，车上所装货物也随着车辆的偏移而偏移。因此，把货物或车辆纵中心线上任一点偏离线路中心线的距离，称为货物的偏差量。偏向曲线内侧时，称为内偏差量；偏向曲线外侧时，称为外偏差量。内偏差量以车辆横中心线处为最大；外偏差量则随着离开转向架中心销的距离增大而增大。

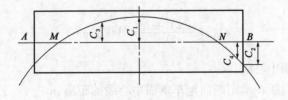

图3-9 货物偏差量

1. 一车负重时偏差量计算

用一辆六轴及以下货车装载时，货物内外侧偏差量如图3-10、图3-11所示。

图3-11中，AB 表示车辆纵中心线，KD 表示曲线直径，M、N 表示车辆转向架中心销，l 表示两转向架中心销间距。

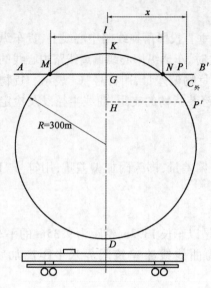
图 3-10 货物外偏差量示意图

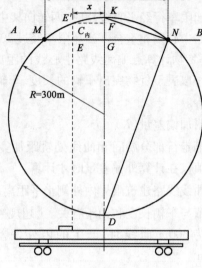
图 3-11 货物内偏差量示意图

在直角 △KGN 和直角 △NGD 中 GN 为 KG 和 DG 的比例中项,所以有:

$$KG = \frac{GN^2}{GD} = \frac{GN^2}{KD - KG} = \frac{\left(\frac{l}{2}\right)^2}{2R - KG}$$

由于 $2R \gg KG$,$2R - KG$ 可视为等于 $2R$,则 $KG = \frac{l^2}{8R}$

设 x 为计算点所在检定断面至车辆横中心线所在断面的距离,同理可得:

$$KF = \frac{(2x)^2}{8R}$$

内偏差量 $C_{内} = EE' = FG = KG - KF$,即

$$C_{内} = \frac{l^2 - (2x)^2}{8R} \times 1000 \, (\text{mm}) \tag{3-1}$$

同理,$KH = \frac{(2x)^2}{8R}$,外偏差量 $C_{外} = PP' = GH = KH - KG$,即

$$C_{外} = \frac{(2x)^2 - l^2}{8R} \times 1000 \, (\text{mm}) \tag{3-2}$$

式中:l——车辆转向架中心距,m;

x——货物计算点所在检定断面至车辆横中心线的距离,m;

R——曲线半径,取 300m。

偏差量 $C_{内}$、$C_{外}$ 计算结果精确到 mm,故乘以 1000。

2. 跨装时偏差量计算(图 3-12)

使用两辆以上平车跨装运送超限货物,当超限车行经在曲线线路上时,由于跨装负重车上货物转向架的中心销向曲线内侧位移,货物在曲线内侧的偏差量将有所增大。其数值取决于负重车销距的长度及货物转向架的跨装支距长度。

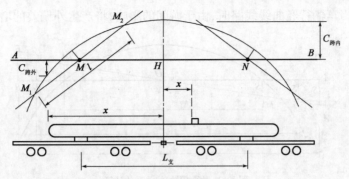

图 3-12 跨装货物偏差量计算

①当货物检定断面位于两货物转向架中心销之间时：

$$C_{内} = \frac{L^2 + l^2 - (2a)^2 - (2x)^2}{8R} \times 1000 (\text{mm}) \qquad (3\text{-}3)$$

②当货物检定断面位于两货物转向架中心销外侧时：

$$C_{外} = \frac{(2x)^2 - L^2 - l^2 + (2a)^2}{8R} \times 1000 (\text{mm}) \qquad (3\text{-}4)$$

式中：L——跨装支距，m；

l——负重车的转向架中心距，m；

a——货物转向架中心销偏离所在车辆横中心线的距离，m；

x——货物检定断面至跨装支距中心线的距离，m。

3. 使用六轴以上长大货物车装载时的偏差量计算

①当货物的检定断面位于大底架两心盘中心之间时，其偏差量计算公式为：

$$C_{内} = \frac{L_1^2 + \cdots + L_n^2 - (2x)^2}{8R} \times 1000 (\text{mm}) \qquad (3\text{-}5)$$

②当货物的检定断面位于大底架两心盘中心外侧时，其偏差量计算公式为：

$$C_{外} = \frac{(2x)^2 - L_1^2 - \cdots - L_n^2}{8R} \times 1000 (\text{mm}) \qquad (3\text{-}6)$$

式中：L_1、$\cdots$、L_n——分别为长大货物车由上向下各层底架心盘中心距（n 为长大货物车底架层数），m；

x——货物检定断面至车辆横中心线的距离，m。

四、附加偏差量

超限车行经在曲线线路上时，当货物的外偏差 $C_{外}$ 大于内偏差 $C_{内}$ 时，还必须考虑由于车辆走行部分的游间、曲线线路轨距的加宽量及车辆在线路上蛇行运动的摆动量而产生的偏差量，称为附加偏差量。

1. 影响附加偏差量 K 的主要因素（如图 3-13 所示）

（1）车辆走行部位的游间（用 S_1 表示）

现行车辆走行部分均采用转向架装置。转向架由摇枕、侧梁、弹簧减震装置、轴箱油润装置、轮对、下心盘和旁承等部件组成。各部件之间，存在着一定的间隙，这些间隙称为游间

（用 S_1 表示）。当车辆行经曲线线路时，由于游间的影响，将产生外偏差的增大值。

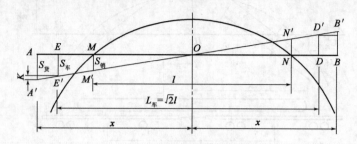

图 3-13　货物附加偏差量的计算

$S_销$-车辆中心销的摆动量；$S_车$-车辆两端的摆动量；$L_车$-车地板长；$S_货$-货物两端的摆动量；x-货物检定断面至车辆横中心线的距离

车辆走行部位的游间值 S_1 计算示例见表 3-8。

车辆走行部位的游间值　　　　　　　　表 3-8

影响因素(50t 以上车辆)	游间(mm)	影响因素(50t 以上车辆)	游间(mm)
轴瓦及轴领间	14	架柱与摇枕之间	—
轴瓦纵向磨耗	14	侧架与摇枕挡面	5
轴箱导枢与轴箱	5	合计	44.5
上、下心盘之间	6.5	走行部分 S_1 取值	44

（2）曲线线路轨距的加宽量（用 S_2 表示）

为了使机车车辆能顺利通过曲线，防止外轨侧面磨耗和抵压外轨，曲线线路轨距应适当加宽。

① 在最不利条件下曲线最大轨距

= 车辆最小内侧距 + 最小轮缘厚度 + 车辆内侧至踏面变坡点最小距离 - 轨头圆角半径

= 1350 + 22 + 97 − 13 = 1456(mm)

② 轮对轮缘外侧的最小距离

= 1350 + 22 × 2 = 1394(mm)

③ 车辆由中央向一侧移动最大距离

$S_2 = (1456 - 1394)/2 = 31(\text{mm})$

$S_销 = S_1 + S_2 = 44 + 31 = 75(\text{mm})$

（3）车辆在曲线线路上蛇行运动的摆动量（图 3-13）

因为　　　　　　　　　$\triangle OMM' \backsim \triangle OEE'$

所以　　　　　$\dfrac{S_车}{S_销} = \dfrac{\dfrac{L_车}{2}}{\dfrac{l}{2}}, \dfrac{S_货}{S_销} = \dfrac{x}{\dfrac{l}{2}}$

又因为　　　　　　　　$\dfrac{L_车}{l} = 1.4$

则有：

①车辆两端的摆动量 $S_车 = 1.4 S_销$；

②货物两端的摆动量 $S_货 = \dfrac{2x S_销}{l}$。

2. 货物附加偏差量的计算

（1）用一辆六轴及以下货车装载时

在确定曲线线路的加宽值时，已经考虑了 $S_车$，因此在确定货物附加偏差量（K）时，应将 $S_车$ 扣除，即

$$K = S_货 - S_车 = \dfrac{2x S_销}{l} - 1.4 S_销，带入 S_销 值，得$$

$$K = 75\left(\dfrac{2x}{l} - 1.4\right) \quad (\text{mm}) \tag{3-7}$$

（2）用普通平车跨装时

$$K = 75\left(\dfrac{2x}{L} - 1.4\right) \quad (\text{mm}) \tag{3-8}$$

（3）用六轴以上长大货物车装载时

$$K = 75\left(\dfrac{2x}{L_1} - 1.4\right) \quad (\text{mm}) \tag{3-9}$$

式中：l——车辆转向架中心距，m；

L——跨装支距，m；

L_1——长大货物车上层底架心盘中心距，m。

注：当 $\dfrac{2x}{l} \leq 1.4$、$\dfrac{2x}{L} \leq 1.4$、$\dfrac{2x}{L_1} \leq 1.4$ 时，货物附加偏差量不计算。

同一件货物，计算点不同时，K 值亦不同。

五、确定计算宽度

①当货物用一辆六轴及以下货车装载且其检定断面位于车辆两心盘中心之间时，或当货物用普通平车跨装运输且检定断面位于两货物转向架中心销之间时，或当货物用六轴以上长大货物车装载且检定断面位于大底架两心盘中心之间时，货物计算宽度的计算公式为：

$$X_内 = B + C_内 - 36 \,(\text{mm}) \tag{3-10}$$

式中：B——实测宽度，即货物检定断面的计算点至车辆纵中心线所在垂直平面的距离（mm）。

②当货物用一辆六轴及以下货车装载且检定断面位于车辆两心盘中心外侧时，或当货物用普通平车跨装运输且检定断面位于两货物转向架中心销外侧时，或当货物用六轴以上长大货物车装载且检定断面位于大底架两心盘中心外侧时，货物计算宽度的计算公式为：

$$X_{外} = B + C_{外} + K - 36 (\text{mm}) \tag{3-11}$$

式中：B——实测宽度，即货物检定断面的计算点至车辆纵中心线所在垂直平面的距离（mm）。

知识点二　超限等级的确定

知识目标

掌握超限等级的确定方法。

能力目标

能够通过计算确定超限货物的等级。

理论知识

超限等级是根据计算点所在检定断面的计算点宽度及相对应的计算点高度的数值，查《超规》附件4《机车车辆限界、各级超限限界与建筑接近限界距离线路中心线所在垂直平面尺寸表》（见附录2）而确定。

一、确定超限等级的步骤

1. 标出计算点

标出需要计算的点，在端视图上标出不同高度、不同宽度的点。当同宽不同高时，计算点在1250mm以上时，标高不标低；不足1250mm时，标低不标高。

一车负重装载等断面体货物，当货物上的点既有$C_{内}$又有$C_{外}$时，应根据判断条件选择计算$C_{内}$或$C_{外}$。若$\frac{2x}{l} \leq 1.4$时，计算$C_{内}$；若$\frac{2x}{l} > 1.4$时，计算$C_{外}$。

对于货物横向有突出部分时，应根据突出部位所在的位置（即销间或销外），确定计算$C_{内}$或$C_{外}$。若货物外形结构比较复杂的不规则货物，则需要根据具体情况，计算几个检定断面的偏差量，并计算出计算宽度，进行比较才能确定。

当车辆转向架中心销距≤9350mm、$C_{内}$≤36mm时，按实测宽度确定超限等级。

2. 选择检定断面

选择检定断面，在侧视图上选出与所标出的点相对应的检定断面，当高度和宽度相同时，应选偏差量大的检定断面。

在两转向架中心销之间，应选近（靠近车辆横中心线）不选远；在两转向架中心销外侧，应选远（远离转向架中心销）不选近。

3. 确定计算点的高度和宽度

(1) 计算点高度

计算点高度指由轨面起至计算点的高度。一般包括货车地板高度、垫木（或货物转向架)高度和计算点至货物支重面的高度。

(2)计算点宽度

①当货物的检定断面位于车辆两心盘中心之间时,其计算公式为:

$$X_内 = B + C_内 - 36(\text{mm})$$

②当货物的检定断面位于车辆两心盘中心外方时,其计算公式为:

$$X_外 = B + C_外 + K - 36(\text{mm})$$

式中:B——实测宽度,即货物检定断面的计算点至车辆纵中心线所在垂直平面的距离(mm)。

4. 查表

根据计算点高度和宽度,查《超规》附件4,确定超限等级。

二、确定超限等级实例

【例3-6】 丰台站发邯郸站长方形塔式起重机底架一件,重54t,货物外形尺寸及装载方案如图3-14所示,使用 NX_{17AK} 装运,货物重心投影位于车地板纵横中心线的交叉点上,货物底部选用高度为135mm的横垫木4根。请确定超限等级。(NX_{17AK}自重20.2t,车地板距轨面高1211mm,重心高723mm)

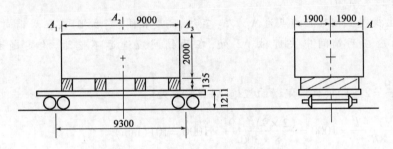

图3-14 货物装载方案示意图(尺寸单位:mm)

【解】

(1)标出计算点

在端视图上 A、B 两点均在1250mm以上,同宽不同高,应标上不标下,计算点应选择 A 点。

(2)选择检定断面

A 点在侧视图上相对应的点为 $A_1A_2A_3$ 直线,高度相同、宽度相同,均在两销间,应选近不选远,检定断面应在两销间中央部位 A_2 处。

(3)确定计算点的高度和宽度

A_2 点偏差量应计算 $C_内$,则计算宽度为:

$$C_内 = \frac{l^2 - (2x)^2}{8R} \times 1000 = 34(\text{mm})$$

计算点高度:

$$H = 1211 + 135 + 2000 = 3346(\text{mm})$$

(4）查表

当车辆转向架中心销距≤9350mm时，$C_{内}$≤36mm时，按实测宽度确定超限等级。即本案例中计算宽度虽为1898mm，但以实测宽度1900mm确定超限等级。

$H=3345$mm，$X=1900$mm，查《超规》附件四，该货物属于中部超级超限。

【例3-7】均重箱型货物一件，重40t，尺寸及装载方法如图3-15所示，货物对称地装载在N_{17AT}型平车上，使用180mm高横垫木两根，两端挂有游车。请计算超限等级。

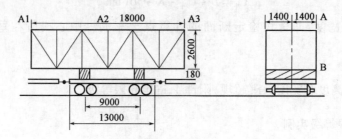

图3-15 货物装载方案示意图

【解】

（1）标出计算点

在端视图上A、B两点均在1250mm以上，同宽不同高，应标上不标下，计算点应选择A点。

（2）选择检定断面

A点在主视图上相对应的点为$A_1A_2A_3$直线，高度相同、宽度相同，在两销间应选近不选远，检定断面应在两销间中央部位A_2处，在两销间应选远不选近，检定断面应在部位A_1处。

$$\frac{2x}{l}=\frac{2\times 9}{9}=2>1.4$$，故检定断面应选A_1或A_3处。

$$C_{外}=\frac{(2x)^2-l^2}{8R}\times 1000=\frac{(2\times 9)^2-9^2}{8\times 300}\times 1000=101(\text{mm})$$

$$K=75\left(\frac{2x}{l}-1.4\right)=75\times\left(\frac{2\times 9}{9}-1.4\right)=45(\text{mm})$$

（3）确定计算点宽度和计算点高度

计算点高度：$H=2600+180+1211=3891$

$X=B+C_{外}+k-36=1400+101+45-36=1500$

（4）查表

$H=3891$mm，$X=1500$mm，查《超规》附件4，该货物未超限。

【例3-8】圆筒形炼油塔一件，重45t，长29000mm，直径3300mm。使用N_{17AT}型60t的平车两辆负重，用N_{17AT}型60t的平车一辆做中间游车，装载方法如图3-16所示，货物转向架高度$h_{转}=550$mm，货物两转向架间支距$L_{支}=25370$mm。N_{17AT}型60t的平车数据：$l=9000$mm，$L_{车}=13000$mm，$h_{车底板}=1211$mm。试计算超限等级。

【解】

（1）标出计算点

在端视图上标出不同高度、不同宽度的A、B两点。

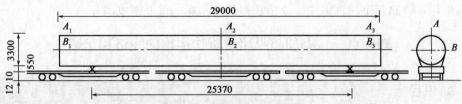

图 3-16 货物装载方法示意图

(2)选择检定断面

选择检定断面计算点 A 在主视图上对应的是直线 $A_1A_2A_3$;计算点 B 在主视图上对应的是直线 $B_1B_2B_3$。

游车中央部位 A_2、B_2 点,应计算 $C_{跨内}$。$L_支 = 25370mm$,$l = 9000mm$,由于货物转向架未置于车辆横中心线处,故 $a = 1253mm$,将数值代入公式(3-3),$C_{跨内} = \dfrac{L^2 + l^2 - (2a)^2 - (2x)^2}{8R} \times 1000 = \dfrac{25.37^2 + 9^2 - (2 \times 1.253)^2 - 0^2}{8 \times 300} = 299mm$

货物端部 A_1、B_1 点(或 A_3、B_3),位于货物转向架中心销外侧,应计算 $C_{跨外}$ 和 K。$C_{跨外} = \dfrac{(2x)^2 - L^2 - l^2 + (2a)^2}{8R} \times 1000 = \dfrac{(2 \times 14.5)^2 - 25.37^2 - 9^2 + (2 \times 1.253)^2}{8 \times 300} = 51mm$

由于 $\dfrac{2x}{L_支} = \dfrac{29}{25.37} < 1.4$,因此,附加偏差量 K 不需计算。

因为内偏差大于外偏差,所以检定断面选在货物的中央部位 A_2、B_2 处。

(3)确定计算点宽度和计算点高度

A 点:
$$X_内 = B + C_内 - 36 = 0 + 299 - 36 = 263(mm)$$
$$h_{A计} = h_{车底板} + h_{转} + h_{货计} = 211 + 550 + 3300 = 5061(mm)$$

B 点:
$$X_内 = B + C_内 - 36 = 1650 + 299 - 36 = 1913(mm)$$
$$h_{B计} = h_{车底板} + h_{转} + h_{货计} = 1211 + 550 + 1650 = 3411(mm)$$

(4)查表

A_2 点:

$X_内 = 263mm$,$h_{A计} = 5061mm$,查《超规》附件 4,该货属于上部超级超限。

B_2 点:

$X_内 = 1913mm$,$h_{B计} = 3411mm$,查《超规》附件 4,该货属于中部超级超限。

该货物属于上、中部超级超限。

单元四　组织超限超重货物运输作业

 教学提要

超限超重货物运输对保障国家重点工程建设和国防建设需要、促进国民经济发展具有重要意义。各单位必须高度重视,加强组织领导,强化业务培训,配备专人负责超限超重货物运输工作。铁路超限超重运输作业是铁路货运作业的重要组成部分。

知识点一　办理超限超重货物运输的线路和车站

知识目标

1. 了解超限超重货物的办理线路。
2. 掌握超限超重货物车站应具备的条件。

能力目标

能描述办理超限超重货物的线路和车站应具备的基本条件。

理论知识

铁路局应根据超限超重货物运输需要,统筹规划管理办理线路和车站,不断完善超限超重货物运输网络,提升运输效率和服务能力。

一、办理超限超重货物运输的线路

线路办理超限超重货物运输,应经中国铁路总公司货运部门审核公布。

1. 线路办理超限超重货物运输的基本条件

线路办理超限超重货物运输,应具备下列基本条件。

①线路已开通使用并办理普通货物运输。
②线路建筑限界和桥涵承载能力满足超限超重货物运输安全要求。
③相关运输站段有合格的超限超重货物运输专业技术人员。
④有健全的超限超重货物运输安全管理制度和事故施救信息网络。

2. 线路开办超限超重货物运输业务须提交的资料

线路开办超限超重货物运输业务,由铁路局超限超重货物运输主管部门牵头组织,向中国铁路总公司货运部门提交下列资料。

①铁路线路开通运营并办理普通货物运输的证明材料。
②线路名称、起讫站、全长、线路等级、线路类型(单双线)、线路允许速度、电气化接触网最低高度、最小线间距、最大限制坡度、最小曲线半径、最大外轨超高值、钢轨类型、最小道岔、桥梁数量、隧道数量等线路基本条件的有关材料。
③线路综合最小限界,车站接发超限列车固定线路,侵限设施设备现状及整治措施。
④全线超重车通行径路上的桥涵类型、数量、承载能力(活载系数及允许通过超重货物等级)、病害桥涵现状及整治措施。
⑤相关管理人员和作业人员的配备情况及培训合格证明材料。
⑥相关业务和安全管理制度,包括:铁路局超限超重货物运输管理办法、限界管理办法、事故施救信息网络;相关站段超限超重货物运输管理办法。

3. 线路发生变化,应重新申请办理超限超重货物运输业务的条件

线路发生以下变化,应重新申请办理超限超重货物运输业务。

①单线线路完成复线改造。
②线路起讫站、走向、里程等发生实质性变化。
③确须重新申请办理超限超重货物运输业务的其他情形。

二、办理超限超重货物运输的车站

车站办理超限超重货物运输，由铁路局自行规定审批办法，并将批准的车站报中国铁路总公司货运部门备案，及时在中国铁路95306网站公布。

车站办理超限、超重货物发送、到达，应具备下列基本条件。
①所在铁路线路已开办超限超重货物运输。
②车站已开办货运业务。
③车站接发超限超重列车固定线路和准许通行超限超重车线路的实际建筑限界和桥涵承载能力满足超限超重货物运输安全要求。
④有合格的超限超重货物运输专业技术人员。
⑤有健全的超限超重货物运输安全管理制度。

在非货运营业站临时办理铁路工程建设所需的架桥机、铺轨机、桥梁等超限超重货物到达、发送业务，由铁路局制定管理办法。

车站向铁路局申请开办超限超重货物运输业务，所需材料由铁路局自定。

车站办理条件发生重大变化，不再满足超限超重货物运输要求的，由车站提出取消办理站申请，经铁路局审核后报中国铁路总公司货运部门备案，铁路局及时更新中国铁路95306网站相关信息。

知识点二　超限超重货物发送作业

知识目标

1. 掌握超限超重货物的托运申请。
2. 掌握超限超重货物的受理作业。
3. 掌握超限超重货物的装车作业。
4. 掌握超限超重货物的承运作业。
5. 熟悉超限超重货物的挂运作业。

能力目标

能够对超限超重货物进行发送作业。

理论知识

路局货运处，负责超限超重货物运输日常管理；负责制定路局超限超重货物运输相关管理制度；负责超限超重货物运输电报的请示、确认和核转；动态掌握限界及超限超重运输能力；负责车站、线路开办超限超重货物运输业务条件的审核或申报；负责临时缩小既有限界电报的上报请示。

调度所根据货运处超限超重货物运输确认电报,指定专人负责制定超限超重列车(车辆)运行条件,实时掌握运行情况。

具备超限超重承运人资质的车站,其超限超重货物运输作业流程如图3-17所示。

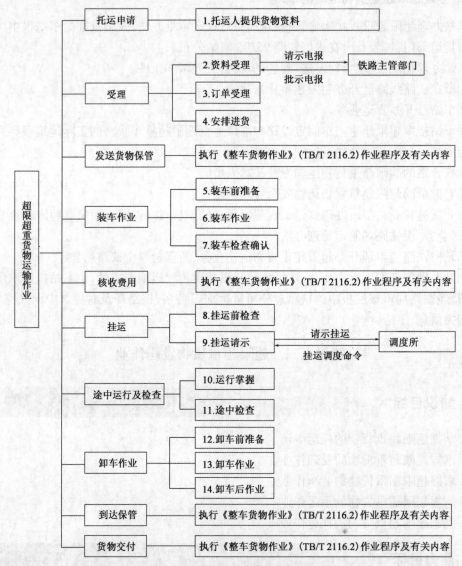

图3-17　超限超重货物作业主要流程

承运人在其每条铁路正线(区段)办理超限超重货物运输业务,在其每个铁路车站办理超限超重货物发送、到达业务的,均应向中国铁路总公司申请取得许可。被许可人应严格按照总公司的批准范围和铁路各项规章制度要求,办理超限超重货物运输业务。

一、托运与受理

1. 超限超重货物的托运

托运人托运超限超重货物时,除按一般货运手续办理外,还应提供下列资料。

①"超限超重货物托运说明书"见表3-9,货物外形的三视图中应标明货物的有关尺寸、支重面长度、货物重量,并以"+"号标明重心位置。

超限超重货物托运说明书　　　　　　　　　　　　　表3-9

发局		装车站			预计装后尺寸(mm)	
到局		到站			由轨面起高度	由车辆纵中心线起
品名		件数				左宽　　右宽
每件重量		总重量		重心位置	中心高	
货物长度		支重面长度			侧高	
高度	中心高	宽度	左	右	侧高	
	侧高		左	右	侧高	
	侧高		左	右	侧高	
要求使用车种		标记载重			侧高	
卸车时的要求						
其他要求		收货人：×××发电有限公司			车地板高度	
					垫木或转向架高度	
					预计装在车上货物重心位置距轨面的高度	
					重车重心高度	

注：粗线栏内由铁路填记。

　　　　　　　　　　　　　　　　发货单位　　戳记　　20　年　月　日提出

②自轮运转货物,应有自重、长度、轴数、轴距、固定轴距、转向架中心销间距离、运行限制条件,以及过轨技术检查合格证。

③申请使用的车种、车型、车数及装载加固建议方案。

④超过承运人计量能力的货物由托运人确定货物重量,并应有货物生产厂家出具的货物重量证明文件(数据应为货物运输状态时的重量,重量数据如不含装载加固材料或装置重量,须单独注明),对变压器、电抗器等货物,残余油料重量须单独注明;货物生产厂家具备货物称重计量条件的,应要求托运人提供经厂家计量衡器称重的货物重量数据。

⑤其他规定的资料。

托运人应在超限超重货物托运说明书(表3-9)、装载加固建议方案和所提供的资料上签字盖章,并对内容的真实性负责。

2.受理

超限超重货物运输实行关键作业质量签认制度和关键作业工序间交接签认制度。货物受理和装车作业填记"××车站超限超重货物发送作业质量控制表(表3-10)";超限超重装车质量由装车站段主管站段长签认,特殊情况时可由站段长授权货运主任签认。发站发送作业按有关规定进行质量签认。

车站超限超重货物发送作业质量控制表　　　　　表 3-10

到站		品名		超限等级		超重等级	
托运人				车号		装车工班	
件数		件重	A　B　C　D	总重		装车日期	年　月　日

程序	控制项目	控制记录
一、货物受理	1.审查受理资料	(1)超限超重货物托运说明书。(　) (2)过轨技术检查合格证。(　)
	2.对照资料核对货物	(1)全长_____mm。 (2)支重面长_____mm。 (3)重心高度:_____mm。 (4)中心高_____mm处宽各_____mm; 　一侧高_____mm处宽各_____mm; 　二侧高_____mm处宽各_____mm; 　三侧高_____mm处宽各_____mm; 　四侧高_____mm处宽各_____mm; 　五侧高_____mm处宽各_____mm。 (5)自轮运转货物:①轴数_____;②轴距_____mm; ③固定轴距_____mm;④转向架中心销距_____mm。
	3.确定货物运输条件	(1)装载加固方案编号:_____ (2)超限超重货物运输申请电报号:_____ (3)超限超重货物运输确认电报号:_____
	4.签认	主控人:　　　　　互控人:
二、装车作业	1.装车前准备	(1)车型、车数符合电报要求,车况良好。(　) (2)车地板:①长度_____mm;②宽度_____mm; ③平均高度_____mm。 (3)已标划车地板纵横中心线。(　)
	2.检查货物装载加固状态	(1)货物重心偏移车地板中心线量:纵向_____mm,横向_____mm。 (2)重车重心高:_____mm。 (3)车辆转向架旁承符合要求。(　) (4)加固材料、装置和加固方法符合方案要求。(　) (5)跨装车组提钩杆已捆绑牢固,车钩缓冲停止器已安装。(　) (6)带动力的设备传动装置已断开,制动装置全部制动,变速器已置于初速位置,旋转位置已锁定牢固。(　)
	3.对照电报复核	(1)货物突出端梁尺寸:_____mm,符合要求。(　) (2)货物突出端与游车所装货物距离_____mm,符合要求。(　) (3)超限货物装车后尺寸不大于确认电报尺寸。(　) (4)重车重心高_____mm,货物支重面长度_____mm,符合要求。
	4.标划货物检查线及拴挂、书写表示牌	(1)超限货物已标划货物检查线。(　) (2)已拴挂或书写超限超重货物表示牌。(　) (3)已安插货车表示牌。(　)

续上表

程序	控制项目	控制记录	
二、装车作业	5. 填写超限超重货物运输记录	(1)已填写正确,相关单位已确认。(　) (2)一份已随运输票据同行。(　) (3)一份已留站存查。(　)	
	6. 检查票据记载事项	运单、货票已填写"××级超限××级超重货物"或"禁止溜放""限速连挂""运行限速××km/h""连挂车组,不得分摘"等内容。(　)	
	7. 签认	主控人:	互控人:
主管领导签认			

注:空白处请如实填写,括号内请确认后画勾。

受理作业如下。

(1)资料受理

车站受理超限超重货物时,应认真审查托运人提出的有关技术资料。托运人提供的货物技术资料及相关证明文件齐全有效、符合规定,且货物发到站(含专用线、专用铁路)具备超限超重货物运输条件的,发站应受理资料。

受理资料后,发站测量核对货物外形尺寸和重心位置,以超限超重货物运输申请电报向铁路局货运主管部门申请装运办法。

跨三个及以上铁路局的各级超重货物和超级超限货物,由铁路局审查后向中国铁路总公司货运部门提出申请。

中国铁路总公司货运部门、铁路局接到超限超重货物运输申请电报后,及时向各有关单位发布确认电报,明确装运办法。发布确认电报时,应加强与相关铁路局的沟通协调,确保限界满足安全要求。

(2)订单受理

发站接到铁路局发布的确认电报后,应按规定及时审核、受理托运人提出的电子运单和有关证明文件等资料。铁路局接到发布的确认电报后,应结合管内的实际情况及时确认转发。对须临时改变建筑物、固定设备的,应在电报中详细指明。管内通行确有困难时,应在收到电报之日起3个工作日内以电话和电报形式通知发局和确认电报发布单位。

超限货物装车时间距确认电报发布时间不足3个工作日的,发局应与沿途各局进行确认后再发布确认电报。

二、装车作业

超限超重货物禁止无确认电报装车,车站接到铁路局确认电报后,通知托运人办理其他货运手续,并及时组织装车。

1. 装车前

装车前,发站应做如下工作。

①通知车辆部门检查车辆技术状态。

②确认拟使用的车种、车型、车数符合确认电报和装车要求,装载加固材料和装置的规格、数量及质量符合装载加固方案规定。

③测量车地板的长度和宽度,在负重车上标划车辆纵横中心线。

测量车地板高度时应将车辆停于平直线路上。车地板高度的确认办法按下列规定办理。

a. 普通平车或敞车:分别测量出车地板四角至轨面的高度,然后取其平均值为车地板高度。

b. 凹型平车取车地板中部为车地板高度;若货物装在大底架悬臂上,以悬臂高度为准。

c. 球形心盘的长大货物车:分别测量出车地板中部到两侧钢轨面的高度,取其平均值为车地板高度。

④在货物上标明重心位置(投影)、索点。

⑤开好车前会,向装车人员布置装车事项。

2. 装车时

装车时,站段应派超限超重运输和装载加固专业技术人员到装车现场进行指导。装载和加固作业须严格按装载加固方案进行。

3. 装车后

①装车后,须检查、确认货物装载加固符合规定要求。重点检查、确认如下内容。

a. 货物实际装载位置符合装载加固方案。

b. 车辆转向架旁承游间符合规定。

c. 使用的加固材料和装置规格、数量、质量及加固方法、措施、质量符合装载加固方案。

d. 垫木、支(座)架等加固装置,状态良好,完好无损坏。

e. 钢丝绳等加固线已采取防磨措施,捆绑拴结牢固,拴结点无损坏。

e. 焊接处焊缝长度、高度符合规定,焊接质量良好。

f. 跨装车组连接处的提钩杆捆绑牢固,车钩缓冲停止器已按规定安装。

g. 带有制动装置、变速器和旋转装置的货物,制动装置全部制动,变速器置于初速位置,旋转部位锁定牢固。

h. 自轮运转货物的动力传动装置已断开(机车车辆除外),制动手柄在重联位置并固定良好。

②确认货物装载加固符合规定要求后,车站应对照确认电报复核,确认如下内容。

a. 货物突出车端的尺寸、货物突出端与游车上所装货物的距离符合要求。

b. 超限货物装后各部位的尺寸(高度和宽度)、重车重心高未超出确认电报范围。

c. 货物支重面长度(含跨装货物支距)符合要求。

d. 其他各有关数据符合要求。

发现货物装后尺寸、重车重心高等数据超出确认申报范围的,发站须重新向铁路局拍发超限超重货物运输申请电报。

装车后超出机车车辆限界基本轮廓的货物,经中国铁路总公司批准,可不按超限货物办理。

装车后,车辆转向架任何一旁承游间不得为零。遇球形盘货车一侧旁承游间为零时,可用千斤顶将压死一侧顶起,落顶后出现游间,表明货物装载符合要求。

使用落下孔、钳夹式车辆装载的货物,装车后货物底部与轨面的距离不得少于150mm。

4. 标记

确认符合确认电报条件后,用颜色醒目的油漆标划易于判定货物是否移动的检查线,在货物两侧明显处以油漆书写、刷印或粘贴"××级超限、××级超重",或挂牌标识,并按规定在车辆上插挂货车表示牌。

发站应按规定会同有关单位(部门)填写《超限超重货物运输记录》(表3-11),该记录为正背(甲、乙)两页。在货物运单、票据封套、编组顺序表上注明"超限货物"、"超重货物"或"超限超重货物";以连挂车组装运时,应注明"连挂车组,不得分摘";限速运行时,应注明"限速××km/h"。

超限超重货物运输记录　　　　　　　　　　　表3-11

甲页	超级超限/级超重			(单位:mm)		№01	
装车局	济		发站	党家庄北	经由线名	/	
到达局	成		到站	重庆东	经由站名	利国、淮滨、小林、郓营、西斋、秀山	
品名	变压器		件数	1	第件重____吨	配重____吨	总重_30_吨
货物长度	4200	支重面长度	4200	转向架中心销间距离	/	重车重心高	2016
装车后尺寸	中心高	4735	中心高的宽	左 1440	记事		
				右 1440			
	第一侧高	4540	侧高的宽	左 1300			
				右 1300			
	第二侧高	1170	侧高的宽	左 1000			
				右 1000			
	第三侧高	/	侧高的宽	左 /			
				右 /			
	第四侧高	/	侧高的宽	左 /			
				右 /			
车种	N₁₆	车号	5020037	标记载重	60 吨	轴数	4 轴
文电内有关指示	总公司××年××月××日　　部超限超重　　××　号　批准使用××车						
	铁路局20××年××月××日　　超限超重××号　批准使用××车						
	1. 超级超限　 2. R1600mm			本记录在党家庄北站做成,经检查完全符合批示的条件			
	3. S2016mm　 4. G50km			发站　签字			
	5. L20km　 6. W15km			段　签字			
	7. MN			段　签字			
				段　签字			
				段　签字			
				××年××月××日			

注:1. 不用的各栏应划去;
2. 按电报批示尺寸填写,小于批示时,将实际尺寸填于记事栏内,大于批示尺寸时,必须重新请示;
3. "重车重心高"栏在不超过2000mm时须以[/]号标示之;
4. 一式两份,第一份仅为甲页留站存查;第二份为甲、乙页,随货运票据送到达站。

超限超重货物运输记录背面检查结果纪录

乙页

检查站名		检查站名	
检查站名		检查站名	
检查站名		检查站名	
检查站名		检查站名	

规格 270mm×185mm

三、超限超重车的挂运

发站挂运超限超重车前,应向铁路局调度所拍发超限超重车辆挂运申请电报。

挂运跨及两个铁路局的超限超重车辆前,须向邻局进行预报,并征得邻局调度所的同意后方可挂运。

铁路局调度所接到车站挂运申请或邻局预报后,应根据超限超重货物运输确认电报认真核对,制定管内具体运行条件,填写"超限超重车辆挂运通知单"(表3-12),纳入日(班)计划,并将管内具体运行条件以调度命令下达有关站段。

车站接到挂运命令后,应及时做好车辆挂运准备工作,并将调度命令交值乘司机。

运行有限制条件的超限超重车,除有特殊要求外,禁止编入直达、直通列车。

超限超重车辆挂运通知单　　　　　　　　　　表3-12

号　　　　　　　　　　　　　　　　　　　　　级超限,级超重

部超限超重号		(外局)超限超重号		(自局)超限超重号	
发站		到站		品名	
月　日	次接入	月　日	次交出	件数	
车种车号	中心高____mm处	左宽____mm		运行条件	
		右宽____mm			
	一侧高____mm处	左宽____mm			
		右宽____mm			
	二侧高____mm处	左宽____mm			
		右宽____mm			
	三侧高____mm处	左宽____mm			
		右宽____mm			
	四侧高____mm处	左宽____mm			
		右宽____mm			

通知者:　　　签认者:　　　年　月　日　时　分

知识点三　超限超重货物途中作业和到达作业

知识目标

1. 熟悉超限车的运行条件。
2. 熟悉超限超重车的交接检查作业。
3. 掌握超限超重车货物的到达作业。

能力目标

能够对超限超重货物进行途中作业和到达作业。

理论知识

一、超限车的运行

1. 超限列车的会车条件

挂有超限车的列车运行在复线、多线或并行单线的直线地段与邻线列车会车时,应遵守下列规定。

①邻线列车运行速度小于120km/h 的,两运行列车之间的最小距离大于350mm 者不限速;300～350mm 之间者运行速度不得超过30km/h;小于300mm 者禁止会车。

②邻线列车运行速度大于120km/h 小于160km/h 的,两运行列车之间的最小距离大于450mm 者不限速;400～450mm 之间运行速度不得超过30km/h,小于400mm 者禁止会车。

③邻线列车运行速度大于等于160km/h 的,禁止会车。

曲线地段与邻线列车会车,必须根据规定相应地加宽。

2. 超限列车与建筑限界间距离对运行速度的影响

超限车在运行过程中,如超限货物的任何部位接近建筑物或设备时,应遵守下列规定。

①超限货物的任何超限部位与建筑物或设备之间的距离(以下简称限界距离),在100～150mm之间时,速度不得超过15km/h。

②限界距离在超过150～200mm 之间时,速度不得超过25km/h。

③限界距离不足100mm 时,由铁路局根据实际情况制定办法。

3. 电气化区段

超限货物顶部距接触网导线的垂直距离大于等于350m 时,可不停电运输。超限货物顶部距接触网导线的垂直距离,在线路平面海拔高度超过100m 时,应按每超过100m 增加3.5m 的附加安全距离计算。

二、超限超重车途中检查

超限超重车的途中检查是确保超限超重货物运输安全的重要措施,铁路局必须加强对超限超重车运行途中的检查,落实区段负责制。

途中检查站应按下列内容检查超限超重车,并在超限超重货物运输记录上记录、签认检查结果。

①有无超限超重货物运输记录及其填写是否完整。

②货物两侧明显位置,是否有超限超重等级标识。

③是否标划有检查线,货物装载加固是否良好,加固材料是否有松动或损坏。

如发现问题,应按照《铁路货运检查管理规则》和《铁路货物运输管理规则》等文件中的有关规定处理。

三、确认运输线路或区段限界的运输安全

为确保超货运输安全,可采用检查架等方法检查确认运输线路或区段的限界能否满足通行安全。

①检查架的尺寸应与货物检定断面的实际尺寸相同。

②安装检查架的车辆应与拟用车辆的车型相同。

③检查架应安装在货物检定断面所在的位置。

使用其他车辆安装检查架的,检查架的尺寸应考虑拟用车辆的偏差量和倾斜量等。

四、途中调车要求

装有二级及以上超限货物的车辆禁止溜放。

五、超限超重货物变更到站

超限超重货物变更到站时,除按普通货物变更有关规定办理外,还应遵守下列规定。

①受理变更的车站应为超限超重货物办理站。

②受理变更的车站应对货物的装载加固状况进行检查,确认状态良好后以电报向铁路局重新申请,并注明原确认电报发布单位、电报号码、新到站及车号。

③受理变更的铁路局按规定确认和申请,变更后的运输要求按新确认电报执行。

④受理变更的车站应在"超限超重货物运输记录"中签认。

六、超限超重货物的到达作业

超限超重货物到站应根据批示电报正确选择、确定卸车地点和货位,科学制定卸车方案,严格加强卸车组织,确保安全。

收货人组织自卸的,车站应与收货人签订自卸车协议,明确安全责任,并在卸车前与收货人办理完货物交付手续。

卸车开始要将卸车车号、货物品名、数量及开始卸车作业时间等信息向货车调度汇报。卸车完毕后,清理好车辆、加固材料、货车表示牌等,及时向货运调度员、特调报告卸车完毕。

拓展知识

超限超重货物专列

一、开行超限超重货物专列的条件

以下车型装运的超限超重货物,应开行超限超重货物专列。
①钳夹车;
②标记载重260t及以上的落下孔车;
③标记载重300t及以上的凹底平车。
其他需要采取全程派人监护、监测运行等特殊安全保障措施的重车,也可组织开行超限超重运输专列。

二、超限超重货物专列的运输方案

超限超重货物专列开行需求由特货公司或始发铁路局受理。跨三个及以上铁路局的专列,由中国铁路总公司货运部门牵头,组织有关部门和技术专家,制定专列安全运输技术方案。跨及两个铁路局及铁路局管内开行的专列,由相关铁路局自行组织开行。

特货公司、始发铁路局按有关要求制定安全运输技术方案(包括装载加固方案、运输方案、安全监测应急方案等)报中国铁路总公司货运部门,并以局文形式提出召开安全运输技术方案评审会的申请,中国铁路总公司货运部门接到受理铁路运输企业的申请后,各有关部门按照专业分工,对提报的专列安全运输技术方案进行初审。初审通过后,由中国铁路总公司货运部门牵头组织召开专列安全运输技术方案评审会,调度部、机务部、工电部和有关铁路局、特货公司等相关单位派员参会,共同评审确定安全运输技术方案。

三、超限超重货物专列运输安全措施

超限超重货物专列不得影响D、Z字头客车运行,尽可能减少影响T、K字头客车运行,影响的客、货列车由调度日班计划调整,并据此统计正晚点。

每次装车前,长大货物车产权单位应委托具备国家认可资质的单位对车辆关键部位进行磁粉探伤,向始发局提供车辆技术状态良好的证明。

专列终到站卸车完毕后,到达局及时将长大货物车、工具车(客车)按调度命令指定到站组织回送。

 实训项目

1. 某发货人从西安西托运钢架梁1件,到站昆山,货物重45t,长8m,货物横断面如图3-18所示,请完成以下任务。

(1)计算该件货物的超限等级。
(2)说明货物的超限类型。
(3)以西安西站名义拟超限超重货物运输请示电报1份。
(4)以西安铁路局名义拟超限超重货物运输确认电报1份。
(5)以西安西站名义拟超限超重挂运申请电报1份。

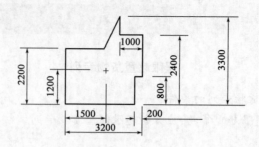

图 3-18 货物横断面(尺寸单位:mm)

2. 某站装运钢结构梁一座(均重),重 30t,长 15500mm,宽 2920mm,高 2600mm,装车时选用高度为 200mm 的横垫木 2 根。该站采用 N_{17T} 一车负重,一端突出装载,加挂一辆游车的方案装车。请按要求完成下列任务。

(1)请对货物装车后的外形尺寸进行测量,并标记货物重心位置。
(2)请计算货物的超限等级。
(3)若该货物为超限货物,请核算将该货物从武汉北运至郑州北的运费。
(4)若托运人将该货物从武汉北运至郑州北,请填制货物运单,注意运单填制时的事项。
(5)货物从武汉北运至郑州北,请以托运人身份填写超限超重托运说明书。

3. 某站装运钢梁一件,长 36m,宽 3m,高 2m,重 52t,外形均匀,拟使用 60tN_{17T}平车 3 辆装运,2 车负重,中间一辆作游车,货物转向架高 0.62m,支距 24m,请根据题意画出其装载方案的主视图、端视图,并确定其超限等级。

复习思考题

1. 什么叫超限货物?
2. 超限货物如何分类?
3. 确定超限等级的步骤有哪些?
4. 限界检查架制作使用要求有哪些?
5. 途中检查站对超限车(货)如何进行检查?
6. 现有均重设备 1 台,重 24t,长 17m,宽 3m,高 2.6m,支重面长 9m。用 N_{17AT} 型平车装运,要求确定其超限等级。
7. 圆筒体均重货物 1 件(如图 3-19 所示),重 35t,长 35500mm,直径 3300mm,使用 60tN_{17GK}型平车 3 辆均衡跨装,中间一辆作游车,支距长 24500mm,货物底部距车地板 180mm,试确定超限等级。

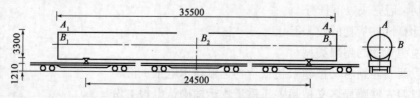

图 3-19 (尺寸单位:mm)

8. 某站装运龙门吊主梁一件,货物形状为均重的矩形,重20t,长20m,宽2.8m,高2.7m,使用 N_{17AK} 型平车3辆,1辆为主车,2辆为游车,货物对称装载,垫木高度220mm,请计算货物的计算宽度并确定超限等级。

9. 长方形货物一件,长9000mm,宽3800mm,高1400mm,使用 N_{17K} 平车装运,货物底部选用高度为140mm的横垫木2根,采用均衡装载的方法装车。请确定货物的超限等级。

模块四 阔大货物装载加固

单元一 阔大货物装载条件

教学提要

货物装载是影响重车运行安全的重要因素,直接关系着列车运行安全和货物的安全,是铁路运输组织工作的重要组成部分。其主要任务是保证货物、车辆的完整和行车安全,充分利用货车载重力和容积,安全、迅速、合理、经济地运输货物,以适应国民经济发展对铁路运输的需要。

知识点一 阔大货物运输设备

知识目标

1. 熟悉铁路阔大货物运输装备的特点、技术参数及适用条件。
2. 了解超偏超检测装置和轮轨测重仪的作用。

能力目标

能列举运输阔大货物的主要技术装备。

理论知识

在铁路运输中,阔大货物一般包括超长货物、超限超重货物;按照货物的外形大体上又可分为平底货物、圆柱形货物和球形货物。由于货物外形、重量等方面的差异,导致所适用的装载技术不同。

货物的装载加固状况直接影响列车运行安全和货物安全,因此,运输阔大货物时,不仅要合理选用货车,而且也必须遵守《铁路货物装载加固规则》的相关规定。

一、装运阔大货物的车辆

目前,我国铁路装运阔大货物主要使用普通平车和长大货物车,部分货物也可使用敞车装载。

1. 平车及技术参数

我国铁路平车主要车型包括：N_{17}、NX_{17}、NX_{70}。平车属于底架承载结构，底架的主要部件有中梁、侧梁、枕梁、横梁及纵向辅助梁。部分平车根据装运货物的需要设有可以全部翻下的活动墙板。为了提高平车承受集中载荷的能力，部分平车车底架采用了鱼腹形梁。为便于货物加固，侧梁外侧装设绳栓和柱插。

平车的主要参数有车辆自重、车辆标记载重量、钩舌内侧距离、车地板长度、转向架中心距、固定轴距、车地板高度、空车重心高度等，为便于货物加固，侧梁外侧装设绳栓和柱插，如图4-1所示。

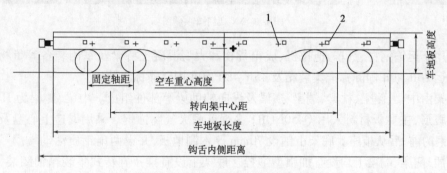

图4-1　平车主要参数及加固部件名称
1-绳栓(丁字铁)；2-柱插(支柱槽)

(1) N_{17}型平车

N_{17}型通用平车，适用于运输各种重型机械、型钢、板材等货物。该车采用性能良好的GK型三通阀和具有空重车调整装置的空气制动机，如图4-2所示。

图4-2　N_{17}型平车实物图

(2) NX_{17}型平车

NX_{17}型平车主要用于运输集装箱，是北京二七车辆厂1998年设计的。作为普通平车使用时，可供装运机器、车辆、钢材、构件、成箱货物、机械设备、大型混凝土桥梁及军用设备等货物。作为集装箱平车使用时，可供装载20ft、40ft国际标准集装箱。底架为全钢焊接结构，设有国际集装箱翻转式箱锁、铁标集装箱活动箱锁和铁标集装箱活动门挡以及柱插和绳栓等，如图4-3所示。

图4-3　NX_{17}型平车实物图

（3）NX₇₀型平车（图4-4）

图4-4　NX₇₀型平车实物图

可用于运输钢材、汽车、拖拉机、成箱货物和大型混凝土桥梁及军用装备等货物。又适用于装运20ft、40ft国际标准集装箱及45ft、48ft、50ft国际非标集装箱。

底架由中梁、侧梁、枕梁、端梁、横梁及纵向辅助梁等部件组成。中梁、侧梁为H型钢且制成鱼腹形，主要板材料采用Q450NQR1高强度耐大气腐蚀钢。采用锻造上心盘及材质为C级铸钢的前、后从板座。底架上铺设70mm厚木制地板，并设两扇钢质活动端门。侧梁上设有柱插，侧梁、端梁上均设有加强型绳栓。底架上设有推拉翻转式集装箱锁闭装置，锁头采用F-TR型锁，采用MT-2型缓冲器。风制动、手制动装置及车门等具有防盗性能，采用转K6型转向架。

平车主要技术参数见附录3。

2. 长大货物车及其技术参数

长大货物车是铁路运输中的一类特种货车，主要供装运平车无法装运的阔大货物。按照车体结构不同，我国现有的长大货物车可分为凹底平车、长大平车、落下孔车、双支承平车、钳夹车五种。

（1）凹底平车

底架沿车辆纵向呈凹形面的长大货物车称为凹底平车。该类车辆具有结构简单、使用方便、运行安全可靠、适运货物范围广等优点。可供装运拖拉机、履带起重机、挖掘机、变压器、发电机转子或定子以及其他长大重机械设备。目前，我国有D_2（图4-5）、D_{10}、D_{15}、D_{50}等型号的凹底平车。凹底平车的大底架中部为沿车辆纵向向下呈现凹形，该凹底部分的长度以及凹底面距轨面的高度是凹底平车重要的技术指标。在保证结构强度、刚度及稳定性的条件下，凹底长度越大、凹底面距轨面高度越小，则车辆的使用性能越好。

图4-5　D_2型凹底平车实物图

(2) 长大平车

长大平车主要用于装运高度不是很高而长度较长的货物，如长钢轨、长型钢、桥式起重机构架、锅炉以及化工反应器。目前我国有 D_{22}、D_{23G}、D_{25}、D_{26}（图 4-6）、D_{28} 等型号的长大平车。长大平车的地板是平整的，因此货物的装卸比较方便，适应性也较好，但不同型号的长大平车仍各具特点，在具体使用时必须根据车的标记载重的规定执行。

图 4-6　D_{26} 型凹底平车实物图

(3) 落下孔车

在车辆底架中部开有一定长度和宽度的落下孔，装载时，货物落入此孔内。这类长大货物车称为落下孔车，可用于运输冶金、电力、重型机械等大型货物。特别适用于运输厚度较小而宽度较大，有一定长度的超限货物，如大型轧钢机等。目前我国有 D_{17A}、DK_{36}（图 4-7）、DK_{36A} 等型号，还有待于研制一批不同载重系列的新型落下孔车，以适应铁路大型货物运输的需要。

图 4-7　DK_{36} 型落下孔车

(4) 双支承平车

双支承平车，也称双联平车，由两辆结构相同的凹形平车连挂而成，在凹形底架中央设有转动鞍座和卡带。使用时，货物跨装于这两辆车的鞍座上，适用于装运长大重的圆筒形货物。双支承平车运输的特点是货物两端必须支承于鞍座上，如所运货物长度较短，可采用装设临时接长支架的方法使货物的支承点达到两鞍座中心。所运货物本身必须承受自身的强度和刚度。如确有必要，双联平车也可拆成单节车运货，但实施之前须报中国铁路总公司批准。

(5) 钳夹车(图4-8)

图4-8　钳夹车实物图

车体分为两个可分离的部分,货物被夹持和悬挂在其间运输的长大货物车称为钳夹车。钳夹车具有独特的超限运输能力,它可装有多导向、侧移机构,以解决车辆在宽度方向的极度超限;可装有液压起升、下降机构,且无承货地板面限制,可充分利用限界高度。钳夹车特别适合于装运短、粗、重货物,如宽度、高度均很大的发电机定子、变压器、轧钢机等。我国目前拥有 D_{30G}、D_{36}、D_{38} 等型号的钳夹车。目前,国内钳夹车存在自重大、载重小、数量少、运行速度低、过桥受限制、满足不了大件运输需求等问题。

长大货物车型号、主要技术参数和特点见附录4。

3. 敞车及技术参数

敞车是指具有端壁、侧壁、地板而无车顶,向上敞开的货车,主要供运送煤炭、矿石、矿建物资、木材、钢材等大宗货物,也可用来运送重量不大的机械设备。其集中载荷能力远不如平车。

部分敞车主要技术参数见附录5。

二、与阔大货物运输有关的检测设备

1. 铁路货车超偏载检测装置

铁路货车超偏载检测装置是在列车运行过程中,对每辆货车分别进行超、偏载检测的装置。该"装置"能在货车按一定速度通过检测点时,由电子传感式检测装置按车辆轮对通过的顺序,测定出货车轮重、轴重、每组转向架的承重及每辆货车的总重,在此基础上通过数据分析,判断货车是否超、偏载。铁路货车超偏载检测装置是铁路货运计量安全检测系统的重要组成部分,是检测货车超载、偏载、偏重的主要装置之一。

2. 轮重测定仪

铁道车辆轮重测定仪(简称轮重仪)是用于测量铁道车辆超载、偏载和偏重的铁路专用计量器具,具有体积小、携带方便等特点。它通过测量车辆轮重得到车辆的超偏载情况,能从装车源头控制超偏载现象的发生。测重时,由人工对车辆的八个轮子分别进行测重后,再把总重量相加,就是车辆所载货物的重量。

模块四 阔大货物装载加固

知识点二 货物装载的基本技术条件

知识目标

1. 熟练掌握货物装载的基本要求。
2. 掌握货物装载基本技术条件。

能力目标

在办理阔大货物运输时能熟练应用铁路货物装载的基本要求及基本技术条件。

理论知识

一、货物装载加固的基本要求

《加规》中规定,货物装载的要求是:使货物均衡稳定合理地分布在货车上,不超载、不偏载、不集重、不偏重;加固的要求是:能够经受正常调车作业以及列车运行中所产生各种力的作用,在运输全过程中,不发生移动、滚动、倾覆、倒塌或坠落等情况。

二、货物装载的基本技术条件

1. 对车辆的要求

装车前应正确选择车辆,遵守货车使用限制表及有关规定。未按管理权限经中国铁路总公司或铁路局批准,各类货车装载的货物不得超出货车的设计用途范围。凡货车车体上的标记技术参数与《加规》附录不一致时,以车体上的标记技术参数为准。货车制造、检修单位应确保货车车体上涂打的标记技术参数的准确性。

凡未经中国铁路总公司有关部门公布的,技术参数不全的敞车、平车、棚车及长大货物车,一律不得使用。

使用有端板、侧板的平车装载长度或宽度超出车地板的货物,或因货物拉牵加固需要,可将端板、侧板放下,同时用镀锌铁线将其与车体捆绑牢固或用锁铁卡紧。

涂打"关"的平车在运行时,端板应处于立起关闭状态。特殊情况下,在安装车钩缓冲停止器后允许将端板放倒运行;或将两平车相邻端的一辆平车的端板采取可靠吊起措施后,可将另一辆平车的端板放倒运行。

2. 对货物重量的要求

货车装载的货物重量(包括货物包装、防护物、装载加固材料及装置)不得超过其容许载重量。允许增载货车车型、适于增载货物品类及允许增载重量按《铁路货车增载规定》办理。涂打禁增标记的货车不准增载。中国铁路总公司未批准增载的各型货车不得增载,如 N_{17K}、N_{17AK}、N_{17AT}、N_{17GK}、N_{17GT}、N_{17T} 等型平车以及 C_{70}(含 C_{70H}、C_{70A}、C_{70C}、C_{70E}、C_{70EH}、C_{70EF}、C_{70B}、C_{70BH})、C_{76}(含 C_{76H}、C_{76A}、C_{76B}、C_{76C})、C_{80}(含 C_{80H}、C_{80A}、C_{80AH}、C_{80B}、C_{80BH}、C_{80BF}、C_{80C}、C_{80CA})型货车。

3. 对货物尺寸的要求

货物的装载高度、宽度和计算宽度，除超限货物外，不得超过机车车辆限界基本轮廓和特定区段装载限制。

4. 货物重心水平位置的要求

装车后货物总重心的投影应位于货车纵、横中心线的交叉点上。必须偏离时，横向偏离量不得超过100mm；纵向偏离时，每个车辆转向架所承受的货物重量不得超过货车容许载重量的1/2，且两转向架承受重量之差不得大于10t。

5. 重车重心高的要求

货车和所装货物的总重心，称为重车重心高。重车重心高从钢轨面起，超过2000mm时应限速运行。限速运行时，由装车站以文电向铁路局请示，铁路局货运管理部门以电报批示，跨局运输则应同时抄给有关铁路局货运、运输、调度、机务、工务等有关部门。

6. 货物突出车辆端梁长度要求

货物突出平车车端装载，突出端的半宽不大于车辆半宽时，允许突出端梁300mm；大于车辆半宽时，允许突出端梁200mm。超过此限时，应使用游车。当装载货物突出车端不加挂游车时，货物突出端不得与带风挡客车连挂。

7. 成件包装货物装载要求

装载成件包装货物时，应排列紧密、整齐。当装载高度或宽度超出货车端侧墙（板）时，应层层压缝，梯形码放，四周货物倾向中间，两侧超出侧墙（板）的宽度应一致。袋装货物袋（扎）口应朝向车内。

对超出货车端侧墙（板）高度的成件包装货物，应用绳网或绳索串联一起捆绑牢固，也可用挡板（壁）、支柱、镀锌铁线（盘条）等加固。

袋装货物起脊部分应使用上封式绳网等进行加固。

8. 散堆装货物装载要求

散堆装货物装车应使用货运计量安全检测设备防止超载，装车后应采取平顶等措施防止偏载偏重。

废钢铁等废金属材料、料石等不规则货物装车后应使用轮重测定仪等超偏载检测设备进行检测。

焦炭装车超出货车端侧墙（板）时，应采取围挡措施。

废金属材料超出货车端侧墙（板）装载时，应采取可靠的加固措施。

木片装运应优先采用袋装或集装方式。散装木片使用棚车装运时，不得将车门从车内反锁，并应在两侧车门处安设门挡。

9. 对装载加固材料及装置的要求

装载货物时，应使用必要的装载加固材料及装置。

禁止使用菱苦土（菱镁混凝土）、水泥、砖、石等材料作为装载加固材料和制作装载加固装置。

篷布、篷布绳网、篷布支架不能作为装载加固材料。

【例4-1】 请分析图4-9所示袋装货物装载是否正确？应如何改进？

【解】 不正确。袋装货物突出车帮，有脱落可能。对超出货车端侧墙（板）高度的成件包装货物,应用绳网或绳索串联一起捆绑牢固,也可用挡板(壁)、支柱、镀锌铁线(盘条)等加固。

图4-9　袋装货物装载示意图

三、货物加固的要求

常用加固方法有拉牵加固、挡木或钢挡加固、围挡加固、掩挡加固、腰箍下压式加固、整体捆绑等。

1. 货物加固的一般要求

①拉牵可采用八字形、倒八字形、交叉、又字形、反又字形或兜头等方式。

②使用多股镀锌铁线、盘条加固时,须用绞棍绞紧,绞紧程度不能损伤铁线、盘条。

③使用钢丝绳加固时,应采用配套的钢丝绳夹。使用紧线器或钢丝绳紧固器作为连接装置时,紧线器或钢丝绳紧固器中的紧固装置与钢丝绳的强度应匹配。

④使用挡木或钢挡加固时,其高度不宜过大,与车地板之间要有足够的联结强度。

⑤掩挡的有效高度应符合要求,掩挡与车地板的联结强度必须足以保证掩挡自身不发生移动或倾覆。

⑥使用腰箍下压式加固时,每道腰箍的预紧力必须达到设计要求。

⑦必要时,加固线与货物、车辆棱角接触处应采取防磨措施。

2. 货物加固的其他要求

①加固货物时,所用绳索或加固线捆绑拴结后的余尾部分,长度一般不得超过300mm,不短于100mm;超过300mm时应采取有效措施予以固定。

②对超出货车端侧墙(板)高度的成件包装货物,应用绳网或绳索串联一起捆绑牢固,也可用挡板(壁)、支柱、镀锌铁线(盘条)等加固。

袋装货物起脊部分应使用上封式绳网等进行加固。

③使用铁地板长大货物车装载货物,可采用焊接加固,焊接时应采取安全接地措施。卸车时应由卸车单位恢复车辆原状。禁止在车辆上挖孔。

④专用货车上附设设备作为装载加固装置的,其技术性能应符合《加规》要求,生产厂家或产权单位应提出装载加固装置的有关技术资料、技术条件和使用说明书,经中国铁路总公司运输局组织审核、公布后,装载加固装置方可投入运用。

专用货车附设设备设计结构可不拆解安全回送时,应保持原有的车辆技术设计状态运输;拆解运输时应另行办理货物托运手续,并按规定制定货物装载加固方案。托运人应如实申报回送车辆和上部附设设备的运输状态(拆解或不拆解);经车辆部门检查确认车辆技术状态良好、车站检查确认上部附设设备符合货物装载加固方案要求后,方可办理承运手续。

⑤易于旋转或有门窗等活动部位的货物装车时,托运人应将旋转和活动部位锁闭固牢;锁闭装置失效的,应采取有效的加固措施。货物自带的苫布、防护衣、伪装网及其捆绑绳索质量不良的,在由托运人改善并符合要求后方可办理运输。

【例4-2】 分析图4-10卷钢装载加固存在哪些问题?违反哪些规定?

图4-10 卷钢装载示意图

【解】
①装车前未彻底清扫车地板,车地板有杂物,从而降低了摩擦系数。
②钢丝绳与挂钩和货物间没有采取防磨措施。违反"关于钢丝绳与挂钩须采取防磨措施"的规定。

【例4-3】 在接车时有一苫盖篷布的车辆,货检员检查篷布绳索捆绑加固状态情况为:车辆运行左侧篷布绳索捆绑在丁字铁上,余尾长度700mm。请问以上加固方法是否符合规定?

【解】 以上加固方法不符合规定。绳索拴结后,绳头余尾长度不得超过300mm,一般不少于100mm。

知识点三 货物重心水平合理位置

知识目标

1.熟练掌握一车装载一件或多件货物时重心纵向水平位置的确定,会进行货物重心纵向最大容许偏移量的计算。
2.掌握货物重心横向水平合理位置的确定及配重方法。

能力目标

能正确确定货物重心水平合理位置。

理论知识

按照货物装载的技术要求,一般情况下,货物重心在水平面上的投影应落在车地板纵、横中心线的交点上。但由于车辆、线路、货物装载技术条件所限,货物重心有时无法落在车地板中央。为了防止货物偏载、偏重以及在运行中发生货物移动、滚动、倾覆以致造成车辆损坏或列车的颠覆,货物重心在车地板的投影必须落在合理位置。

一、货物重心在车辆纵向的合理位置

1. 一车装载一件货物

当货物重心在车地板的投影落在车地板横中心线上时,车辆两转向架所负担的货物重量相等,同一轮对的两个车轮压相同,重车运行稳定性最好。

设货车容许载重量为 $P_{容}(t)$,车辆两转向架承受货物的重量分别为 R_A、R_B,且 $R_A > R_B$,如图4-11所示,若货物重心纵向偏移量符合规定,应满足的条件是:

$$R_A \leq \frac{P_{容}}{2} \tag{4-1}$$

$$R_A - R_B \leq 10t \tag{4-2}$$

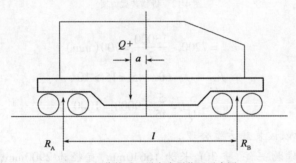

图4-11 货物重心纵向水平位置示意图

如图4-11所示,设货物重量为 $Q(t)$,车辆的转向架中心距为 $l(mm)$,货物重心纵向偏移量为 $a(mm)$。根据力矩平衡原理,可得出:R_A、R_B 的表达式,代入式(4-1)、式(4-2)中,若使两个不等式同时成立,则货物重心纵向最大容许偏移量 $a_{容}$ 可按式(4-3)、式(4-4)确定:

当 $P_{容} - Q < 10t$ 时

$$a_{容} = \left(\frac{P_{容}}{2Q} - 0.5\right) l \tag{4-3}$$

当 $P_{容} - Q \geq 10t$ 时

$$a_{容} = \frac{5}{Q} l \tag{4-4}$$

式中:$a_{容}$——重心(总重心)纵向最大容许偏移量,mm;

$P_{容}$——货车容许载重量,一般可取货车标记载重量,t;

Q——货物重量,t;

l——车辆的转向架中心距,mm。

在车辆上只装一件货物时,装车前根据货物重心的位置和使用车辆的类型,按计划装载方案就可以判定重心是否偏移及偏移量的大小。装车后,根据事先标划的车地板纵、横中心线及货物重心标记就可测量出纵向偏移量。

当货物装车后,实测的纵向偏移量须小于或等于纵向容许偏移量,否则须调整装载方案。

【例4-4】 一件货物重为45t,长11500mm,货物重心距一端的长度7200mm,使用N_{17AT}型平车,使货物较轻一端与车端对齐,试确定装载方案是否合理?

【解】 N_{17AT}型: $l_车 = 13000$mm $l = 9000$mm

货物装载方案:货物较轻一端与车端对齐,如图4-12所示。

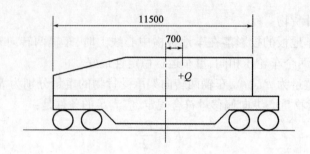

图4-12 货物装载方案

$$a_实 = 7200 - \frac{13000}{2} = 700 (\text{mm})$$

$$P_容 - Q = 60 - 45 = 15 > 10$$

$$a_容 = \frac{5}{Q}l = \frac{5}{45} \times 9000 = 1000$$

因为$a_实 < a_容$,所以该装载方案合理。

【例4-5】 均重货物一件,重30t,长为16640mm,直径为2900mm,拟用N_{17T}型车辆装运,试确定其经济合理的装载方案。

【解】 N_{17T}型: $l_车 = 13000$mm $B_车 = 2980$mm 轴距$=9000$mm

分析:货物突出端半宽1450mm,小于车地板半宽1490mm,当突出端梁的长度超过300mm时,必须加挂游车。

方案1:货物重心投影落在车辆中央,两端均衡突出装载,如图4-13所示。

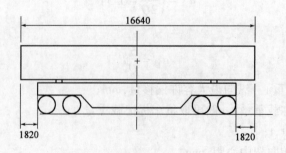

图4-13 货物装载方案1(尺寸单位:mm)

货物两端突出车辆端梁的长度为$\frac{16640-13000}{2} = 1820$mm,货物突出端梁的长度均大于300mm,需要加挂游车,共需使用3辆货车。

方案 2:使货物重心纵向偏移 $a_{客}$,如图 4-14 所示。

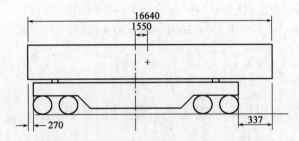

图 4-14　货物装载方案 2(尺寸单位:mm)

当 $P_{客} - Q = 60 - 30 = 30 > 10(\text{t})$

$$a_{客} = \frac{5}{Q}l = 1500(\text{mm})$$

此时,货物一端突出端梁 270mm(1820 - 1550 = 270),小于 300mm,不需加挂游车;另一端突出端梁长度为 3370mm,3370mm 大于 300mm,需要加挂 1 辆游车,此方案下,共需使用 2 辆货车。

方案 2 与方案 1 比较,少用一辆货车且货物重心纵向偏移符合要求,所以方案 2 为经济合理方案。

2. 一车装载多件货物(图 4-15)

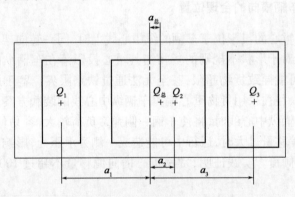

图 4-15　多件货物重心纵向水平位置示意图

多件货物总重心纵向最大容许偏移量与一车一件时计算 $a_{总}$ 所利用的原理相同,此时:

$$a_{总} = \frac{\pm a_1 Q_1 \pm a_2 Q_2 \pm \cdots \pm a_n Q_n}{Q_1 + Q_2 + \cdots + Q_n} \tag{4-5}$$

式中:Q_1、Q_2、$\cdots$、Q_n——每件货物的重量,t;

　　　a_1、a_2、$\cdots$、a_n——每件货物重心距车辆横中心线的距离。

正负号以货车横中心线为准,一侧取正号,另一侧取负号。

【例 4-6】 现有货物三件,使用一辆 N_{17AK} 型平车装运,货物重量分别为 $Q_1 = 10\text{t}$、$Q_2 = 20\text{t}$、$Q_3 = 10\text{t}$,装载方法如图 4-16 所示。试确定该装载方法货物总重心纵向水平位置是否符合规定?

【解】 N_{17AK}型：$l_{轴距} = 9000\text{mm}$

$$Q_总 = Q_1 + Q_2 + \cdots + Q_n = 10 + 20 + 10 = 40(\text{t})$$
$$P_客 - Q = 60 - 40 = 20 > 10(\text{t})$$

则

$$a_容 = \frac{5}{Q}l = 1125(\text{mm})$$

$$a_总 = \frac{10 \times (-600) + 24 \times 500 + 10 \times 4000}{40} = 1125(\text{mm})$$

因 $a_实 = a_总 = 1125\text{mm}$，故该装载方法货物总重心纵向水平位置符合规定。

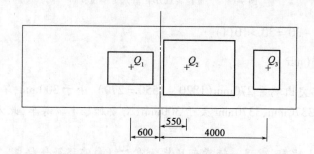

图4-16 三件货物重心纵向水平位置(尺寸单位：mm)

二、货物重心在车辆横向的合理位置

货物的重心或总重心的投影位于车辆的纵中心线上时，同一转向架两侧轮压相同，有利于车辆平稳运行。但对于形状不规则的货物当其重心投影落在车辆纵中心线上时，由于货物的一侧宽度较大，可能导致货物超限，甚至无法通过铁路限界。鉴于此种情况，为了避免超限或降低超限程度，往往采用货物重心偏离车辆纵中心线的装载方案。

货物重心偏离车辆纵中心线时，将使车辆一侧弹簧负荷较大，容易使货物在运行中发生横向移动或倾覆，当偏移量过大时，运行中可能造成一侧旁承压死，影响车辆顺利通过曲线，严重的可能导致重车倾覆。实践证明，货物重心横向偏移量不超过100mm时，不致影响运行安全。

货物重心在车辆横向位置的确定：当货车上只装一件货物时，根据计划装载方案或装车后直接测量，即可确定货物重心在车辆横向是否有偏移及横向偏移量的大小。如果货物重心横向偏移量小于或等于100mm，则货物装载方案符合装载技术条件的要求。否则，货物装载为偏载。

货物重心在车辆横向位置的确定：当货车上装载多件货物时，装车后货物总重心在车辆横向的位置需通过计算确定。

1. 一车装载多件货物时总重心横向位置

假设货物的重量分别为 $Q_1, Q_2, \cdots, Q_n$，每件货物重心偏离车辆纵中心线的距离分别为 $b_1, b_2, \cdots, b_n$，货物总重心偏离车辆纵中心线的距离为 $b_总$，依据力矩平衡原理得：

$$b_总 = \frac{\pm Q_1 b_1 \pm Q_2 b_2 \pm \cdots \pm Q_n b_n}{Q_1 + Q_2 + \cdots + Q_N} \tag{4-6}$$

式中,正负号以货车纵中心线为准,一侧取正号,另一侧取负号。

2. 配重货物重心横向位置

如果一件货物装车后,货物重心横向偏移量超过100mm,当采取改变货物的装载方法无法使横向偏移量调整到规定的范围内时,应采取配重措施,配重后使货物总重心横向偏移量不超过100mm。

采取配重措施后,货物总重心横向偏移量问题,可利用式(4-6)确定。如图4-17所示,假设原货物重量为$Q_主$,原货物重心横向偏移量为$b_主$,配重货物重量为$Q_配$,配重货物重心横向偏移量为$b_配$,货物总重心偏离车辆纵中心线为$b_总$,则式(4-6)表达式变换为:

$$b_总 = \frac{Q_主 b_主 - Q_配 b_配}{Q_主 + Q_配} \tag{4-7}$$

由上述表达式,可分别计算出$b_配$或$Q_配$:

$$b_配 = \frac{Q_主 b_主 - b_总(Q_主 + Q_配)}{Q_配} \tag{4-8}$$

$$Q_配 = \frac{Q_主(b_主 - b_总)}{b_总 + b_配} \tag{4-9}$$

式中相关参数应满足的条件:$|b_总| \leq 100mm$,$Q_配 \leq P_标 - Q_主$,$b_配 \leq \frac{B_车}{2}$。

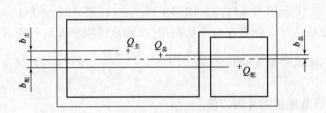

图4-17 货物重心横向水平位置示意图

【例4-7】 一件货物重45t,选用N_{17AK}型平车装载,装车后货物重心偏离纵中心线200mm,另有配重货物12t。试确定当配重货物重心距货车纵中心线多少毫米处,才能使货物总重心:①落在车辆纵中心线上;②横向偏移量为100mm。

【解】 由题意可知:

$$Q_主 = 45t, b_主 = 200mm; Q_配 = 12t, Q_总 = 45 + 12 = 57t$$

①货物总重心落在车辆纵中心线上,即$b_总 = 0mm$

$$b_配 = \frac{Q_主 b_主}{Q_配} = \frac{45 \times 200}{12} = 750(mm)$$

②货物总重心横向偏移量为100mm,即$b_总 = 100mm$,代入公式(4-8)中,

$$b_配 = \frac{Q_主 b_主 - Q_总 b_总}{Q_配} = \frac{45 \times 200 - 57 \times 100}{12} = 275(mm)$$

【例4-8】 一车N_{17AK}5213451装载锅炉配件一件,车辆捆绑加固线部分断裂,货物横、纵向移动,货物重心偏离车辆纵中心60mm,货物重心偏离车辆横中心600mm,查看货运票据得知,货物重量38t,请问该车能否继续运输?(已知销距9000mm,其他条件符合要求)

【解】

① $P_容 - Q = 60 - 38 = 22 > 10 (t)$

② $a_容 = \frac{5}{Q}l = \frac{5}{38} \times 9000 = 1184 (mm)$

③ $a_实$ 为 600mm, $a_容 > a_实$, 货物实际横向偏移 60mm, 小于 100mm, 不违反《铁路货物装载加固规则》规定, 因此可以继续运输。

【例 4-9】 某站使用 C_{62BK} 货车装载生铁后, 使用轮重测定仪进行检测, 从一位端第一个轮子开始检测, 绕车一周, 检测数据依次为 10.3t、10.5t、9.6t、9.1t、10.9t、11.3t、12.8t、12.3t。请计算货物超载、偏载、偏重情况是否符合规定? (C_{62BK} 型敞车, 货车自重 22.7t, 载重 60t)

【解】

① 装载重量 = $(10.3 + 10.5 + 9.6 + 9.1 + 10.9 + 11.3 + 12.8 + 12.3) - 22.7 = 64.1(t)$

C_{62BK} 的容许载重量 = $60 + 3 + 60 \times 2\% = 64.2(t)$

货物装载重量 64.1t < 货车容许载重量 64.2t, 故不超载。

② 货物转向架承受重量分别为 $10.3 + 10.5 + 12.8 + 12.3 = 45.9(t)$, $9.6 + 9.1 + 10.9 + 11.3 = 40.9(t)$, 两转向架所承受重量之差为 $45.9 - 40.9 = 5(t)$, 小于 10t, 故该货物不偏重。

③ 货物重心横向偏移量:

$$Q_A = 10.3 + 10.5 + 9.6 + 9.1 - 11.35 = 28.15(t)$$

$$Q_B = 10.9 + 11.3 + 12.8 + 12.3 - 11.35 = 35.95(t)$$

假设该两件货物的重心分别在车地板两侧, 距车地板纵中心线的距离为 717.5mm, 则货物总重心偏离车地板纵中心线的距离 $b = 717.5 \times \frac{Q_B - Q_A}{Q_B + Q_A} = 87(mm)$, 故该货物不偏载。

三、货物重心偏载偏重的处置方法

货物重心纵向偏移超过要求为偏重。特别情况下必须纵向偏移时, 每个车辆转向架所承受的货物重量不得超过货车容许载重量的 1/2, 且两个转向架所承受的货物重量之差不大于 10t。

货物重心横向偏移超过 100mm 为偏载。在货运检查中, 货车超偏载分严重、一般两级。具体分级标准见表 4-1。

超偏载分级标准　　　　　　　　　　表 4-1

类　　别	严　　重	一　　般
超载	大于货车容许载重量 10t	大于货车容许载重量 5t
偏载	货物总重心投影距车辆纵中心线距离大于 150mm	货物总重心投影距车辆纵中心线距离大于 100mm
偏重	货车两转向架承受重量之差大于 15t	货车两转向架承受重量之差大于 10t

以上具体分级标准仅作为是否需要换装整理的依据。

对严重的超偏载货车, 应通知货检和列检人员联合检查, 车辆技术状态正常不危及行车安全的, 要做出记录, 重点监控运行; 危及行车安全的, 须立即扣车, 换装整理后, 方能挂运。

对一般的超偏载货车,可不换装整理,应记录车种、车号、发到站、货物品名、发收货人等,并将上述信息及时通知发到站,电报通知下一编组站。同时在 24 小时内,将信息上报铁路局货运主管部门,并反馈到铁路局计量主管部门。

责任铁路局在接到处理站的电报或超偏载统计资料后,应追究装车站责任,对管理混乱、恶意超载等性质严重的,除停装整顿外,要追究相关人员责任。换装整理和卸下的货物以及换装整理发生的相关费用,按《铁路货物运输规程》《铁路货物运输管理规则》《铁路货物损失处理规则》等有关规章处理。

【例 4-10】 一辆自重 21.4t 的 C_{62Ak} 型运煤敞车在通过某货运站的超偏载检测装置时,系统检测该车总重为 93.92t,车辆前端转向架承受载荷为 30.08t,后端转向架承受载荷为 42.44t。问:该站对此车应如何处理?

【解】

(1)该车存在的问题

①超载:该车装载净重 = 总重 – 自重 = 93.92 – 21.4 = 72.52(t)

C_{62AK} 型货车装运煤炭允许装载量为:60 + 2 + 1.2 = 63.2(t)。实际超载 9.32t,超载量小于 10t,属一般超载。

②偏重:两转向架负重差 = 42.44 – 30.08 = 12.36(t),两转向架负重差小于 15t,属一般偏重。

(2)对该车的处理

依据《超偏载检测装置运用管理办法》规定,对一般超偏载货车,可不换装整理。车站对未扣车处理的一般超偏载车辆,应记录车种、车号、发到站、货物品名、发收货人等,并将上述信息及时通知发到站,电报通知下一编组站。同时在 24 小时内,将信息上报铁路局货运主管部门,并反馈到铁路局计量主管部门。

【例 4-11】 某站接 12345 次货物列车,机后 20 位车号 C4545455,甲站发乙站精煤一车(图 4-18),经超偏载检测发现超载 12t,应如何处理?

【解】 超载 12t,属严重超载。应通知货检和列检人员联合检查。

①车辆技术状态正常不危及行车安全的,要做出记录,并将上述信息及时通知发到站,电报通知下一编组站重点监控运行;同时在 24 小时内,将信息上报铁路局货运主管部门,并反馈到铁路局计量主管部门。

②危及行车安全的须立即扣车,根据严重超偏载货车换装整理作业流程进行处理。

a. 监控货检员及时打印"超偏载甩车通知卡"一式三份(调度、货检、列检各一份),向车站行车调度部门报告,该车摘车整理。

b. 车站行车调度部门接到货检人员报告后,值班人员应在超偏载甩车通知卡上签字,安排甩车,并送入指定地点。

c. 对甩下的货车过衡,确认超载后,按规定换装或卸载并拍发电报。

图 4-18 煤炭装载示意图

d. 对卸载后货车过衡复磅,确认货物重量不超过货车容许载重量后,方可编入列车继续运行。

e. 将严重超偏载货车的超偏载检测单和轨道衡复磅单,一并随运输票据寄送到站。

f. 向所属铁路局货运主管部门报告。

知识点四　重车重心高的确定

知识目标

1. 熟练掌握一车装载一件或多件货物时重心纵向水平位置的确定,会货物重心纵向最大容许偏移量的计算。
2. 掌握重心横向水平合理位置的确定及配重方法。

能力目标

能根据计划装载方案确定重车重心高及运行条件。

理论知识

重车重心高度标准是我国铁路的一项基本技术指标。重车重心高是影响重车运行平稳性和安全性的主要因素之一。重车重心高越高,运行稳定性越差,速度较大还有颠覆的危险。为了保证重车运行安全,目前我国该标准仍沿用1950年制定的《铁路货物输送暂行规定》中的规定,限制高度为2000mm。重车重心高一般不得超过2000mm,超过此限时,有条件的,应采取配装重心较低货物,以降低重车重心高,否则,应限速运行。

重车重心高是指将货物装在车上后,车和货作为一个整体,其总重心由轨面起计算的高度。

一、重车重心高的计算

1. 一车负重装载

(1) 一车装载一件货物

一车装载一件货物重车重心高的计算,如图4-19所示。根据势能相等的原理,则:

$$H = \frac{Q_{车} h_{车} + Q_{货} h_{货}}{Q_{车} + Q_{货}} \qquad (4-10)$$

式中:H——重车由轨面起的总重心高,mm;

$Q_{车}$——车辆自重,t;

$h_{车}$——空车重心自轨面起算的高度,mm;

$Q_{货}$——货物重量,t;

$h_{货}$——货物重心自轨面起算的高度,mm。

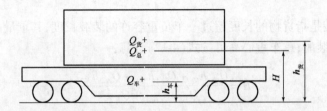

图4-19 装载单件货物重车重心高示意图

【例4-12】 一件均重货物重25t,高2600mm,横垫木高240mm,用 N_{17GT} 平车装运。试计算重车重心高。

【解】 N_{17GT}型:$Q_车 = 19.7t$,$h_车 = 723mm$,车地板高 $= 1211mm$

货物重心从轨面起算的高度为:$1300 + 240 + 1211 = 2751(mm)$

重车重心高为:

$$H = \frac{Q_车 h_车 + Q_货 h_货}{Q_车 + Q_货} = 1857(mm)$$

(2)一车装载多件货物

若一车装载多件货物,如图4-20所示,重车重心高可按式(4-11)计算:

$$H = \frac{Q_车 h_车 + Q_1 h_1 + Q_2 h_2 + \cdots + Q_n h_n}{Q_车 + Q_1 + Q_2 + \cdots + Q_n} \tag{4-11}$$

式中:Q_1、Q_2、$\cdots$、Q_n——每件货物的重量,t;

h_1、h_2、$\cdots$、h_n——装车后每件货物重心自轨面起算的高度,mm。

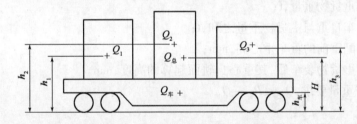

图4-20 装载多件货物重车重心高示意图

【例4-13】 三件货物使用一辆 N_{17K} 型平车装运(车辆自重19.7t,车地板高度1211mm,空车重心高723mm),其中货1重28t,重心高1500mm,货2重15t,重心高1000mm,货3重8t,重心高1000mm。试计算重车重心高。

【解】 根据式(4-11),代入数值计算:

$$H = \frac{Q_车 h_车 + Q_1 h_1 + Q_2 h_2 + \cdots Q_n h_n}{Q_车 + Q_1 + Q_2 + \cdots Q_n}$$

$$= \frac{19.7 \times 723 + 28 \times (1211 + 1500) + 15 \times (1211 + 1000) + 8 \times (1211 + 1000)}{19.7 + 28 + 15 + 8}$$

$$= 1994(mm)$$

2. 跨装运输

两车负重跨装是指货物的长度超过一车负重容许的装载长度,其重量由两辆平车承载。同理,货物跨装时,重车重心高可按式(4-12)计算：

$$H = \frac{Q_{货} h_{货} + Q_{车1} h_{车1} + Q_{车2} h_{车2}}{Q_{货} + Q_{车1} + Q_{车2}} \tag{4-12}$$

式中：$Q_{车1}$、$Q_{车2}$——两负重车自重,t；

$h_{车1}$、$h_{车2}$——两负重车空车重心由轨面起算的高度,mm。

二、重车重心高超过规定时的组织措施

1. 降低重车重心高

（1）选择合适车辆

从重车重心高的影响因素出发,可考虑选用自重较大、空车重心高度和车地板高度较低的车辆,以达到降低重车重心高度的目的。

（2）采取配重措施

在实际工作中可采取配装重心较低的货物,以降低重车重心高。采取配重措施时,还应考虑具备配重的条件：一是车辆的载重能力有富余；二是车地板上有可供装载的位置,且符合货物装载的技术条件；三是有到达同一到站且重心又较低的货物。

欲使配重后,重车重心高降至2000mm以下,配重货物的最小重量可按式（4-13）计算：

$$Q_{配} = \frac{Q_{总}(H - 2000)}{2000 - h_{配}} \tag{4-13}$$

式中：$Q_{配}$——配重货物重量,t；

$Q_{总}$——货车自重与主货物重量之和,t；

H——未配重前的重车重心高,mm；

$h_{配}$——配重货物装车后,其重心自轨面起算的高度,mm。

根据货车载重量要求,$Q_{配} \leq P_{标} - Q_{货}$。

2. 限速运行

当重车重心高超过2000mm,在无法降低重车的重心高度时,按表4-2规定的速度限速运行,以保证重车运行安全。

重车重心高超过2000mm时运行限速表　　表4-2

重车重心高度H(mm)	区间限速(km/h)	通过侧向道岔限速(km/h)
$2000 < H \leq 2400$	50	15
$2400 < H \leq 2800$	40	15
$2800 < H \leq 3000$	30	15

【例4-14】 货物一件,重20t,长6000mm,宽2500mm,重心高2060mm,拟用一辆N_{17GT}型装载,横垫木高140mm。试计算重车重心高。若有到达同一到站的配重货物一件可供选择,货物重4t,重心高240mm。试计算配重后重车重心高。

【解】N_{17GT}型:$Q_车 = 19.7t, h_车 = 723mm$,车地板高 $= 1211mm$

货物重心从轨面起算的高度为:$2060 + 140 + 1211 = 3411(mm)$。

重车重心高为:

$$H = \frac{Q_车 h_车 + Q_货 h_货}{Q_车 + Q_货} = \frac{19.7 \times 723 + 20 \times 3411}{19.7 + 20} = 2077(mm)$$

因重车重心高超过2000mm,货车载重能力又有富余,可采取配重措施,如图4-21所示,则可计算配重后的重车重心高。

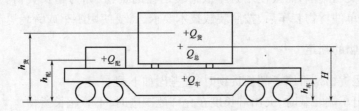

图4-21 配重措施重车重心高示意图

按照一车装载多件货物的重车重心高计算公式,得:

$$H = \frac{Q_车 h_车 + Q_1 h_1 + Q_2 h_2}{Q_车 + Q_1 + Q_2} = \frac{19.7 \times 723 + 20 \times 3411 + 3 \times (1211 + 240)}{19.7 + 20 + 4} = 1987(mm)$$

配重后重车重心高1989mm,则采取配重措施后,重车重心高度小于2000mm,运行时无需限速。

单元二　超长货物运输技术条件

教学提要

能根据超长货物运输的基本技术条件,制定超长货物的装载方案。

知识点一　超长货物认知

知识目标

1. 掌握超长货物的定义。
2. 掌握超长货物的装载方法。

能力目标

能熟练运用超长货物装载的基本技术条件。

理论知识

超长货物长度长,需要使用一辆以上货车装运,其装载加固方案应符合超长货物装载的技术要求。

一、超长货物的定义

一车负重,突出车端,需要使用游车或跨装运输的货物,称为超长货物。该定义中货物是指单件货物,单件货物装车后,按照装载技术要求,需要使用游车或跨装运输。

二、超长货物的判定

在判定所运货物是否属于超长货物时,应考虑如下问题。

①货物突出车端装载时,突出端长度在允许范围内时,不算超长货物。

按照货物装载的基本技术要求,货物突出平车车端装载,突出端的半宽不大于车辆半宽时,允许突出端梁300mm;大于车辆半宽时,允许突出端梁200mm。超过此限时,应使用游车,则该货物为超长货物。

②判定货物是否超长与所使用车辆有密切关系。如使用N_{17K}型平车装运14m的钢轨,车长为13m,属于超长货物,但使用N_{17BK}型车时,由于车底架长度为15.4m,则并不超长。所以超长货物具有相对性。

③判定货物是否超长,与选用的装载方法有一定关系。装载方案不同,所判定的结果也不同。对于非均重货物,虽然货物的全长小于车地板的长度,但为满足货物重心纵向合理位置的需要,货物须突出车端装载,即货物仍有可能为超长货物。

【例4-15】 下列货物使用N_{17T}型平车一车负重装运时,判断是否属于超长货物。

①一件均重货物1重45t,长13400mm,宽2400mm,高2000mm。

②一件均重货物2重40t,长15000mm,宽2000mm,高1800mm。

【解】 N_{17T}型平车技术参数:

车地板长13000mm,宽2980mm,高1216mm,转向架中心距9000mm。

分析:两件货物的全长均超过车地板长度;两件货物的半宽度(1200mm,1000mm)均小于车地板的半宽度(1490mm),货物每端允许突出车辆端梁300mm,超过时,必须加挂游车。

货物可采用的装载方案有:

①货物重心投影落在车辆中央,两端均衡突出装载;

②货物两端均突出车辆端梁,并使其中一端突出车辆端梁的长度为300mm。

结论:货物1分别采用上述两方案装载时,货物两端突出车辆端梁的长度均未超过300mm,不需加挂游车,因此,货物1不属于超长货物。

货物2采用两端均衡突出装载时,货物两端突出车辆端梁的长度均为1000mm,均超过300mm,需要加挂两辆游车,因此,在此装载方案下,货物2属于超长货物。在货物重心允许纵向偏移的情况下,货物2一端突出300mm,另一端突出1700mm,需加挂游车一辆,属超长货物。

若上述两件货物使用车长为 15.4m 的 N_{17BK} 均衡装载,均为非超长货物。

【例 4-16】 非均重货物一件重 50t,长 11000mm,宽 3100mm,高 2100mm,货物重心距货物一端 8000mm,拟使用 N_{17T} 型平车一车负重装运。已知货物重心纵向最大容许偏移量为 900mm,试判定货物是否为超长货物?

【解】 N_{17T} 型平车技术参数:

车地板长 13000mm,宽 2980mm,高 1209mm,转向架中心距 9000mm;

分析:货物的半宽度(1550mm)大于车地板的半宽度(1490mm),货物每端允许突出车辆端梁 200mm,超过时,必须加挂游车。

方案 1:如图 4-22 所示,使货物重心投影落在车辆中央,则货物一端突出车辆端梁长度为 $8000 - \dfrac{13000}{2} = 1500\text{mm}$,大于 200mm,需要使用一辆游车,因此,按此种装载方案装载货物为超长货物。

方案 2:如图 4-23 所示,将货物重心纵向偏移到最大容许偏移量 900mm 进行装载,则货物一端突出端梁长度为 1500 − 900 = 600mm,大于 200mm,仍需要加挂游车一辆,因此,按此种装载方案装载货物为超长货物。

方案 1 与方案 2 比较,两方案一端均需要加挂游车,使用车数相同,且方案 1 货物重心纵向不偏移,稳定性好,所以应采用方案 1。当采用方案 1 时,货物一端仍需加挂游车,因此,此货物是超长货物。

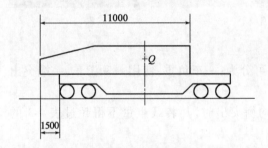

图 4-22 货物装载方案 1

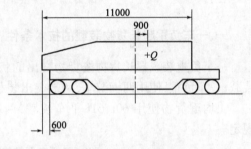

图 4-23 货物装载方案 2

三、超长货物的装载方法

超长货物的装载方法有如下两种。

①一车负重加挂游车。如图 4-24 所示,货物一端或两端突出车端并使用游车。

②两车负重(即跨装)。如图 4-25 所示,两负重车中间通常情况下可加挂一辆游车或不加挂游车,负重车的两端也可加挂游车。

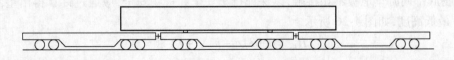

图 4-24 一车负重装载示意图

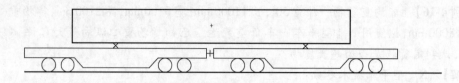

图 4-25 跨装装载示意图

知识点二　超长货物装载的技术条件

知识目标

1. 熟练掌握超长货物装载的基本要求。
2. 熟练掌握超长货物装载的基本技术条件。

能力目标

能熟练运用超长货物装载加固的基本要求及基本技术条件。

理论知识

一、一车负重超长货物装载的技术条件

一车负重装载超长货物按货物突出的状态可分为：一车负重，使用一辆游车，一端突出装载；一车负重，使用两辆游车，两端突出装载。

①均重货物使用 60t、61t 平车装载，两端均衡突出时，其装载重量不得超过表 4-3 的规定。

60t、61t 平车两端均衡突出装载货车装载量　　　　　　　　　　　　表 4-3

突出车端长度 L(mm)	$L<1500$	$1500 \leqslant L < 2000$	$2000 \leqslant L < 2500$	$2500 \leqslant L < 3000$	$3000 \leqslant L < 3500$	$3500 \leqslant L < 4000$	$4000 \leqslant L < 4500$	$4500 \leqslant L \leqslant 5000$
容许载重量 $Q_{容许}$(t)	58	57	56	56	55	54	53	52

②货物一端突出端梁装载时，重心容许纵向偏移量应根据 $a_{容}$ 公式计算确定。

③横垫木或支座(架)的高度。为使装有超长货物的连挂车组通过线路纵向变坡点时，保证货物底部同游车地板不相接触，以保证行车安全和货物安全，应通过计算得出垫木或支座(架)最低高度，如图 4-26 所示。

$$H_{垫} = 0.031a + h_{车差} + f + 80 \tag{4-14}$$

$$a = y_{端} + \frac{L_车 - l - l_{轴}}{2} \tag{4-15}$$

式中：$H_垫$——横垫木或支座(架)的高度，mm；
a——货物突出端至负重车最近轮轴轴心所在垂直面的距离，mm。
$y_端$——货物突出负重车端梁较长一端的长度，mm；
l——负重车转向架中心距，mm；
$l_轴$——负重车固定轴距，mm；
$h_{车差}$——游车地板高度与负重车地板高度之差，mm；
f——货物突出端的挠度，mm；货物的挠度值一般很小，可忽略不计。

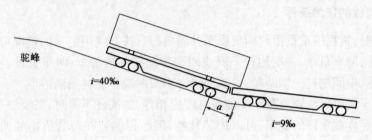

图 4-26　横垫木或支架高度计算

若货物突出车端部分底部低于其支重面时，垫木高度还应加上该突出部分低于货物支重面的尺寸；如果货物突出车端部分底部高于货物支重面时，垫木高度应减去货物突出车端部分高于货物支重面的尺寸。

④共用游车时，两货物突出端间距不得小于500mm，如图4-27所示。

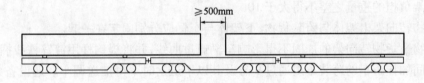

图 4-27　共用游车货物间距

⑤游车上装载货物时，装载的货物与超长货物突出端间距不得小于350mm，超长货物突出部分的两侧不得装载货物，如图4-28所示。

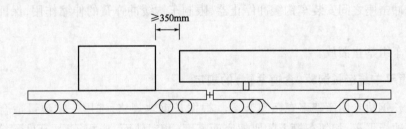

图 4-28　游车加装货物间距

【例4-17】　某站装运一件长为16700mm，直径为3000mm，重28t的均重货物，使用 N_{17T} 型60t平车一车负重装运，货物一端突出车辆端梁200mm，另一端突出车辆端梁3500mm，加挂一辆游车。试确定横垫木高度。

159

【解】 N_{17T} 型车技术参数：
$$l_车=13000mm, l=9000mm, l_轴=1750mm$$
$$Q_车=22.5t, h_车=777mm, 车地板高=1209mm, 车地板宽=2980mm$$

横垫木最小高度：$H_垫=0.031a+h_{车差}+f+80=0.031\times\left(3500+\dfrac{13000-9000-1750}{2}\right)+0+0+80=224mm$

取为 $230mm$。

二、跨装装载的技术条件

跨装运送时，货物的重量由两辆负重车共同负担。按其使用游车的情况可分为：两车负重，不使用游车；两车负重，一端加挂一辆或两端各加挂一辆游车；两车负重，中间加挂一辆游车；两车负重，中间加挂一辆游车，一端加挂一辆或两端各加挂一辆游车。

①只准两车负重。两辆负重车车地板高度应相等，如高度不等时，需要垫平。

对未达到容许载重量的货车，可以加装货物，但不得加装在跨装货物的两侧，与跨装货物端部间距不小于 $400mm$。

②在两辆负重车的中间只准加挂一辆游车。

③跨装货物应使用货物转向架。货物转向架的强度和刚度应与所承受的实际载荷相适应，货物转向架的支重面长度应遵守避免集重装载的有关规定，集重货物装载详见任务三。货物转向架下架体的重心投影应位于货车纵、横中心线的交叉点上，必须纵向偏离时，要使移动后负重车每个车辆转向架负担的重量不得超过货车容许载重量的 $1/2$，同一负重车两个车辆转向架负担的重量之差不得大于 $10t$。

④货物转向架上架体与跨装货物、下架体与车辆应分别固定在一起。

对货物及货物转向架的加固不得影响车辆通过曲线，并将提钩杆用镀锌铁线捆紧。

⑤中间加挂游车的跨装车组通过 9 号及其以下道岔时不得推送调车。遇设备条件不容许或尽头线时，可以不超过 $5km/h$ 的速度匀速推进。

⑥跨装车组应使用车钩缓冲停止器，应在车钩自然状态下安装车钩缓冲器。

当列车起动、变更运行速度或制动时以及在进行调车作业时，由于车钩缓冲弹簧的伸缩作用，将造成跨装货物在货物转向架上前后移动，损害加固材料，危及行车安全。因此必须在车钩头与冲击座之间安装车钩缓冲停止器，限制车钩缓冲弹簧的伸缩作用，保证跨装超长货物的稳定。

⑦跨装车组禁止溜放。

三、普通平车装运长钢轨（含道岔轨）的规定

①使用长钢轨专用座架多车负重装载。根据长钢轨规格，选用一定数量适合车地板长和标重的木地板平车，相邻车辆上的座架底面高度（相对轨面）应相等，如高度不等超过规定限度时，需要垫平。

②长钢轨使用专用座架分层装载。

③长钢轨沿车辆纵向对称装载，正向摆放，相同长度的长钢轨端部应尽量对齐，因技术原因不能对齐时，则端部长短差不得大于 $200mm$。

④短尺长钢轨与定尺长钢轨混装时,应横向靠内侧、沿车辆纵中心线对称装载。必要时,应采取配重措施。

⑤不同型号的道岔轨混装时,同层钢轨型号必须相同,且较重型号钢轨应自下而上从底层装起。

⑥长钢轨采用横向整层紧固方式进行固定,每一层钢轨装载完毕后,在该层锁定座架处使用对应型号紧固装置将本层钢轨紧固并与座架固定为一体。

⑦各型号专用座架和紧固装置不得混合使用。

⑧专用座架每层隔梁装后应锁定。

⑨每个锁定座架应捆绑加固在车侧丁字铁或支柱槽上。

⑩长钢轨车组车辆间不得使用车钩缓冲停止器,同时要对提钩杆和折角塞门进行捆绑固定。重车车组中涂打⊗的平车,允许放下端侧板进行装运。

⑪专用车组固定循环运输长钢轨、专用座架原车回送时,座架在平车上保持原位置及加固方式不变,紧固装置和隔梁应采取有效措施固定。

⑫重车车组禁止通过驼峰和溜放。

四、超长货物装载的其他规定

超长货物装车后,车辆转向架任何一侧旁承游间不得为零(弹性旁承及旁承承载结构的货车除外)。遇球形心盘货车一侧旁承游间为零时,可用千斤顶将压死一侧顶起,落顶后出现游间,表明货物装载符合要求。

超长货物装车后,应标划颜色醒目的易于判定货物是否移动的检查线。

限速运行时,发站应在货物运单、票据封套、编组顺序表及货车表示牌上注明"限速××公里"字样。

装运超长货物,发站还应在货物运单、票据封套、编组顺序表及货车表示牌上注明"超长货物"字样;以连挂车组装运时,应注明"连挂车组不得分摘"字样。

单元三　确定集重货物运输的技术条件

教学提要

能根据集重货物运输的基本技术条件,制定集重货物的装载方案。

知识点一　集重货物的判定方法

知识目标

1. 熟练掌握集重货物的特点。
2. 掌握判定集重货物的方法。

能力目标

能够熟练使用集重货物的判定方法。

理论知识

一、集重货物的定义和特点

一件货物的重量大于所装平车负重面长度的最大容许载重量时称为集重货物。集重货物具有重量较大,支重面长度较小,货车负重面长度承载重量大的特点。当集重货物装车后,重量将较为集中地落在车地板上,如果货物的重量超过所装车辆车地板一定长度内最大载荷的能力,也就是作用于车底架上的工作弯曲力矩超过其最大容许弯曲力矩时,会使车底架受到损伤,甚至断裂。

在平车上装载集重货物时,货车最大容许载重量是根据平车底架最大弯曲力矩确定的。

支重面长度($l_{支}$)指支撑货物重量的货物底面长度。使用纵垫木时,支重面长度为垫木密贴于车地板部分的长度;使用横垫木或同时使用纵垫木时,支重面长度为两横垫木中心线距离的 2 倍。

负重面长度(K)指承担货物重量的货车地板长度,如图 4-29 所示。

当货物直接装在货车地板上时,支重面长度等于负重面长度;当货物使用横垫木时,负重面长度等于两横垫木中心线距离的 2 倍;当货物使用纵垫木时,负重面长度等于纵垫木长度。

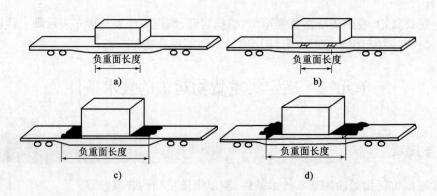

图 4-29 负重面长度

二、判定集重货物的方法

判断是否属于集重货物应考虑货物的支重面长度、货物重量和所装平车负重面长度的最大容许载重量。不同的车辆根据其车底架所用材质及结构确定了一定负重面长度的最大容许载重量。

判定集重货物的方法是:将货物重量及支重面长度与承载车负重面长度最大容许载重量相比较。若货物重量大于承载车负重面长度最大容许载重量时,为集重货物,否则为非集重货物。

知识点二　平车货物装载免于集重的技术条件

知识目标

1. 熟练掌握平车免于集重装载的技术条件。
2. 掌握平车免于集重装载的方法。

能力目标

熟练运用平车免于集重装载的技术条件及方法。

理论知识

车底架上弯曲力矩的大小,与货车负重面长度有关,当车型、货物重量一定时,负重面越长,所产生的弯曲力矩越小;反之,负重面越短,所产生的弯曲力矩越大。为防止集重货物装车后产生的弯曲力矩大于车辆最大容许弯曲力矩,就必须对一定重量的集重货物负重面长度有一个最小限值;反之,对有一定支重面长度的集重货物其重量应有一个最大容许值。

根据以上原理,可得出平车、凹底平车、长大平车局部承受货物重量时,车辆横中心线两侧等距离范围内承受均布载荷或对称集中载荷时的容许载重量。

一、均布载荷和对称集中载荷

当货物如图 4-30 装载时称为均布载荷,当货物如图 4-31 装载时称为对称集中载荷。

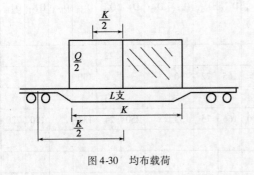
图 4-30　均布载荷

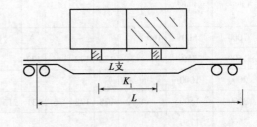
图 4-31　对称集中载荷

二、免于集重的技术条件

1. 平车免于集重的技术条件

平车车辆横中心线两侧等距离范围内承受均布载荷或对称集中载荷时,容许载重量见表 4-4。

平车局部地板面承受均布载荷或对称集中载荷时容许载重量（单位：t）　　表 4-4

地板负重面长度（mm）	两横垫木中心线间最小距离（mm）	车型				
		N_{17AK}、N_{17AT}、N_{17GK}、N_{17GT}、N_{17K}、N_{17T}	NX_{17AK}、NX_{17AT}、NX_{17K}、NX_{17T}	NX_{17BK}、NX_{17BT}、NX_{17BH}	NX_{70}、NX_{70H}	NX_{70A}
1000	500	25	25	25	30	40
2000	1000	30	30	30	35	50
3000	1500	40	40	40	45	62
4000	2000	45	45	45	50	66
5000	2500	50	50	50	55	70
6000	3000	53	53	53	57	
7000	3500	55	55	55	60	
8000	4000	57	57	57	63	
9000	4500	60	60	61	65	
10000	5000				70	

注：当负重面长度介于上表两数之间时，可采用线性插入法确定容许载重量。

2. 凹底平车免于集重的技术条件

凹底平车横中心线两侧等距离范围内承受均布载荷或对称集中载荷时，容许载重量见表 4-5。

凹底平车局部地板面承受均布载荷或对称集中载荷时容许载重量（单位：t）　　表 4-5

地板负重面长度（mm）	两横垫木中心线间最小距离（mm）	车型																	
		D_2	D_{10}	D_{2G}	D_{2A}	D_{9A}	D_{15}	D_{25A}	D_{12K}	D_{18A}	D_{10A}	D_{15A}	D_{32}	D_{28}	Q_{D3}	D_{15B}	D_{32A}	D_{A21}	D_{A25}
1000	500	160													22				
1500	750		71	172	172	129		95	165	72	130					130			
2000	1000														23				
3000	1500		72	178	178	76	131	215	100	166	76	132	250		24	132		180	220
3500	1750																		
4000	2000														25				
4500	2250		74	183	183	80	134	216	105	168		135	260					185	225
5000	2500														27				
5500	2750																		
6000	3000		77	189	189	84	137	224	109	171	83	138	270		28	140		190	230
7000	3500							229					300		30	300			

续上表

地板负重面长度（mm）	两横垫木中心线间最小距离（mm）	车型														
		D_2	D_{10}	D_{2G}	D_{2A}	D_{9A}	D_{15}	D_{25A}	D_{12K}	D_{18A}	D_{10A}	D_{15A}	D_{32}	D_{28}	Q_{D3}	D_{15B}	D_{32A}	D_{A21}	D_{A25}
7500	3750		81	197	197	87	142		113	175	88	142		275		145		200	240
8000	4000							236						280			310		
9000	4500		87	210	210	90	150	243	120	180	90	150	315			150	315	210	250
9300	4650																		
9800	4900							250											
10000	5000		90								90		320				320		

注：当负重面长度介于上表两数之间时，可采用线性插入法确定容许载重量。

3. 长大平车免于集重的技术条件

长大平车横中心线两侧等距离范围内承受均布载荷或对称集中载荷时，容许载重量见表4-6。

长大平车局部承受均布载荷或对称集中载荷时容许载重量（单位：t）   表4-6

地质负重面长度（mm）	两横垫木中心线间最小距离（mm）	车型			
		D_{22A}	D_{26A}/D_{26AK}	D_{70}	D_{22B}
2000	1000	62		32	55
3000	1500				
4000	2000	64		36	58
4500	2250				
5000	2500				
6000	3000	68		40	62
7500	3750				
8000	4000	74	260	44	66
9000	4500				
10000	5000	77		46	71
12000	6000	81		48	76
14000	7000	86		50	82
15000	7500			60	
16000	8000	98		70	88
16500	8250		260		
17800	8900				100
18000	9000	120			
20000	10000				108

续上表

地质负重面长度 (mm)	两横垫木中心线间 最小距离(mm)	车　　型			
		D_{22A}	D_{26A}/D_{26AK}	D_{70}	D_{22B}
20400	10200				
22000	11000				116
24000	12000				120
25000	12000				120

注：当负重面长度介于上表两数之间时，可采用线性插入法确定容许载重量。

【例4-18】 使用N_{17T}装载货物一件，货物重26t，支重面长2000mm。判断该货物是否为集重货物？

【解】 查表4-4，货物支重面长2000mm，直接装载在车地板上，车辆负重面长度为2000mm时，可承载货物30t，货物重26t，未超过所装平车地板负重面长度的最大容许载重量，所以该货物不集重。

【例4-19】 使用N_{17T}装载货物一件，货物重32t，支重面长2000mm。判断该货物是否为集重货物？

【解】 查表4-4，货物支重面长2000mm，直接装在车地板上，车辆负重面长度为2000mm时，可承载货物30t，货物重32t，超过所装平车地板负重面长度的最大容许载重量，所以该货物为集重货物。

当货物被确定为集重货物时，发站必须采取具体措施，根据货车最大容许载重量表，选用适合的货车。只有当货物的重量小于或等于货车负重面长度的最大容许载重量时，才能运送，也就是说在铁路运输过程中实际并不存在集重货物。对于集重货物如装载不当，就有可能酿成事故，造成车毁货损。因此，根据货物的外形、重量和特点，结合使用车辆的类型，正确地选择集重货物的装载方案，是保证行车安全、货物完整的重要条件。

三、平车免于集重装载的方法

当车型一定、货物重量一定时，货物支重面长度大于等于平车地板负重面长度时，货物可直接装在车地板上，如图4-29a)所示。

1．加横垫木

当货物支重面长度小于车辆负重面长度的最小长度大于规定的两横垫木之间的最小距离（$K > l_支 > K_1$）时，需要使用横垫木，如图4-32b)所示，使横垫木中心线间最小距离符合表4-4～表4-6的要求。

【例4-20】 一件货物重50t，货物支重面长度为3400mm。使用N_{17T}应如何装载？

【解】 查表4-4，货物重50t，车辆负重面长度应为5000mm。若货物直接装于车地板上，负重面长度为3400mm，不符合装载要求；若在货物底部加两根横垫木，查表4-4，其横垫木中心线距离为2500mm，而货物支重面长度为3400mm，大于两横垫木中心线间最小距离为2500mm的要求，故可按此方案装载。

2. 加纵横垫木

当车型一定、货物重量一定,货物支重面长度小于规定的两横垫木中心线之间的最小距离($l_支 \leq K_1$)时,需要使用纵横垫木,如图4-32所示,并使横垫木中心线间最小距离符合表4-4~表4-6的要求。

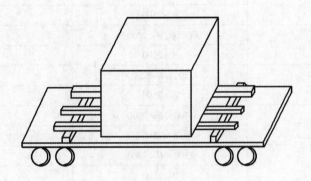

图4-32 使用纵横垫木装载货物

【例4-21】 一件货物重50t,货物支重面长度为2400mm,使用N_{17T}应如何装载?

【解】 查表4-4,货物重50t,车辆负重面长度应为5000mm,不符合装载要求,在货物底部加横垫木,两横垫木中心线间最小距离应为2500mm,而货物支重面长度仅为2400mm,还需在货物与横垫木间加纵垫木才能符合装载要求。

知识点三 敞车免于集重装载的技术条件

知识目标

1. 熟练掌握60t、61t敞车免于集重装载的技术条件。
2. 熟练掌握70t敞车免于集重装载的技术条件。

能力目标

熟练运用敞车免于集重装载的技术条件。

理论知识

一、60t、61t敞车免于集重装载的技术要求

C_{62A}、C_{62A*K}、C_{62AK}、C_{62A*T}、C_{62AT}、C_{62BK}、C_{62BT}、C_{64K}、C_{64H}及C_{64T}型敞车局部地板面承受货物重量时,应遵守下列规定。

①仅在车辆两枕梁之间、横中心线两侧等距离范围内承受均布载荷或对称集中载荷时,容许载重量见表4-7、表4-8。

60t、61t 敞车两枕梁间承受均布载荷时容许载重量　　　　表 4-7

车辆负重面长度(mm)	车辆负重面宽度 B(mm)	容许载重量(t)
2000	1300≤B<2500	15
2000	B≥2500	20
3000	1300≤B<2500	16
3000	B≥2500	23
4000	1300≤B<2500	17
4000	B≥2500	26
5000	1300≤B<2500	18.5
5000	B≥2500	29
6000	1300≤B<2500	20
6000	B≥2500	32
7000	1300≤B<2500	23.5
7000	B≥2500	35.5
8000	1300≤B<2500	27
8000	B≥2500	39
9000	1300≤B<2500	30
9000	B≥2500	43

注：当负重面长度介于上表两数之间时，可采用线性插入法确定容许载重量。

60t、61t 敞车两枕梁间承受对称集中载荷时容许载重量　　　　表 4-8

横垫木中心间距(mm)	横垫木长度 L(mm)	容许载重量(t)
1000	1300≤L<2500	13
1000	L≥2500	17
2000	1300≤L<2500	14
2000	L≥2500	20
3000	1300≤L<2500	17
3000	L≥2500	21
4000	1300≤L<2500	24
4000	L≥2500	30
5000	1300≤L<2500	32
5000	L≥2500	42
6000	1300≤L<2500	43
6000	L≥2500	49
7000	1300≤L<2500	46
7000	L≥2500	55
8000	1300≤L<2500	50
8000	L≥2500	60(61)
8700		60(61)

注：1. 当负重面长度介于上表两数之间时，可采用线性插入法确定容许载重量。
　　2. 表中括号内数据表示当使用 61t 敞车时，两枕梁间承受对称集中载荷的容许载重量。

②两枕梁直接承受货物重量且两枕梁承受的货物重量相等时,全车装载重量可以达到车辆容许载重量。

③在车辆两枕梁内外等距离(装载长度不超过3.8m)、宽度不小于1.3m范围内(小于1.3m时加垫长度不小于1.3m的横垫木)承受均布载荷(加垫横垫木为对称集中载荷)时,全车装载重量可以达到车辆标记载重量。

如果需要在货物下加垫横垫木或条形草支垫(稻草绳把)时,应分别加垫在枕梁上及其内外各1m处。

④靠车辆两端墙向中部连续装载货物,每端装载长度超过3.8m时,应遵守下列规定。

a. 装载宽度不小于2.5m时,全车装载重量可以达到车辆标记载重量。

b. 装载宽度不小于1.3m、不足2.5m时,全车装载重量不得超过55t。

⑤在车辆两枕梁内外等距离、宽度不小于1.3m范围内和车辆中部三处承载时,中部货物重量不得大于13t,全车装载重量不得超过57t。

⑥靠车辆两端墙向中部连续装载,每端装载长度超过3.8m,且在车辆中部装载货物时,应遵守下列规定。

a. 中部所装货物的重量不得超过13t。

b. 当两端货物的装载宽度不小于2.5m时,全车装载重量不得超过57t。

c. 当两端货物的装载宽度不小于1.3m、不足2.5m时,全车装载重量不得超过55t。

⑦仅靠防滑衬垫防止货物移动时,全车装载重量不得超过55t。

二、70t敞车免于集重装载的技术要求

C_{70}、C_{70H}、C_{70E}、C_{70EH}型敞车局部地板面承受货物重量时,应遵守下列规定。

①仅在车辆两枕梁之间、横中心线两侧等距离范围内承受均布载荷或对称集中载荷时,容许载重量见表4-9、表4-10。

C_{70}、C_{70H}、C_{70E}、C_{70EH}型敞车两枕梁间承受均布载荷时容许载重量   表4-9

车辆负重面长度(mm)	车辆负重面宽度B(mm)	容许载重量(t)
2000	$1300 \leq B < 2500$	25
	$B \geq 2500$	30
3000	$1300 \leq B < 2500$	28
	$B \geq 2500$	39
4000	$1300 \leq B < 2500$	34
	$B \geq 2500$	40
4500	$1300 \leq B < 2500$	34
	$B \geq 2500$	40
5000	$1300 \leq B < 2500$	36
	$B \geq 2500$	42
6000	$1300 \leq B < 2500$	42
	$B \geq 2500$	45

续上表

车辆负重面长度(mm)	车辆负重面宽度 B(mm)	容许载重量(t)
7000	$1300 \leq B < 2500$	44
7000	$B \geq 2500$	48
8000	$1300 \leq B < 2500$	48
8000	$B \geq 2500$	52
9000	$1300 \leq B < 2500$	52
9000	$B \geq 2500$	62

注:1. 以下情况 C_{70}、C_{70H}、C_{70E}、C_{70EH} 全车装载重量可以达到车辆标记载重量:
　①当车辆负重面宽度不小于2000mm,在车辆两枕梁处负重面长度各为3800mm 或在车辆两枕梁及中央三处负重面长度不小于2000mm 且均布对称装载时;
　②全车均布装载时。
　2. 当负重面长度介于上表两数之间时,可采用线性插入法确定容许载重量。

C_{70}、C_{70H}、C_{70E}、C_{70EH} 型敞车两枕梁间承受对称集中载荷时容许载重量　　表4-10

横垫木中心间距(mm)	横垫木长度 L(mm)	容许载重量(t)
1000	$1300 \leq L < 2500$	26
1000	$L \geq 2500$	30
2000	$1300 \leq L < 2500$	32
2000	$L \geq 2500$	36
3000	$1300 \leq L < 2500$	35
3000	$L \geq 2500$	39
4000	$1300 \leq L < 2500$	42
4000	$L \geq 2500$	46
5000	$1300 \leq L < 2500$	48
5000	$L \geq 2500$	54
6000	$1300 \leq L < 2500$	58
6000	$L \geq 2500$	64
7000	$1300 \leq L < 2500$	60
7000	$L \geq 2500$	68
8000	$1300 \leq L < 2500$	64
8000	$L \geq 2500$	70

注:1. 使用横垫木在两枕梁处对称装载,当横垫木长度不小于2000mm、两横垫木中心间距为1000mm 时,全车装载重量可以达到车辆标记载重量。
　2. 当负重面长度介于上表两数之间时,可采用线性插入法确定容许载重量。

②两枕梁直接承受货物重量且两枕梁承受的货物重量相等时,全车装载重量可以达到车辆标记载重量。

③在车辆两枕梁内外等距离(装载长度不超过3.8m)范围内承受均布载荷时,应遵守下列规定。

a. 装载宽度不小于2.5m 时,全车装载重量可以达到车辆标记载重量。

b. 装载宽度不小于1.2m、不足2.5m 时,全车装载重量不得超过65t。

如果需要在货物下加垫横垫木或条形草支垫(稻草绳把)时,应分别加垫在枕梁上及其内外各 1m 处。

④靠车辆两端墙向中部连续装载货物,每端装载长度超过 3.8m 时,应遵守下列规定。

a. 装载宽度不小于 2.5m 时,全车装载重量可以达到车辆标记载重量。

b. 装载宽度不小于 1.2m、不足 2.5m 时,全车装载重量不得超过 65t。

⑤在车辆两枕梁内外等距离(装载长度不超过 3.8m)范围内和车辆中部三处承载时,应遵守下列规定。

a. 中部货物装载宽度不小于 1.2m,重量不得大于 25t。

b. 当两端货物的装载宽度不小于 2.5m 时,全车装载重量可以达到车辆标记载重量。

c. 当两端货物的装载宽度不小于 1.2m、不足 2.5m 时,全车装载重量不得超过 65t。

⑥货物的装载宽度小于 1.2m 时,可双排装载或加垫长度不小于 1.2m 的横垫木。

【例 4-22】 某站使用一辆 C_{64K} 装运 3 件规格相同的卷钢(卷钢件重 18t,卷径不小于 1300mm),按照中国铁路总公司 070301 号定型方案要求装车。请指出图 4-33(装车照片局部)中装载加固方面的违章之处。

图 4-33 卷钢装载示意图

【解】

①货车中部所装卷钢件重 18t,违反《加规》"在车辆两枕梁内外等距离、宽度不小于 1.3m 范围内和车辆中部三处承载时,中部货物重量不得大于 13t"的规定。

②图片中卷钢下衬垫的是拼接的条形草支垫,违反中国铁路总公司 070301 号定型方案规定的"卷钢与车地板之间铺垫稻草垫"的规定。

单元四 阔大货物加固方案

 教学提要

能根据阔大货物的稳定性检验,制定阔大货物的加固方案。

知识点一　车辆运行中作用于货物上的力

知识目标

1. 掌握运行中作用于货物上的各种力对货物的影响。
2. 会计算运行中作用于货物上的各种力的大小。

能力目标

能够计算运行中作用于货物上的各种力。

理论知识

列车运行时,由于运动状态的改变使车辆产生加速度,或由于线路和车辆动力的相互作用、外界环境的影响,会导致货物随着车体产生复杂的振动。这些复杂的振动包括摇头振动、点头振动、侧滚振动、沉浮振动、伸缩振动和侧摆振动等。车辆运动状态的改变或振动导致货物在运行过程中受到各种惯性力作用,如纵向惯性力、横向惯性力、垂直惯性力。

实际运行中,车辆的各种振动均不是单独出现的,往往是几种振动同时出现。这些振动导致货物在纵向产生的惯性力均较小,可以忽略不计。但由于点头振动、沉浮振动、侧滚振动,导致货物产生垂直惯性力;由于侧摆振动、摇头振动,导致货物产生的横向惯性力。这两个力值对货物稳定性的影响比较大,必须予以重视。

作用于运行中货物上的各种力值大小均是通过实验确定的,力值计算公式均为试验公式。

一、运输过程中作用于货物上的各种力($v \leqslant 120 \text{km/h}$,调车连挂速度$\leqslant 5 \text{km/h}$)

列车运行时,车上所装载的货物可能受到各种外力的作用,如纵向惯性力、横向惯性力、垂直惯性力、风力、摩擦力及重力。各种外力的作用点及作用方向如图4-34所示。

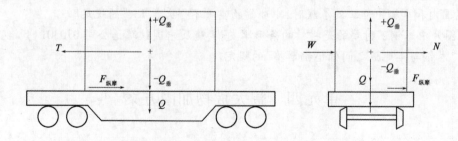

图4-34　各种外力的作用点及作用方向

这些外力有些对货物起稳定作用,有些则对货物的稳定起破坏作用。分析货物在运行中是否会改变运动状态,需要计算这些力值的大小。

1. 纵向惯性力

$$T = t_0 \times Q \quad (\text{kN}) \tag{4-16}$$

式中：t_0——每吨货物的纵向惯性力，kN/t；
Q——货物重量，t。

(1) 采用刚性加固时

$$t_0 = 26.69 - 0.13 Q_总 \quad (\text{kN/t}) \tag{4-17}$$

其中 $Q_总$ 表示重车总重(t)；当 $Q_总 > 130\text{t}$ 时，按 130t 计算。

(2) 采用柔性加固时

$$t_0 = 0.0012 Q_总^2 - 0.32 Q_总 + 29.85 \quad (\text{kN/t}) \tag{4-18}$$

其中 $Q_总$ 表示重车总重(t)；跨装运输时，按跨装车组总重计算。
当 $130t < Q_总 \leq 150t$ 时，$t_0 = 6.78 \text{kN/t}$；
当 $Q_总 > 150t$ 时，$t_0 = 5.88 \text{kN/t}$。

2. 横向惯性力

$$N = n_0 \times Q \quad (\text{kN}) \tag{4-19}$$

式中：n_0——每吨货物的横向惯性力，kN/t；
Q——货物重量，t。

$$n_0 = 2.82 + 2.2 \frac{a}{l} \quad (\text{kN/t}) \tag{4-20}$$

式中：a——货物重心偏离车辆横中心线的距离，mm（跨装时，为货物转向架中心销偏离车辆横中心线的距离，mm）；
l——负重车转向架中心距（具有多层转向架群的货车为底架心盘中心距），mm。

3. 垂直惯性力

$$Q_垂 = q_垂 \times Q \quad (\text{kN}) \tag{4-21}$$

式中：$q_垂$——每吨货物的垂直惯性力，kN/t；
Q——货物重量，t。

(1) 使用敞车和普通平车装载时

$$q_垂 = 3.54 + 3.78 \frac{a}{l} \quad (\text{kN/t}) \tag{4-22}$$

式中：a——货物重心偏离车辆横中心线的距离，mm（跨装时，为货物转向架中心销偏离车辆横中心线的距离，mm）；
l——负重车转向架中心距，mm。

(2) 使用长大货物车装载时

$$q_垂 = 4.53 + 7.84 \frac{a}{l} \quad (\text{kN/t}) \tag{4-23}$$

4. 风力

$$W = qF \quad (\text{kN}) \tag{4-24}$$

式中：q——侧向计算风压；受风面为平面时，$q = 0.49 \text{kN/m}^2$，受风面为圆球体或圆柱体侧面时，$q = 0.245 \text{kN/m}^2$；
F——侧向迎风面的投影面积，m^2。

5. 摩擦力

纵向摩擦力

$$F_{纵摩} = 9.8\mu Q (\mathrm{kN}) \tag{4-25}$$

横向摩擦力

$$F_{横摩} = \mu(9.8Q - Q_{垂})(\mathrm{kN}) \tag{4-26}$$

式中：Q——货物重量，t；

$Q_{垂}$——货物的垂直惯性力，kN；

μ——摩擦系数，按表 4-11 取值。

铁路货物常用摩擦系数表　　　　　　表 4-11

物 体 名 称	摩 擦 系 数	物 体 名 称	摩 擦 系 数
木与木	0.45	橡胶垫与木	0.60
木与钢板	0.40	橡胶垫与钢板	0.50
木与铸钢	0.60	稻草绳把与钢板	0.50
钢板与钢板	0.30	稻草绳把与铸钢	0.55
履带走行机械与车辆木地板	0.70	稻草垫与钢板	0.44
橡胶轮胎与车辆木地板	0.63	草支垫与钢板	0.42

【例 4-23】 钢结构货物一件，重 28t，长 3.5m、宽 2.8m、高 2.4m，货物均匀对称顺装，装车后重心位于货车纵、横中心线交点所在垂线上，距其支重面高度为 1m。拟用标重为 60t 的 N_{17GT} 一辆装载。试计算作用于运行中货物上的各种力的大小。

【解】 货物重心落到车辆中央，所以 $a = 0$。货物与车地板为木与铸钢，摩擦系数取 0.6。N_{17GT} 型平车自重 19.7t。

1. 纵向惯性力

因为 N_{17GT} 型车为木地板，货物为铸钢，所以加固方式拟用柔性加固。由式（4-16）和式（4-18）得：

$$\begin{aligned}T &= t_0 Q = (0.0012 Q_{总}^2 - 0.32 Q_{总} + 29.85)Q \\ &= [0.0012 \times (28 + 19.7)^2 - 0.32 \times (28 + 19.7) + 29.85] \times 28 \\ &= 484.86 (\mathrm{kN})\end{aligned}$$

2. 横向惯性力

因为 $a = 0$，所以由式（4-19）和式（4-20）得：

$$N = n_0 Q = \left(2.82 + 2.2 \frac{a}{l}\right)Q = 2.82 \times 28 = 78.96 (\mathrm{kN})$$

3. 垂直惯性力

因为采用的是平车装运，所以由式（4-21）和式（4-22）得：

$$Q_{垂} = q_{垂} Q = \left(3.54 + 3.78 \frac{a}{l}\right)Q = 3.54 \times 28 = 99.12 (\mathrm{kN})$$

4. 风力

因为货物侧向受风的投影面为 $3.5\mathrm{m} \times 2.4\mathrm{m}$ 的平面，q 取 $0.49\mathrm{kN/m}^2$，所以由式（4-24）得：

$$W = qF = 0.49 \times 3.5 \times 2.4 = 4.116 (\text{kN})$$

5. 摩擦力

因为 N_{17GT} 型平车为木地板，货物为铸钢，所以查表 4-11，μ 取 0.6，由式（4-25）和式（4-26）得：

$$F_{纵摩} = 9.8\mu Q = 9.8 \times 0.6 \times 28 = 164.64 (\text{kN})$$
$$F_{横摩} = \mu(9.8Q - Q_{垂}) = 0.6 \times (9.8 \times 28 - 99.12) = 105.168 (\text{kN})$$

【例 4-24】 重 80t、直径为 3000mm 的圆柱形钢制货物一件，货物下部有钢制托架一件，使用 D_{10}（自重 36t，载重 90t）一辆均衡装载，货物重心投影落在车地板中央。试计算作用于货物上的力。

【解】 货物采用横向卧装（圆柱体的中轴线沿车辆横向卧装）。D_{10} 型车车地板为钢质，货物也是钢制，故拟采用刚性加固，钢板与钢板相接触，取 $\mu = 0.3$。货物侧向迎风面的投影面为直径 3000mm 的圆形。各种力的数值计算如下：

1. 纵向惯性力

$$\begin{aligned} T = t_0 Q &= (26.69 - 0.13 Q_{总})Q \\ &= [26.69 - 0.13(36 + 80)] \times 80 \\ &= 928.8 (\text{kN}) \end{aligned}$$

2. 横向惯性力

货物重心投影落在车地板中央，$a = 0$。

$$N = n_0 Q = \left(2.82 + 2.2\frac{a}{l}\right)Q = 2.82 \times 80 = 225.6 (\text{kN})$$

3. 垂直惯性力

采用的是长大货物车装载：

$$Q_{垂} = q_{垂} Q = \left(4.53 + 7.84\frac{a}{l}\right)Q = 4.53 \times 80 = 362.4 (\text{kN})$$

4. 风力

因为货物侧向受风面为直径 3000mm 的圆形，故 q 取 0.49kN/m^2。

$$W = qF = 0.49 \times 3.14 \times 1.5^2 = 3.36 (\text{kN})$$

5. 摩擦力

$$F_{纵摩} = 9.8\mu Q = 9.8 \times 0.3 \times 80 = 235.2 (\text{kN})$$
$$F_{横摩} = \mu(9.8Q - Q_{垂}) = 0.3 \times (9.8 \times 80 - 362.4) = 126.48 (\text{kN})$$

知识点二　货物稳定性检验

知识目标

1. 熟悉平底箱形货物的稳定性检验方法。
2. 熟悉圆形、球形货物的稳定性检验方法。

能力目标

能在实际工作中对运送的货物进行稳定性检验。

理论知识

列车在运行时,车上所装货物将受到多种外力的作用,这些外力中,除摩擦力和重力是稳定力外,其余均是不稳定力。在对货物进行加固之前,必须要先检验货物在受到这些外力作用时的稳定情况,若货物运行中不稳定,则须加固。

检验货物的稳定性是通过稳定系数来确定的。由于货物所受外力的作用点、作用方向及大小不同,可通过力矩平衡原理来计算稳定系数。

稳定系数是指稳定力产生的稳定力矩(力)与不稳定力产生的不稳定力矩(力)的比值。

一、倾覆方面稳定性的检验

1. 对货物不采取任何加固措施时

货物在纵向上受到纵向惯性力的作用,若货物重力形成的稳定力矩与纵向惯性力形成的纵向倾覆力矩(不稳定力矩)之比不能达到稳定条件,则货物就会发生纵向倾覆。

货物在横向上受到横向惯性力和横向风力的作用,若重力形成的稳定力矩与横向惯性力和风力形成的横向倾覆力矩之比不能达到稳定条件,则货物就会发生横向倾覆。

车辆在运行中货物的倾覆趋势如图 4-35 所示。

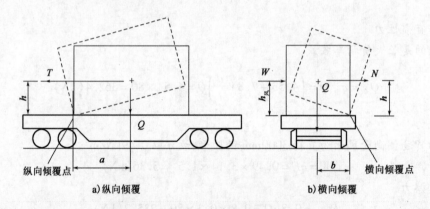

图 4-35　车辆在运行中货物的倾覆趋势示意图

货物免于纵向倾覆的条件是:

$$\eta_{纵倾} = \frac{9.8Qa}{Th} \geq 1.25 \tag{4-27}$$

式中:a——货物重心所在横向垂直平面至货物纵向倾覆点之间的距离,mm;

　　T——货物的纵向惯性力,kN;

　　h——货物重心自倾覆点所在水平面起算的高度,mm。

　　Q——货物重量,t。

同理,货物免于横向倾覆的稳定条件应为:

$$\eta_{横倾} = \frac{9.8Qh}{Nh + Wh_风} \geq 1.25 \tag{4-28}$$

式中：h——货物重心所在纵向垂直平面至货物横向倾覆点之间的距离,mm;;
　　　N——货物的横向惯性力,kN;
　　　W——货物的风力,kN;
　　　$h_风$——风力合力作用点自横向点所在的水平面起算的高度,mm。

2. 对货物采取加固措施时

对货物采取加固措施后,可使货物的倾覆点提高,倾覆力矩缩短,因此货物的稳定系数相应地发生了变化,此时,货物免于倾覆的条件是：

在纵向

$$\eta_{纵倾} = \frac{9.8Qa}{Th} \geq 1.25 \tag{4-29}$$

在横向

$$\eta_{横倾} = \frac{9.8Qb}{Nh + Wh_风} \geq 1.25 \tag{4-30}$$

【例4-25】 钢结构货物一件,重28t,长3.5m、宽2.8m、高2.4m,货物重心高2.2m,拟用标重60t的N_{17AK}型平车一辆装载,货物均衡顺装,装后货物重心投影落在车地板的中央处。试确定货物是否会发生倾覆。

【解】 N_{17AK}型平车为木地板平车,拟用柔性加固,经计算得知：纵向惯性力 $T = 484.96$kN,横向惯性力 $N = 78.96$kN,风力 $W = 4.1$kN;$a = 3.5/2 = 1.75$m $= 1750$mm,$b = 2.8/2 = 1.4$m $= 1400$mm。

纵向倾覆的稳定系数：

$$\eta_{纵倾} = \frac{9.8Qa}{Th} = \frac{9.8 \times 28 \times 1750}{484.96 \times 2200} = 0.45 < 12.5$$

横向倾覆的稳定系数：

$$\eta_{横倾} = \frac{9.8Qb}{Nh + Wh_风} = \frac{9.8 \times 28 \times 1400}{78.96 \times 2200 + 4.1 \times 1200} = 2.15 > 1.25$$

稳定性检验结果表明,货物在纵向需要加固,在横向不会发生倾覆。

二、滚动方面稳定性的检验

圆柱形货物、球形货物以及带轮货物等,装车后如不进行加固,在运送过程中受到各种力的作用就特别容易发生滚动,所以,必须使用掩木、三角木或其他加固材料进行加固,如图4-36所示。

货物免于滚动的条件为：

在纵方向

$$\eta_{纵滚} = \frac{稳定力矩}{纵向滚动力矩} = \frac{9.8Qa}{T(R - h_掩)} \geq 1.25 \tag{4-31}$$

在横方向

$$\eta_{横滚} = \frac{稳定力矩}{横向滚动力矩} = \frac{9.8Qb}{(N+W)(R-h_{掩})} \geq 1.25 \quad (4-32)$$

式中：a、b——货物重心所在横向(a)或纵向(b)垂直平面至三角挡（或掩木）与货物接触点之间距离，mm；

R——货物或轮子半径，mm；

$h_{掩}$——掩木或三角挡与货物接触点自货物或轮子最低点所在水平面起算的高度，mm。

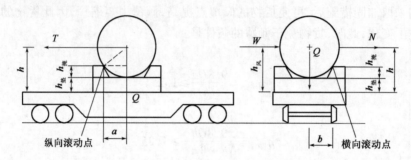

图 4-36　货物在车地板上滚动趋势示意图

根据图 4-36 所示，式中 a、b 可用下式计算：

$$a = \sqrt{R^2 - (R-h_{掩})^2} \text{ 或 } b = \sqrt{R^2 - (R-h_{掩})^2} \text{ (mm)}$$

若既使用掩木又使用凹木，则 a、b 用下式计算：

$$a = \sqrt{R^2 - (R-h_{掩}-h_{凹})^2} \text{ 或 } b = \sqrt{R^2 - (R-h_{掩}-h_{凹})^2} \text{ (mm)}$$

如果稳定系数小于 1.25，表明所使用的掩木或三角挡高度不够，应同时采用其他加固措施。

【例 4-26】　圆柱形钢制货物一件，重 42t，直径 3m、长 14.8m，货物本身带有长 3m、宽 200mm、高 220mm 的横垫木两根，横垫木的凹形切口深度为 50mm，在横垫木上加有高度为 100mm 的掩木。使用 N_{17AK} 型 60t 平车一辆，一端平齐一端突出装载。试检验该货物在滚动方面的稳定性。

【解】　N_{17AK} 型 60t 平车自重为 19.7t，车长 13m，销距 9m，加挂同型号 N_{17AK} 一辆作为游车。

按照一端平齐一端突出装载，需要使货物重心偏离车辆横中心线的距离为 $(14.8-13)/2 = 0.9$m，

计算力值：

$$N = n_0 \times Q = (2.82 + 2.2 \times \frac{900}{9000}) \times 42 = 127.68 \text{(kN)}$$

$$W = qF = 0.245 \times 3 \times 14.8 = 10.88 \text{(kN)}$$

这件货物长度较大，不可能产生纵向倾覆，为了防止横向滚动，加了掩木进行加固，则：

横向滚动的稳定系数为：

$$b = \sqrt{R^2 - (R-h_{掩}-h_{凹})^2} = \sqrt{1500^2 - (1500-100-50)^2} = 654 \text{(mm)}$$

$$\eta_{横滚} = \frac{9.8Qb}{(N+W)(R-h_{掩}-h_{凹})} = \frac{9.8 \times 42 \times 654}{(127.68+10.88)(1500-100-50)} = 1.44 > 1.25$$

检验结果表明,该货物连同横垫木一起在横向免于滚动。

三、水平移动方面稳定性的检验

当纵向惯性力大于纵向摩擦力时,货物会产生纵向水平移动;横向力和风力之和大于横向摩擦力时,货物会产生横向水平移动,因此必须进行加固。加固材料所承受的力,按式(4-33)和式(4-34)计算:

在纵方向 $\Delta T = T - F_{纵摩}$ (4-33)

在横方向 $\Delta N = 1.25(N+W) - F_{横摩}$ (4-34)

若 ΔT、$\Delta N > 0$,则表明货物水平移动方面不稳定,需要加固。由于货物横向位移的危险性较大,并且横向力的最大值是当重车以比较高的速度在曲线上运行时产生的,为了确保安全,在考虑横向加固时,将横向力和风力之和加大了25%,以增加横向的加固强度。

【例4-27】 圆柱形钢制货物一件,重42t,直径2.5m、长14.8m,货物本身带有长3m、宽200mm、高220mm的横垫木两根,横垫木的凹形切口深度为50mm,在横垫木上加有高度为100mm的掩木。试检验该货物在水平移动方面的稳定性。

【解】 设使用 NX_{17BK} 木地板平车装载货物,该车自重22.9t,载重61t,车长×宽为15400mm×2960mm。可将货物的重心落在车地板中央处。

计算力值:

$$N = n_0 Q = (2.82 + 2.2\frac{a}{l})Q = 2.82 \times 42 = 118.44(kN)$$

$$W = qF = 0.245 \times 2.5 \times 14.8 = 9.07(kN)$$

$$T = t_0 Q = (0.0012Q_{总}^2 - 0.32Q_{总} + 29.85)Q = 593.54(kN)$$

$$Q_{垂} = q_{垂}Q = (3.54 + 3.78\frac{a}{l})Q = 148.68(kN)$$

$$F_{纵摩} = 9.8\mu Q = 9.8 \times 0.45 \times 42 = 185.22(kN)$$

$$F_{横摩} = \mu(9.8Q - Q_{垂}) = 0.45 \times (9.8 \times 42 - 148.68) = 118.31(kN)$$

纵向水平移动的稳定性:

$$\Delta T = T - F_{纵摩} = 593.54 - 185.22 = 408.32(kN) > 0$$

横向水平移动的稳定性:

$$\Delta N = 1.25(N+W) - F_{横摩} = 1.25 \times (118.44 + 9.07) - 118.31 = 41.08(kN) > 0$$

检验结果表明,货物连同其横垫木一起有可能在车地板上发生纵方向、横方向的水平移动。

从上述三个方面对货物的稳定性进行检查,如其结果表明不能满足稳定性条件,则应进行必要的加固,以保证货物的运行安全。在稳定性检验的基础上,选择加固方法和加固材料,并对加固材料进行强度验算。

对于有平支承面的货物、圆柱形货物、带轮货物和轻浮货物应使用不同的加固方式,各类货物根据其不稳定状态选择合适的加固材料,具体见表 4-12。

加固材料的适用范围 表 4-12

货物种类	防止货物不稳定状态	可使用的加固材料
有平支承面的货物	纵向或横向倾覆	拉牵铁线、绞棍、钢丝绳、紧固器、拉杆
	纵向或横向位移	挡木、拉牵铁线、绞棍、钢丝绳、紧固器、钉子或扒锔钉
圆柱形货物	纵向或横向滚动	凹形垫木、掩木、三角挡、钉子或扒锔钉
	顺装时纵向位移	拉牵铁线、钢丝绳、横腰箍、绞棍、紧固器
	横装时横向位移	拉牵铁线、钢丝绳、绞棍、紧固器、挡木、钉子或扒锔钉
带轮货物	纵向或横向滚动	三角挡、掩木、拉牵铁线、钢丝绳、绞棍、紧固器、钉子或扒锔钉、轮挡
	纵向或横向位移	挡木、拉牵铁线、钢丝绳、绞棍、紧固器、钉子或扒锔钉
轻浮货物	倒塌	支柱(侧、端)、铁线、绳子、绳网、U 形钉

知识点三　加固材料和加固装置

知识目标

1. 了解加固材料和加固装置的种类、规格和特点。
2. 了解常用的加固方式。

能力目标

能在实际工作中针对不同的货物选择合适的加固材料和加固装置。

理论知识

货物装载加固材料及装置由托运人自备。常用装载加固材料和装置的技术条件及运用管理要求,在《加规》附件 5《常用装载加固材料与装置》中有明确规定。该规定按照拉牵捆绑材料、衬垫材料、掩挡类材料、其他材料,对不同种类常用装载加固材料和装置的性能指标、使用方法、注意事项等内容给出了具体要求。

一、常用加固材料的分类

1. 按加固方式分类

①拉牵捆绑材料,包括镀锌铁线、盘条、钢丝绳和钢丝绳夹、固定捆绑铁索、绳索、螺旋式紧器、84 型紧固器、腰箍。

②衬垫材料,包括垫木和隔木、条形草支垫、稻草绳把、稻草垫、橡胶垫。

③掩挡类材料,包括支柱、挡木、钢挡、锅炉挡铁、掩挡、铁泥塑料挡、围挡及挡板(壁)。

④其他材料,包括绳网、焦炭网、绞棍、圆钢钉、扒锔钉、U 形钉、U 形夹、钢板夹。

2. 按材质分类

①木质类,主要用来垫或挡货物,如支柱、垫木、挡木等。

②钢铁制品类,主要用来拉牵、捆绑、焊接加固货物,如铁线、钢丝绳、型钢等。

③其他材质类,主要用来防滑,如橡胶垫、草支垫等。

二、常用加固材料的用途、规格及使用方法

1. 拉牵捆绑材料

（1）镀锌铁线

镀锌铁线是一种适应性比较强,应用广泛的加固材料。它主要用于拉牵加固捆绑货物,可防止货物产生倾覆、水平移动和滚动。

镀锌铁线使用时,一般应数股拧成一根,绞紧时不得损伤镀锌铁线,禁止使用已受损、捆绑过货物的铁线。拉牵用镀锌铁线直径不得小于4mm（8号）,捆绑用镀锌铁线直径不得小于2.6mm（12号）,镀锌铁线不得用作腰箍下压式加固,一般不用作整体捆绑。禁止使用两股以上镀锌铁线一次性缠绕的操作方法。

加固货物常用的镀锌铁线破断拉力和许用应力值见表4-13。

常用镀锌铁线的破断拉力和许用应力　　　　表4-13

线号	6	7	8	9	10	11	12
直径(mm)	5.0	4.5	4.0	3.5	3.2	2.9	2.6
破断拉力(kN)	6.7	5.4	4.3	3.29	2.75	2.26	1.82
许用拉力(kN)	3.35	2.7	2.15	1.64	1.37	1.13	0.91

其使用方法如下。

①使用镀锌铁线拉牵加固的方式主要有:八字形、倒八字形、交叉、又字形或反又字形等。各种拉牵方式可单独使用,也可两种或两种以上组合使用。拉牵应尽可能对称。

②拉牵加固时,将单股或双股镀锌铁线在货物和车辆的两拴结点间往返缠绕,并应搜紧镀锌铁线使各股松紧度尽量一致,剩余部分穿插缠绕于自身绳杆后,使用绞棍绞紧,余尾朝向车内。

③应合理选择货物上的拉牵位置。用于防止货物水平移动时,拉牵位置应尽量低些;用于防止货物倾覆时,拉牵位置可适当高些。

（2）盘条

盘条主要用于拉牵加固货物,可防止货物产生倾覆、水平移动和滚动,不得用作腰箍下压式加固,可用作整体捆绑。禁止使用受损、使用过的和表面有裂纹、折叠、结疤、耳子、分层、夹杂的盘条。绞紧时不得损伤盘条,拉牵时禁止盘条两端头相互搭接缠绕。

常用盘条公称直径为:5.5mm、6.0mm、6.5mm。盘的破断拉力应以产品标签上的数据为准,许用拉力取其破断拉力的1/2。常用盘条的破断拉力和许用拉力见表4-14。

常用盘条的破断拉力和许用应力　　　　表4-14

直径(mm)	5.5	6.0	6.5
破断拉力(kN)	7.96	9.47	11.12
许用拉力(kN)	3.98	4.73	5.56

其使用方法如下。

①使用盘条拉牵加固的方式主要有：八字形、倒八字形、交叉、又字形或反又字形等。各种拉牵方式可单独使用，也可两种或两种以上组合使用。拉牵应尽可能对称。

②拉牵加固时，将单股或双股盘条在货物和车辆的两拴结点间往返缠绕，并应拽紧盘条使各股松紧度尽量一致，剩余部分穿插缠绕于自身绳杆后，使用绞棍绞紧，余尾朝向车内。

③应合理选择货物上的拉牵位置。用于防止货物水平移动时，拉牵位置应尽量低些；用于防止货物倾覆时，拉牵位置可适当高些。

④盘条还可用于整体捆绑。

(3) 钢丝绳和钢丝绳夹

钢丝绳可用于拉牵加固，还可作腰箍下压式加固和整体捆绑。加固货物用的钢丝绳应选用柔性较好的起重、提升和牵引用钢丝绳。推荐公称抗拉强度 $1670\text{MPa}(\text{N}/\text{mm}^2)$ 的 $6\times19_{(b)}(1+6+12)$ 型钢丝绳，其规格及破断拉力见表4-15。

公称抗拉强度 $1670\text{N}/\text{mm}^2$ 规格 $6\times19_{(b)}$ 钢丝绳的最小破断拉力和许用拉力　　表4-15

钢丝绳直径(mm)	6	7	7.7	8	9	9.3	10	11	12	12.5	13
最小破断拉力(kN)	18.5	25.1	31.7	32.8	41.6	45.6	51.3	62	73.8	81.04	86.6
许用拉力(kN)	9.25	12.55	15.85	16.4	20.8	22.8	25.65	31	36.9	40.52	43.3
钢丝绳直径(mm)	14	15.5	16	17	18	18.5	20	22	24	26	28
最小破断拉力(kN)	100	126.6	131	153.27	166	182.37	205	248	295	346	402
许用拉力(kN)	50	63.3	65.5	76.63	83	91.18	102.5	124	147.5	173	201

紧固捆绑钢丝绳的装置为钢丝绳夹，应按钢丝绳的直径选用相应公称尺寸的钢丝绳夹。钢丝绳夹使用如图4-37所示。

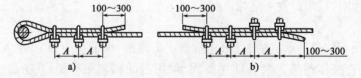

图4-37　钢丝绳夹使用示意（尺寸单位：mm）

其使用方法如下。

①使用钢丝绳拉牵加固的方式主要有：八字形、倒八字形、交叉、又字形或反又字形等。各种拉牵方式可单独使用，也可两种或两种以上组合使用。拉牵应尽可能对称。

②应合理选择货物上的拉牵位置。用于防止货物水平移动时，拉牵位置应尽量低些；用于防止货物倾覆时，拉牵位置可适当高些。

③拉牵加固时，将钢丝绳穿过紧线器或绕过拴结点后，绳头折回与主绳并列，使用与之

匹配的钢丝绳夹固定。

④钢丝绳还可用于腰箍下压式加固和整体捆绑。

⑤固定单股钢丝绳端头时,使用钢丝绳夹的数量不得少于3个,并按图4-37a)所示进行布置;两根钢丝绳搭接时,并列绳头应拉紧,用不少于4个钢丝绳夹正反扣装并紧固,如图4-37b)所示。钢丝绳夹间的距离A等于6~7倍钢丝直径,绳头余尾长度应控制在100~300mm之间。

⑥应先紧固离拴结点最近的钢丝绳夹。

⑦加固时钢丝绳应松紧适度。

⑧搭接钢丝绳时,钢丝绳的底板必须扣装在主绳一侧。

(4)固定捆绑铁索

固定捆绑铁索是配合支柱作腰线拦护货物,可以重复使用的加固材料,由8号镀锌铁线4股制作,其两端的环状铁线必须拼齐缠绕。手工制作结构示意图见图4-38a);机械制作结构示意图见图4-38b);各部分截面形状见图4-38c)。其规格尺寸见表4-16。破断拉力不得小于12kN。

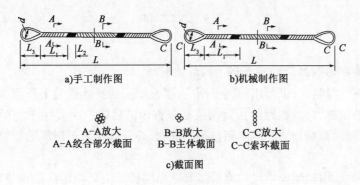

图4-38 固定捆绑铁索结构

固定捆绑铁索规格尺寸　　　　　　　表4-16

项　目	尺寸及公差(mm)
索环直径d	20±5
铁索长度L	2450~2600
绞合部分长度L_1	90±10(手工制作时)
	120±10(机械制作时)
缠绕部分长度L_2	30+5
索环长度L_3	≤60

其使用方法如下。

①加固木材使用固定捆绑铁索作腰线时,应分别用3股游线穿入固定捆绑铁索环内,各缠绕支柱2周、拧固3周,捆绑松紧适度,固定捆绑铁索应与木材密贴。

②用一固定捆绑铁索允许使用一个游线环。

③固定捆绑铁索可以反复使用。

(5)绳索

绳索应使用优质棕、麻或尼龙丝制作。绳索的破断拉力不得小于7.84kN,加固轻浮货物时其破断拉力不得小于2.94kN,80%破断拉力时的伸长率不大于15%。

绳索可采用下压捆绑、交叉捆绑等形式(如图4-39所示)。

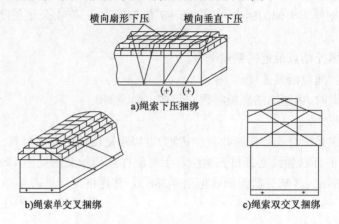

图4-39 绳索捆绑

(6)腰箍

腰箍是指将货物捆绑(箍)在车辆上的加固材料。

腰箍可用钢丝绳制成,也可用扁钢带制成,腰箍加固主要是通过下压捆绑增大货物与车地板或垫木间的摩擦力,以达到防止货物滚动或移动的目的。主要用于加固顺装的圆柱体货物,也可用于加固箱型货物。但木箱包装的货物、外壳较薄易于损坏的货物不宜采用腰箍进行加固。

扁钢截面尺寸、钢丝绳规格尺寸应根据腰箍强度计算结果确定。禁止使用镀锌铁线、盘条制作腰箍。禁止使用仅一端有紧固装置的扁钢腰箍。

其使用方法如下:

①腰箍两端应分别与车辆拴结点或钢座架相连,其预紧力应达到设计要求。

②通过螺栓张紧腰箍时须用双螺母紧固。

③腰箍可与螺旋式紧线器配合使用。

④腰箍与货物接触处可加垫橡胶垫等。

2.衬垫材料

(1)垫木和隔木

装运货物时,为增大货物支重面的长度和宽度、降低超限等级或避免超长货物突出部分底部与游车车地板接触,必要时需使用纵、横垫木;在分层装载货物时,特别是金属制品,为防止层间货物滑动,必须使用隔木。

垫木和隔木必须使用无削弱强度的木节和裂纹坚实、纹理清晰、无腐烂的整块木材制作。

横垫木和隔木的长度一般不应小于货物装载宽度,但不大于车辆的宽度。垫木的宽度不得小于高度。垫木与隔木规格见表4-17。

垫木和隔木的常用规格尺寸　　　　　　　　　　　　　　　　表 4-17

名　称	规格尺寸(mm)			要　求
	长	宽	高(厚)	
横垫木	2700~3000	150	140	装载超长货物时横垫木的高度根据突出车端长度计算确定
纵垫木	—	150	140	—
隔木	—	100	35	长度不得小于货物的装载宽度

注:本表规定的规格,如不能适应所装货物需要,应在具体装载加固方案中明确。

(2)条形草支垫、稻草绳把、稻草垫、橡胶垫

条形草支垫、稻草绳把用于支撑货物并起防滑作用,既可置于车地板之上,也可置于货物层间,同层货物下衬垫规格应相同。稻草垫一般铺垫于货物与车地板间或货物层间用作防滑衬垫材料。橡胶垫用作衬垫、防滑材料时,一般置于货物与车地板间或货物层间;用作防磨材料时,置于拉牵加固材料与货物、车辆棱角接触处;作为缓冲材料时,一般置于货物与阻挡加固材料间。

条形草支垫、稻草绳把、稻草垫均限一次使用。常用条形草支垫规格尺寸见表 4-18。

条形草支垫规格尺寸(单位:mm)　　　　　　　　　　　　　　表 4-18

型　号	D30	D70	D100	D120
长度	1450±10	1450±10	1450±10	1450±10
宽度	160+5	160+5	160+5	160+5
高度	30+10	70+10	100+10	120+10

注:1.长度可根据实际需要确定,装车后每端露出货物边缘不小于100mm(货物装载宽度与货车内宽接近时除外);
　　2.本表规定的规格,如不能适应所装货物需要,应在具体装载加固方案中明确。

橡胶垫在安放、使用过程中,应避免与油脂等油类物质以及其他对橡胶有害的物质接触,不得使用再生橡胶制作。

3.掩挡类材料

(1)支柱

一般分为木支柱、钢管支柱和竹支柱三种,常用支柱的材质和规格见表 4-19。

常用支柱的材质和规格　　　　　　　　　　　　　　　　　　表 4-19

类　型	材质或树种	规格(mm)		
		长度	大头直径	小头直径
木支柱	榆、柞、槐、楸、桦、栗、柞、榉、水曲柳等各种硬木	不大于2800	不大于85 不大于160	不小于65
	落叶松、黄菠萝		不大于105 不大于160	不小于85
	杉木、樟松		不大于180	不小于100
钢管支柱	普通碳素钢或其他钢种的无缝钢管或焊接钢管		不小于65	不小于65
竹支柱	毛竹		不小于80	不小于80

注:各种材质木支柱的直径均不含树皮的厚度。

木支柱应以坚实圆直的木材制成,不允许有腐朽、死节和虫眼(表皮虫沟除外),活节不超过2个。桦木作支柱必须剥皮或蹚平。钢管支柱须圆直、无裂纹,壁厚不小于4mm,禁止使用铸钢管制作支柱。竹支柱须用节密、瓤实、圆直的竹子制成,不得有腐朽、虫眼和裂缝。安插支柱不得超限,支柱折断时必须更换。

其使用方法如下。

①敞车使用木、竹支柱时必须倒插。使用平车时,不得使用竹支柱,木支柱不得倒插。

②木支柱外插时应将其大头加工成四方形,紧插在支柱槽内,并适当露出支柱槽下,露出的长度不得超过200mm。

③钢管支柱外插使用时,其插入端应焊有挡铁。钢管支柱也可用8kg/m以上的轻轨代用。

④竹支柱仅限装运竹子及轻浮货物时使用。

⑤使用敞车装载木材、竹子时,支柱的使用数量按《加规》有关规定办理。

(2)挡木、钢挡

挡木主要用来加固平支重面货物,防止货物移动或倾覆。挡木的宽度与高度应相等,常用规格为400mm×100mm×100mm(长×宽×高)。钢挡的结构、尺寸可根据实际使用需要确定。

挡木应采用材质良好、文理清晰、无腐朽、无木节、无裂纹的木材制作。钢挡可用型钢或钢板制作。为防止挡木或钢挡受力后翻倒,挡木、钢挡不宜过高。挡木不得拼接。

其使用方法如下。

①装载平支撑面货物时,可以在货物两端和两侧加挡木或钢挡,如图4-40所示。

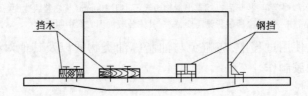

图4-40 挡木、钢挡与车地板钉固

②挡木、钢挡一般采用钉固或螺栓连接的方式固定,钢挡还可通过直接焊接的方式固定。

③固定挡木或钢挡的圆钢钉应垂直钉进,圆钢钉的长度应接近于将车地板钉穿。

(3)锅炉挡铁

装载锅炉时使用锅炉挡铁。锅炉挡铁采用厚度8mm及以上钢板焊接而成,使用圆钉固定。

其使用方法如下。

①使用时,挡铁斜坡(面)应与锅炉翘角底部相吻合,将挡铁横向与锅炉翘角边缘贴紧,纵向挡板与锅炉翘角端部留有20~30mm的间隙,每块挡铁各用直径10mm的圆钢钉6~8个钉固在车地板上。

②锅炉翘角长度超过120mm时,可取消挡铁纵向挡板,锅炉挡铁使用示意如图4-41

所示。

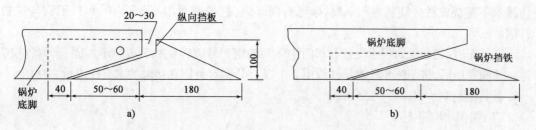

图 4-41　锅炉挡铁使用示意(尺寸单位:mm)

(4)掩挡

三角挡、掩木、方木、凹木用来加固圆柱形货物及轮式货物。其规格应根据货物的重量、直径(轮径)等确定。

单独使用掩挡防止滚动时,其需要高度可按式(4-35)计算:

纵向　　　　　　　　$h_{掩} \geq (0.3744 - 0.0018Q_{总})D$　　　　　　(4-35)

横向　　　　　　　　　　$h_{掩} \geq 0.8D$　　　　　　　　　　(4-36)

式中:$Q_{总}$——重车总重,t;

　　　D——货物的直径或轮径,mm。

它们通常和铁钉、扒锔钉配合使用,以增强货物在车地板上的稳定性。掩挡与车地板或垫木的联结强度必须足以防止其自身移动或倾覆。

三角挡的底宽不得小于高度的 1.5 倍,其高度不足 100mm 时,按 100mm 取用。使用三角挡或掩木掩挡轮式货物时,其一侧斜面应与货物贴实,底面与车地板接触处应平整。

常用方木的规格为 500mm×200mm×160mm(长×宽×高)。

凹木可用坚实的横垫木与掩木配合制作,必要时,掩木的斜面应尽可能按被掩圆柱体半径制作成弧面,并用螺栓与横垫木牢固连接,每块掩木使用的螺栓数不得少于 2 个。凹木的宽度不小于凹木底面至凹部最低点高度的 1.2 倍。

(5)围挡及挡板(壁)

围挡用于挡固敞车装载焦炭的起脊部分,有竹笆、竹板、箭竹、钢网、木板围挡等。板、方材挡板(壁)、竹篱挡壁装在敞车两端。挡板长度 2850~2900mm(不小于车辆内侧宽度),高度以板、方材装载高度为限,不得超限,用硬杂木制作。木板厚度不小于 25mm,木支柱直径为 $\phi(80~100)$mm。

挡板木支柱必须小头朝上,在车端部均匀分布,最外侧两根木支柱距车辆侧墙内侧的距离(从木支柱中心线算起)不大于 200mm,其他三根木支柱均匀分布,每块木板与木支柱必须用 2 个及以上圆钢钉钉固。板、方材挡板结构如图 4-42 所示。

其使用方法如下。

①板、方材挡板安插在敞车两端墙上方,木板下沿与车侧墙上沿密贴,木支柱朝外。

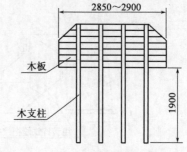

图 4-42　板、方材挡板结构(尺寸单位:mm)

②在挡板上方的木支柱上用2股8号镀锌铁线进行拦护,铁线两端在车端起第一个支柱腰线下缠绕支柱2周后拧固3周,余尾折向车内,拦护铁线用不少于10个U形钉与挡板钉固。

③装车时,挡板的每根木支柱与车门钩环间各用8号镀锌铁线2股拉牵加固,车侧各拉2道。加固完毕后,将车侧8号镀锌铁线用2个以上U形钉钉固在接触的木支柱或板、方材上。

4. 其他材料

(1) 绳网、焦炭网

绳网一般用于加固起脊装运的成件包装货物或袋装货物。绳网分上封式和下捆式两种,由网筋、围筋和系绳组成,如图4-43所示。绳网采用优质棕、熟麻和丙纶等材料制成。上封式绳网使用时,须预埋在未超出敞车端侧墙的货物下,继续装载货物至规定的层数,向上翻起绳网,拉紧系绳,将起脊货物通过绳网上的系绳捆绑成一体。下捆式绳网通常用于加固空铁桶。当空铁桶起脊装载至规定的高度后,先按要求捆绑绳索,然后苫盖下捆式绳网,拉紧系绳并将其捆绑拴结在敞车下门挂钩或丁字铁上。

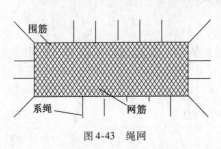

图4-43 绳网

焦炭网为运输防坠落的下捆式苫盖网,一般采用尼龙等聚合料绳编制制成。敞车起脊装载焦炭后,可用焦炭网苫盖并将其系绳拴结在敞车下门挂钩或车侧丁字铁上,不得拴结在制动杆或提钩杆上。

(2) 绞棍

绞棍用于将缠绕后的镀锌铁线、盘条绞紧。

绞棍的直径一般为50mm,长度为600mm,操作困难时,可根据具体情况确定。绞棍留用时必须予以固定,如图4-44a)所示,且不得超限;绞棍不留用时可以采取防松措施,如图4-44b)所示。

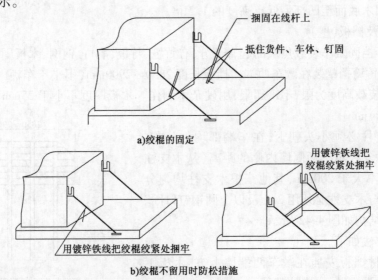

图4-44 绞棍使用示意

(3) 圆钢钉、扒锔钉

圆钢钉、扒锔钉用于钉固挡木、三角挡、垫木、轮挡等加固材料。主要利用它与车地板之间的剪切应力和与木材之间的握裹力来加固货物，钉子的规格及数量应根据货物所受外力的大小而确定。

常用圆钢钉的规格尺寸见表 4-20。扒锔钉常用圆钢或螺纹钢制作，如图 4-45 所示。常用扒锔钉规格为 200mm × 10mm × (50 ~ 60)mm(长×直径×钉脚长度)。

常用圆钢钉的规格尺寸(单位:mm) 表 4-20

直径	5	5.5	6	6.5
长度	100 ~ 130	120 ~ 175	150 ~ 200	160 ~ 220

(4) U 形钉、U 形夹、钢板夹

U 形钉通常骑跨在整体捆绑线(封顶线、腰线、拦护线等)上，并钉在木材或木质加固材料上，限一次性使用。常用规格尺寸:$d \times L$ 为 (2.5 ~ 4.0)mm × (30 ~ 60)mm，钉肩宽 B 为 15 ~ 35mm，钉尖角不大于 30°。具体结构尺寸也可根据实际需要确定，U 形钉的结构如图 4-46 所示。

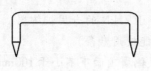

图 4-45　扒锔钉

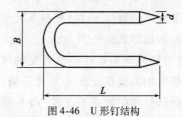

图 4-46　U 形钉结构

U 形夹结构如图 4-47 所示，将 U 形夹开口端从货物端部插入圆环(孔)位置，加固线穿过圆环(孔)紧固。

钢板夹主要用于钢板的整体加固。钢板夹结构如图 4-48 所示。规格根据钢板的具体尺寸确定。

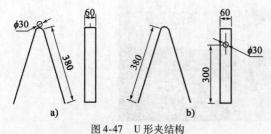

图 4-47　U 形夹结构

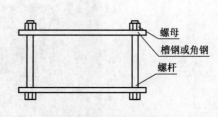

图 4-48　钢板夹结构

常用钢制加固材料许用应力见表 4-21。

钢制加固材料的许用应力　　　　　表 4-21

加固材料种类		许用应力数值(MPa)			
		拉应力	压应力	剪切应力	弯曲应力
低碳钢制品	各种型材	160	160	100	160
	各种铆钉	90	—	100	—
	各种螺栓	120	—	80	—
铸铁制品		—	100 ~ 160	—	—

【例4-28】 某站装载长4.2m的原木一车,每垛顺插长2.9m支柱3对(如图4-49所示),请分析存在的问题。

图4-49 原木装载示意图

【解】 本例题中存在问题如下。
①支柱长2.9m>2.8m,不符合规定(《加规》附件5规定)。
②支柱应倒插(《加规》附件5),顺插不符合规定。
③整体捆绑线应使用7mm的钢丝绳或破断拉力不小于21kN的专用捆绑器。不应使用盘条(该图腰线使用铁线而非专用捆绑加固器材,因而不能使用盘条)。
④整体捆绑线铺设位置不对。铺设位置应距车辆端、侧墙顶面下不小于100mm。
⑤每垛整体捆绑应为5道,而不是4道。
⑥该车不使用挡板,起脊部分顶层兜头拦护应使用铁线2股。

【例4-29】 平车装载钢材如图4-50所示,请指出图中存在的问题。

图4-50 钢板装载示意图

【解】
①钢丝绳与货件及车辆棱角接触处未采取防磨措施;
②使用钢丝绳夹的数量不足3个;
③钢丝绳过松,未紧固。

【例4-30】 某站使用敞车装载钢管,使用钢丝绳、紧线器等加固材料,请指出图4-51中(装车照片局部)装载加固方面的违章之处。

图 4-51 钢管装载示意图

【解】 违反钢丝绳及绳夹的使用方法:
①搭接钢丝绳时,钢丝绳夹的底板必须扣装在主绳一侧;
②固定单股钢丝绳端头时,使用钢丝绳夹的数量不得少于 3 个,且应同一方向扣装;两根钢丝绳搭接时,用不少于 4 个钢丝绳夹正反扣装并紧固;
③钢丝绳绳头余尾长度应控制在 100～300mm 之间。
④使用"OC 型"或"CC 型"螺旋式紧线器时,须采取措施防止拉牵绳从紧线器开口处脱出;
⑤钢丝绳夹的间距应为 6～7 倍钢丝绳直径。

【例 4-31】 某站装载的推土机,从图 4-52 上看存在哪些问题?

图 4-52 推土机装载示意图

【解】
①两道加固线存在不对称加固问题。
②钢丝绳夹间距过大,钢丝绳夹间距应为钢丝绳直径的 6～7 倍。
③钢丝绳余尾长度明显超过 300mm。
④方木形状为梯形,不符合《加规》规定。
⑤钢丝绳与车辆棱角接触处未采取防磨措施。
⑥图中右侧钢丝绳与货物接触处的防磨材料不符合规定。

【例 4-32】 某站使用 N_{17} 平车装运卷钢 2 件,件重 28t,卷径 1280mm,板宽 1350mm,装后情况如图 4-53 所示,请指出违章之处。

【解】

①板宽大于卷径,应采取卧装方式。违反《加规》"立装时,卷钢(板)的直径须大于本身高度"。

②钢丝绳拉牵高度不够。

③未采取防止加固线下滑措施。违反方案中"每组卷钢上至少在相对称的两处用挂钩(或其他方式)将钢丝绳或盘条吊挂牢固"。

④加固线与货车棱角接触处未采取防磨措施。

图 4-53　卷钢装载示意图

知识点四　制定加固方案

知识目标

1. 熟悉货物加固方案确定的程序。
2. 能合理选用加固材料和加固装置。

能力目标

能针对不同的货物确定合理的加固方案。

理论知识

货物加固工作与铁路运输安全和经济、便利地完成货运任务关系十分密切。为了保证运输安全,《铁路货物装载加固规则》(简称加规),全面系统地规定了货物装载加固技术条件,对经常运输的货物制定了装载加固定型方案,强调了按方案装车,没有装载加固方案的货物不得装车。

货物装载方案确定后,应设计加固方案。用木地板平车装载货物时,一般采用拉牵或腰箍加固;用铁地板长大货物车装载货物时,多采用腰箍或钢挡加固。如果根据货物的具体结构条件只能采用某一种加固方法,例如圆柱形货物,货体上没有拉牵拴结点,只能采用腰箍加固。当一件货物既可用拉牵加固,又可用腰箍加固,必要时应通过对几种加固方案的主要技术经济指标进行比较,优选出操作比较简便且节省材料的加固方案。

对于有防震要求的货物,应避免采用刚性加固。必须使用钢挡加固时,就在钢挡和货物之间加缓冲胶垫。加缓冲胶垫时,货物的纵向惯性力可按柔性加固计算。

对同一件货物,一般不要同时采用两种不同的加固方法,特别应避免刚性加固和柔性加固并用。

一、采用拉牵加固时,每根拉牵绳应承受的力的计算

拉牵加固使用铁线、盘条、钢丝绳加固货物。拉牵线与车地板形成一个夹角,拉牵线形成垂直分力、纵向水平分力和横向水平分力,这三个力分别承受纵向惯性力和横向惯性力,使货物不发生倾覆、滚动和水平移动。平底货物有对称拉牵和不对称拉牵两种加固方式。

1. 对称拉牵加固

拉牵位置如图 4-54 所示。

当同一方向有 n 根拉牵绳时,每根应承受的拉力可按式(4-37)计算。

防止纵向移动时:

$$S_{纵移} = \frac{\Delta T}{nAC}\sqrt{AC^2 + BO^2 + BC^2} \quad (kN) \tag{4-37}$$

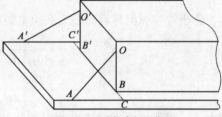

图 4-54 对称拉牵加固位置

O-拉牵绳在货物上的拴结点;B-O 点在车地板上的投影;BC-O 点所在纵向垂直平面至车辆边线的距离;A-拉牵绳在车辆上的拴结点

防止横向移动时:

$$S_{横移} = \frac{\Delta N}{nBC}\sqrt{AC^2 + BO^2 + BC^2} \quad (kN) \tag{4-38}$$

防止纵向倾覆时:

$$S_{纵倾} = \frac{1.25Th - 9.8Qa}{n(l_{纵} + AC)BO}\sqrt{AC^2 + BO^2 + BC^2} \quad (kN) \tag{4-39}$$

防止横向倾覆时:

$$S_{横倾} = \frac{1.25(Nh + Wh_{风}) - 9.8Qb}{n(l_{横} + BC)BO}\sqrt{AC^2 + BO^2 + BC^2} \quad (kN) \tag{4-40}$$

式中:$l_{纵}$——货物纵向倾覆点至拉牵绳在货物上拴结点所在横向垂直平面间的距离,mm;

$l_{横}$——货物横向倾覆点至拉牵绳在货物上拴结点所在纵向垂直平面间的距离,mm;

h——货物重心自倾覆点所在水平面起算的高度,mm;

$h_{风}$——风力合力作用点自倾覆点所在水平面起算的高度,mm。

n——同一方向采用的拉牵绳根数。

拉牵绳既要防止货物倾覆,又要防止货物移动,故每根拉牵绳应承受的力为:

$$S \geq \max\{S_{纵移}, S_{横移}, S_{纵倾}, S_{横倾}\} \tag{4-41}$$

选用钢丝绳拉牵时,钢丝绳的破断拉力不得小于 $2S$。选用镀锌铁线或盘条拉牵时,每根拉牵绳需要股数为:

$$n = \frac{S}{0.9P_{许}} \tag{4-42}$$

式中:$P_{许}$——一股镀锌铁线或盘条的许用拉力,kN。

2. 非对称拉牵加固

拉牵位置如图 4-55 所示。

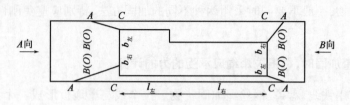

图 4-55　非对称拉牵加固图

防止货物纵向移动时，左、右拉牵绳的拉力 $S_{左}^{纵移}$ 及 $S_{右}^{纵移}$ 可按式(4-43)计算：

$$S_{左}^{纵移} = \frac{\Delta T b_{右}}{(b_{左}+b_{右})AC_{左}} \sqrt{AC_{左}^2+BC_{左}^2+BO_{左}^2} \quad (\text{kN}) \tag{4-43}$$

$$S_{右}^{纵移} = \frac{\Delta T b_{左}}{(b_{左}+b_{右})AC_{右}} \sqrt{AC_{右}^2+BC_{右}^2+BO_{右}^2} \quad (\text{kN}) \tag{4-44}$$

式中：$b_{左}$、$b_{右}$——A 方向或 B 方向两侧左、右拉牵绳在货物上拴结点至货物重心所在纵向垂直平面的距离，mm；

$AC_{左}$、$AC_{右}$——左、右拉牵绳在货物上拴结点所在横向垂直平面分别至车辆上拴结点之间的距离，mm；

$BC_{左}$、$BC_{右}$——左、右拉牵绳在货物上拴结点所在纵向垂直平面分别至车辆边线的距离，mm；

$BO_{左}$、$BO_{右}$——左、右拉牵绳在货物上拴结点自车地板面起算的高度，mm。

防止货物横向移动时，左、右拉牵绳的拉力 $S_{左}^{横移}$ 及 $S_{右}^{横移}$ 可按式(4-45)、式(4-46)计算：

$$S_{左}^{横移} = \frac{\Delta N l_{右}}{(l_{左}+l_{右})BC_{左}} \sqrt{AC_{左}^2+BC_{左}^2+BO_{左}^2} \quad (\text{kN}) \tag{4-45}$$

$$S_{右}^{横移} = \frac{\Delta N l_{左}}{(l_{左}+l_{右})BC_{右}} \sqrt{AC_{右}^2+BC_{右}^2+BO_{右}^2} \quad (\text{kN}) \tag{4-46}$$

式中：$l_{左}$、$l_{右}$——左、右拉牵绳在货物上拴结点至货物重心所在横向垂直平面的距离，mm。

每根拉牵绳应承受的力：

$$S \geq \max\{S_{左}^{纵移}, S_{右}^{纵移}, S_{右}^{横移}, S_{左}^{横移}\} \tag{4-47}$$

当同一方向有 n 根拉牵绳时，在计算防止货物纵向移动需要拉牵绳承受的拉力时，$b_{左}$ 及 $b_{右}$ 应分别取同一方向上左侧或右侧各拉牵绳在货物上拴结点至货物重心所在纵向垂直平面距离的平均值；BO、BC 取较大者，AC 取较小者。在计算防止货物横向移动需要拉牵绳承受的拉力时，$l_{左}$、$l_{右}$ 应分别取同一方向左侧或右侧各拉牵绳在货物上拴结点至货物重心所在横向垂直平面距离的平均值；BC 取较小者，BO、AC 取较大者。上述数值中最大者为每根拉牵绳应能承受的拉力。

二、腰箍加固时，每道腰箍应承受的力

腰箍是指将货物捆绑在车辆上的加固材料。腰箍加固主要是通过下压捆绑增大货物与车地板或垫木间的摩擦力，以达到防止货物滚动或移动的目的。

腰箍主要用于防止顺向卧装圆柱形货物发生滚动,也可用来加固箱型货物。

腰箍可用钢丝绳制成,也可用扁钢带制成。一般加固方形货物多用钢丝绳。腰箍可通过螺栓用螺母紧固,也可用螺旋式紧线器配合使用。

1. 顺装圆柱形货物,用 n 道腰箍加固时,每道应承受的力(图4-56)

防止纵向或横向移动时:

$$P_{移} = \frac{\max\{\Delta T, \Delta N\}}{2n\mu\cos\gamma} (\text{kN}) \tag{4-48}$$

防止横向滚动时:

$$P_{滚} = \frac{1.25(N+W)(R - h_{掩} - h_{凹}) - 9.8Qb}{2nb\cos\gamma} (\text{kN}) \tag{4-49}$$

式中:μ——货物与横垫木、横垫木与车地板或货物与车地板间的摩擦系数,取其较小者;

n——腰箍的道数;

$h_{掩}$——掩木或三角挡与货物接触点的高度,mm;

R——货物的半径,mm;

$h_{凹}$——横垫木或鞍座凹部深度,mm;

Q——货物重量,t;

b——货物重心所在纵向垂直平面至货物与掩木或三角挡接触点之间的距离,mm;

γ——腰箍两端拉直部分与车辆纵向垂直平面间的夹角。

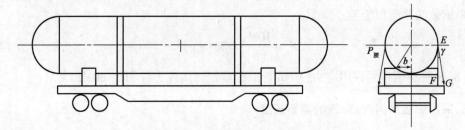

图4-56 腰箍下压加固圆柱形货物示意图

$P_{腰}$-下压腰箍需加固的力;E-下压腰箍与圆柱形货物的切点;EF-E 到车地板的距离;EG-E 到货物拴结点的距离;γ-腰箍两端拉直部分与车辆纵向垂直平面间的夹角

既防止货物移动,又防止滚动,每道腰箍应承受的拉力:

$$P \geq \max\{P_{移}, P_{滚}\} (\text{kN}) \tag{4-50}$$

2. 箱形货物用 n 道腰箍加固时,每道需要承受的力(图4-57)

防止纵向或横向移动时:

$$P_{移} = \frac{\max\{\Delta T, \Delta N\}}{2n\mu\cos\gamma} \tag{4-51}$$

防止纵向倾覆时:

$$P_{纵倾} = \frac{1.25Th - 9.8Qa}{2(l_1 + l_2 + \cdots + l_n)\cos\gamma} \tag{4-52}$$

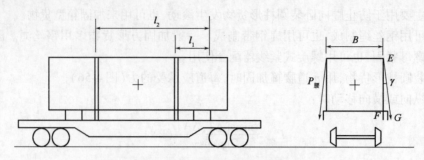

图 4-57　腰箍下压加固箱形货物示意图

注:γ 表示下压腰箍与 E 点所在纵向垂面的夹角。

防止横向倾覆时:

$$P_{横倾} = \frac{1.25(Nh + Wh_风) - 9.8Qb}{nB\cos\gamma}(kN) \tag{4-53}$$

式(4-52)、式(4-53)中:　a、b——货物重力的稳定力臂,mm;

　　　　　　　　　　$l_1, l_2, \cdots, l_n$——每道腰箍所在横向垂直平面至货物纵向倾覆点之间的距离,mm;

　　　　　　　　　　B——货物的宽度,mm。

既防止移动又防止倾覆,每道腰箍应承受的力:

$$P \geq \max\{P_移, P_{纵倾}, P_{横倾}\} \quad (kN) \tag{4-54}$$

一般采用钢丝绳作腰箍,钢丝绳的破断拉力不得小于 2 倍的许用拉力。若用扁钢带作腰箍,扁钢带的截面积应为:

$$F_4 \geq \frac{10P_腰}{[\delta]} = 55(cm)^2 \tag{4-55}$$

式中:$[\delta]$——扁钢带的许用应力,MPa,普通碳素钢许用应力$[\delta]$取 160MPa。

三、采用焊接加固时,焊缝的需要长度

使用铁地板长大货物车装载,在货物两端或两侧焊接钢挡时,同一方向钢挡的焊缝长度可按式(4-56)、式(4-57)计算:

防止纵向移动时

$$I_纵 = \frac{10\Delta T}{0.7K[\tau]}(cm) \tag{4-56}$$

防止横向移动时

$$I_横 = \frac{10\Delta T}{0.7K[\tau]}(cm) \tag{4-57}$$

式中:K——焊缝高度,cm;

　　　$[\tau]$——焊缝的许用剪切应力,MPa。

四、加固实例

【例 4-33】　铸钢结构货物一件,重 26t,长 4m、宽 2.8m、高 2.8m,重心位于货物纵横中心线的交点所在的垂直线上,距其支重面高度为 0.8m,货物两端距其支重面 1.2m 处有拴结点,可供拉牵加固使用。试确定装载加固方案。

【解】 具体步骤如下:
(1)确定装载方案

选用N_{17AT}平车一辆装载,由于N_{17AT}车地板为木底板,而货物为铸钢,故采用柔性加固。N_{17AT}车地板高度为1211mm,宽2980mm,自重19.7t,空车重心高723mm。货物装车时,让货物重心的投影落在车地板纵横中心线的交点上。

(2)计算作用于货物上的各种力

①纵向惯性力:
$$T = t_0 \times Q (\text{kN})$$
由于是柔性加固,$t_0 = 0.0012 Q_{总}^2 - 0.32 Q_{总} + 29.85 (\text{kN})$,故代入数值,进行计算,得$T = 461.14(\text{kN})$

②横向惯性力:由于货物重心投影落在车地板的中央处,重心纵向无偏移,故a为0。
$n_0 = 2.82 + 2.2 \dfrac{a}{l}$
$$N = n_0 \times Q = 2.82 \times 26 = 73.32 (\text{kN})$$

③垂直惯性力:

$Q_{垂} = q_{垂} Q$,由于使用普通平车装运,故$q_{垂} = 3.54 + 3.78 \dfrac{a}{l}$,代入数值进行计算,得$Q_{垂}$为92.04(kN)。

④纵向摩擦力:木与铸钢的摩擦系数为0.6,故
$$F_{纵摩} = 9.8 \mu Q = 9.8 \times 0.6 \times 26 = 152.88 (\text{kN})$$

⑤横向摩擦力:
$$F_{横摩} = \mu (9.8 Q - Q_{垂}) = 0.6 \times (9.8 \times 26 - 94.04) = 96.46 (\text{kN})$$

⑥风力:
$$W = qF = 0.49 \times 4 \times 2.8 = 5.49 (\text{kN})$$

(3)检验货物的稳定性

纵向倾覆的稳定系数:
$$\eta = \frac{9.8 Q a}{T h} = \frac{9.8 \times 26 \times (4000 \div 2)}{461.14 \times 800} = 1.38 > 1.25$$

横向倾覆的稳定系数:
$$\eta = \frac{9.8 Q b}{N h + W h_{风}} = \frac{9.8 \times 26 \times (2800 \div 2)}{73.32 \times 800 + 5.49 \times 1400} = 5.38 > 1.25$$

纵向移动的稳定性:$\Delta T = T - F_{纵摩} = 461.14 - 152.88 = 308.26 (\text{kN}) > 0$

横向移动的稳定性:$\Delta N = 1.25 (N + W) - F_{横摩}$
$= 1.25 (73.32 + 5.49) - 96.46 = 2.05 (\text{kN}) > 0$

计算结果表明,该货物不会发生倾覆,会发生纵向、横向水平移动,需要在这些方面加固。

(4)确定加固方法及加固材料的规格和数量

拟采用对称拉牵加固,如图4-54所示。

货物上拴结点的高度$OB = 1200 \text{mm}$,$BC = 90 \text{mm}$,设拉牵绳在车地板拴结点至货物上拴结点所在横向垂直平面的距离AC为3m,则AO为:

$$AO = \sqrt{AC^2 + BO^2 + BC^2} = \sqrt{3000^2 + 1200^2 + 90^2} = 3233(\text{mm})$$

则每道拉牵绳应承受的拉力：

$$S \geq \max\{S_{纵移}, S_{横移}, S_{纵倾}, S_{横倾}\} = S_{纵移} = \frac{\Delta T}{nAC}\sqrt{AC^2 + BO^2 + BC^2}$$

$$= \frac{308.26}{4 \times 3000}\sqrt{3000^2 + 1200^2 + 90^2} = 83.05(\text{kN})$$

该数值较大，若选用镀锌铁线作为拉牵绳，需要的股数太多，不易拧紧。所以可选用钢丝绳作为拉牵绳，钢丝绳应能承受的拉力为83.05kN，其破断拉力不小于166.1kN，查表可知，应选用直径为18.5mm、破断拉力为182.37kN、公称抗拉强度1670MPa，规格6×19型钢丝绳。

【**例4-34**】圆柱形铸钢货物一件，重20t，长15000mm，直径2400mm，重心在其中心处，货物与2个凹形钢支座固定为一体，钢支座的规格为：长2500mm、宽240mm、凹部高200mm。确定装载加固方案。

【**解**】具体步骤如下：

(1) 确定装载方案

选用N_{17AT}平车一辆顺向卧装，由于N_{17AT}车地板为木底板，而货物为铸钢，故采用柔性加固。N_{17AT}车地板高度为1211mm，宽2980mm，自重19.7t，空车重心高723mm。采用一车负重，一端平齐，一端突出装载，加挂N_{17AT}一辆为游车进行装运。货物重心在车地板的投影落在车地板的纵中心线上，且货物支座置于负重枕梁上方。

由于货物一端突出装载，货物重心落在车地板的纵中心线上，故货物重心纵向偏移，纵向实际偏移量为1000mm。通过计算，可知货物重心纵向最大容许偏移量为2250mm。故该装载方案符合货物重心在车地板合理位置的要求。由于该货物下部焊了钢支架，故该货物实为平底货物。货物与车地板的接触面实为木与钢板。

(2) 计算作用于货物上的各种力

① 纵向惯性力：

$$T = t_0 \times Q = (0.0012Q_{总}^2 - 0.32Q_{总} + 29.85)Q = 380.8(\text{kN})$$

② 横向惯性力：

$$N = n_0 \times Q = \left(2.82 + 2.2 \times \frac{1000}{9000}\right) \times 20 = 61.29(\text{kN})$$

③ 垂直惯性力：

$$Q_{垂} = q_{垂}Q = \left(3.54 + 3.78 \times \frac{1000}{9000}\right) \times 20 = 79.2(\text{kN})$$

④ 纵向摩擦力：

$$F_{纵摩} = 9.8\mu Q = 9.8 \times 0.4 \times 20 = 78.4(\text{kN})$$

⑤ 横向摩擦力：

$$F_{横摩} = \mu(9.8Q - Q_{垂}) = 0.4 \times (9.8 \times 20 - 79.2) = 46.72(\text{kN})$$

⑥ 风力：

$$W = qF = 0.245 \times 15 \times 2.4 = 8.82(\text{kN})$$

(3) 检验货物的稳定性

纵向倾覆的稳定系数：

$$\eta = \frac{9.8Qa}{Th} = \frac{9.8 \times 20 \times (4500-1000)}{380.8 \times 1400} = 1.29 > 1.25$$

横向倾覆的稳定系数：
$$\eta = \frac{9.8Qb}{Nh+Wh_风} = \frac{9.8 \times 20 \times (2500 \div 2)}{61.29 \times (1200+200) + 8.82 \times (1200+200)} = 2.5 > 1.25$$

纵向移动的稳定性 $\Delta T = T - F_{纵摩} = 380.8 - 78.4 = 302.4 \text{kN} > 0$

横向移动的稳定性 $\Delta N = 1.25(N+W) - F_{横摩} = 25 \times (61.29+8.82) - 46.72 = 40.92 \text{kN} > 0$

计算结果表明，该货物不会发生纵横方向倾覆，会发生纵横方向水平移动。

(4) 确定加固方法及加固材料的规格和数量

在每个支座附近及负重车中部各下压腰箍加固，共 3 道腰箍。

根据图 4-56 的端视图，从圆柱体中心 O 点处作车地板平面的垂直线，该线与车地板的交点为 H 点，则 OH 为 $1200+200=1400\text{mm}$，OE 为 1200mm，GH 长度为车地板宽度的一半，即 1490mm，在直角三角形 OHG 中，

$$OG = \sqrt{1490^2 + 1400^2}$$

通过计算，可得 $\cos\gamma = 0.98$

每道腰箍应承受的力由式(4-51)得：

$$P_移 = \frac{\max\{\Delta T, \Delta N\}}{2n\mu\cos\gamma} = \frac{302.4}{2 \times 3 \times 0.4 \times 0.98} = 128.57(\text{kN})$$

①若选用钢丝绳作腰箍，查表 4-15，可选用公称抗拉强度 1670MPa 规格 6×19 型直径为 24mm 钢丝绳，其许用拉力为 147.5kN，破断拉力为 295kN。每道钢丝绳的根数为 $\frac{128.57}{147.5} = 1$（根），故每道拉牵绳选用规格为直径 22mm 钢丝绳 1 根进行加固。

②若用扁钢带作腰箍，普通碳素钢许用应力取 160MPa，扁钢带截面积由式(4-55)得：$\frac{10 \times 128.57}{160} = 8$，若用厚为 0.5cm 的扁钢，则其宽应为 $\frac{8}{0.5} = 16\text{cm}$。

拓展知识

货物转向架高度 $H_转$ 的确定

$$H_转 = a \times \tan\gamma + h_{车差} + f + 80(\text{mm})$$

1. 两车负重，两端或一端加挂游车时

$$a = y_端 + l_3$$
$$\tan\gamma = 0.031$$

式中：$y_端$——货物突出负重车端梁较长一端的长度，mm；

l_3——负重车车端至其最近轮轴轴心所在垂直平面间的距离，mm。

2. 两车负重，中间无游车时

当 $y_销 \leq 1.29 l_2$ 时

$$a = l_2$$
$$\tan\gamma = \frac{0.04(l_1+l_3)}{l_支}$$

当 $y_{销} > 1.29 l_2$ 时

$$a = y_{销}$$

$$\tan\gamma = \frac{0.031(l_1 + l_3)}{l_支}$$

式中：$y_{销}$——货物超出货物转向架中心销外方的长度，mm；

l_1——货物转向架中心销至另一辆负重车相邻车端的距离，mm；

l_2——货物转向架中心销至其所在车辆内方车端的距离，mm；

$l_支$——跨装支距，mm。

3. 两车负重，中间有游车时

$$a \times \tan\gamma = \left[0.04 - \frac{0.04(l_1 + l_3) - 0.015(l_支 - l_台 - l_1 - l_3)}{l_支}\right]l_1 + 0.04l_3$$

$$a \times \tan\gamma = \frac{0.031(l_支 - l_2 + l_3) y_{销}}{l_支}$$

取两者中较大者计算。

式中：$l_台$——驼峰平台长度（两竖曲线切点之间的距离），可按 10000mm 计算。

实训项目

1. 均重预应力钢梁一件，重 48t，长 15000mm，宽 2900mm，货物重心高 1290mm。可使用 N_{17AK} 型平车（自重数种可自选）装载。若你是该站货运员，请完成以下工作。

(1) 请根据该货物的特点，制定经济合理的装载方案，并绘制货物装载示意图。

(2) 请确定该货物在运行途中是否需要限速运行？若需要限速运行，运行速度是多少？

(3) 该货物是否为超限货物？

(4) 若该货物限速运行又为超限货物，若你是核算员，应如何核收运费？

(5) 计算该货物运行途中的稳定性。

(6) 若货物运行中不稳定，请制定加固方案，并绘制加固方案示意图。

(7) 请确定加固材料及加固材料的数量，并指出使用该种加固材料的依据。

(8) 请查《加规》附件，查看预应力钢梁的装载加固方案，与你所制定的方案进行对比。

2. 从西安西装运一件长为 16700mm，直径为 3000mm，重 28t 的均重货物至石南站，使用 60t 平车一车负重装运。请完成以下任务。

(1) 请根据该货物的特点，制定经济合理的装载方案，并绘制货物装载示意图。

(2) 请确定该货物在运行途中是否需要限速运行？若需要限速运行，运行速度是多少？

(3) 该货物是否为超限货物？

(4) 若该货物限速运行又为超限货物，若你是核算员，应如何核收运费？

(5) 计算该货物运行中的稳定性。

(6) 若货物运行途中不稳定，请制定加固方案，并绘制加固方案示意图。

(7) 请确定加固材料及加固材料的数量，并指出使用该种加固材料的依据。

复习思考题

1. 简述常用加固方法及加固的一般要求。
2. 使用镀锌铁线拉牵捆绑应注意哪些事项？
3. 货车超偏载分为几级？具体分级标准是如何划定的？
4. 装车后，货物在车地板上的重心位置有何规定？
5. 货物突出平车车端装载时，突出端的长度有何规定？
6. 货物装载加固的基本要求是什么？
7. 分别使用 N_{17AK}、N_{X70} 型平车装载，判断下列货物是否集重，并确定装载方案。
   （1）一件货物重 40t，货物支重面长 4000mm。
   （2）一件货物重 45t，货物支重面长 3000mm。
   （3）一件货物重 55t，货物支重面长 4000mm。
8. 查表确定以下最大容许载重量。
   （1）用 C_{62A} 装载，均布载荷时，车辆负重面长度 3000mm，车辆负重面宽度 2400mm 和 2600mm 时，最大容许载重量分别为多少？
   （2）用 C_{64K} 装载，对称集中载荷时，横垫木中心间距 4000mm，横垫木长度 2200mm 和 2800mm 时，最大容许载重量分别为多少？
   （3）用 C_{70} 装载，均布载荷时，车辆负重面长度 3000mm，车辆负重面宽度 2400mm 和 2700mm 时，最大容许载重量分别为多少？
   （4）用 C_{70H} 装载，对称集中载荷时，两横垫木中心线间距离 3000mm，横垫木长度 2400mm 和 2800mm 时，最大容许载重量分别为多少？
9. 托运人到甲站托运货物 1 件，重 52t，货物外形尺寸为 12m×3m×1.4m，重心位于货物几何中心。请制定装载方案，并确定货物重心纵向最大容许偏移量（平车车种自拟）。
10. 托运人到某站货运营业厅，询问运输一件重 45t 货物的托运事宜，货物规格尺寸为 12m×2.5m×1.5m，货物重心距货物一端 7m。请制定经济合理的货物装载方案（平车车种自拟）。
11. 托运人在甲站托运了一件重 36t，重心高为 1700mm 的货物，使用一辆自重为 19.7t 的 N_{17AT} 型平车装载。试确定其装车后的重车重心高是否符合运输要求。若不符合要求可采取哪些具体措施降低重车重心高。（甲站有若干件可以配重的小件货物，每件重 2t，重心高 600mm）
12. 甲站承运 A、B 两件均重货物，其中货物 A 规格为长 6500mm、宽 2800mm、重 28t，货物 B 规格为长 5500mm、宽 2200mm、高 800mm、重 7t，将两件货物紧靠顺装，其中 7t 重货物一端与车辆端部对齐装载。试确定可否使用一辆 N_{17GT} 平车装运。
13. 托运人 E 在甲站托运机械设备一件，重 50t、长 14m、宽 3.2m、高 2.85m，货物重心位于货物几何中心，使用 N_{17GK} 型平车一辆负重，下垫两根 150mm 的横垫木。请计算重车重心高，并确定运行条件。
14. 托运人 F 在甲站托运重 40t、长 15m、直径 3200mm 的均重圆柱形货物一件，自带鞍座高 1800mm，拟用 N_{17AT} 型普通平车装运。试确定经济合理的装载方案。

15. 均重预应力钢梁一件，重 52t、长 15000mm、宽 2900mm，货物重心高 1290mm，使用 N_{17AK} 型平车（自重数种可自选）装载。试确定该货物装载方案及运行条件，并绘制货物装载示意图。

16. 均重预应力钢梁一件，重 48t、长 24000mm、宽 2930mm，货物重心高 1290mm，使用 N_{17AT} 型平车（自重数种可自选）装运。试确定该货物装载方案及运行条件，并绘制货物装载示意图。

17. 均重桥式起重机梁一件，重 40t、长 31600mm、宽 2200mm、高 2100mm，货物重心高 1000mm。使用 N_{17GT} 型平车（自重数种可自选）装载，配有货物转向架一副，自重 2t。试确定该件货物装载方案及运行条件，并绘制货物装载示意图。

18. 钢结构货物一件，重 32t、长 4.5m、宽 2.8m、高 2.2m，货物均匀对称顺装，装后重心位于货件纵、横中心线交点所在垂线上，距其支重面高度为 1m。拟用标重为 60t 的 N_{17T} 一辆装载。试计算作用于运行中货物上的各种力的大小。

19. 重 90T、长 8m、直径为 3000mm 的圆柱形钢制货物一件，货物下部有凹形垫木，使用 D_{10}（自重 36t，载重 90t）一辆均衡装载，货物重心投影落在车地板中央。试计算作用于货物上的力。

20. 钢结构货物一件，重 30、长 4.5m、宽 2.8m、高 2.2m，货物重心高 1.2m，拟用标重 60t 的 N_{17T} 型平车一辆装载，货物均匀顺装，装后货物重心投影落在车地板的中央处。试确定货物是否会发生倾覆。

21. 圆柱形钢制货物一件，重 40t、直径 3m、长 15m，货物本身带有长 3m、宽 200mm、高 200mm 的横垫木两根，横垫木的凹形切口深度为 50mm，在横垫木上加有高度为 100mm 的掩木。试检验该货物在滚动方面的稳定性以及水平移动方面的稳定性。

附录 1

机车车辆限界基本轮廓、各级超限限界与建筑限界距离线路中心线所在垂直平面尺寸表

自轨面起算的高度 (mm)	限界距线路中心线所在垂直平面的距离（mm）			
	机车车辆限界	一级超限限界	二级超限限界	建筑限界*
150	1320		1400	1471
160	1330		1400	1477
170	1340		1400	1482
180	1350		1400	1488
190	1360		1400	1494
200	1370		1400	1500
210	1380		1400	1725
220	1390		1400	1725
230	1400		1400	1725
240	1410		1410	1725
250	1420		1420	1725
260	1430		1430	1725
270	1440		1440	1725
280	1450		1450	1725
290	1460		1460	1725
300	1470		1470	1725
310	1480		1480	1725
320	1490		1490	1725
330	1500		1500	1725
340	1510		1510	1725
350	1520		1520	1725
360～1100	1600		1650	1875
1110	1600		1650	2376
1120	1600		1650	2382
1130	1600		1650	2389
1140	1600		1650	2395
1150	1600		1650	2401
1160	1600		1650	2408
1170	1600		1650	2414
1180	1600		1650	2420
1190	1600		1650	2427
1200	1600		1650	2433

续上表

自轨面起算的高度(mm)	限界距线路中心线所在垂直平面的距离(mm)			
	机车车辆限界	一级超限限界	二级超限限界	建筑限界*
1210~1240	1600		1650	2440
1250~3000	1700	1900	1940	2440
3010	1700	1900	1940	2437
3020	1700	1900	1940	2434
3030	1700	1900	1940	2431
3040	1700	1900	1940	2428
3050	1700	1900	1940	2425
3060	1700	1900	1940	2422
3070	1700	1900	1940	2419
3080	1700	1900	1940	2416
3090	1700	1900	1940	2413
3100	1700	1900	1940	2410
3110	1700	1898	1938	2407
3120	1700	1896	1936	2404
3130	1700	1894	1935	2401
3140	1700	1892	1933	2398
3150	1700	1890	1931	2396
3160	1700	1888	1929	2393
3170	1700	1886	1927	2390
3180	1700	1884	1926	2387
3190	1700	1882	1924	2384
3200	1700	1880	1922	2381
3210	1700	1878	1920	2378
3220	1700	1876	1918	2375
3230	1700	1874	1917	2372
3240	1700	1872	1915	2369
3250	1700	1870	1913	2366
3260	1700	1868	1911	2363
3270	1700	1866	1909	2360
3280	1700	1864	1908	2357
3290	1700	1862	1906	2354
3300	1700	1860	1904	2352
3310	1700	1858	1902	2349
3320	1700	1856	1900	2346

附录1 机车车辆限界基本轮廓、各级超限限界与建筑限界距离线路中心线所在垂直平面尺寸表

续上表

自轨面起算的高度(mm)	限界距线路中心线所在垂直平面的距离(mm)			
	机车车辆限界	一级超限限界	二级超限限界	建筑限界*
3330	1700	1854	1899	2343
3340	1700	1852	1897	2340
3350	1700	1850	1895	2337
3360	1700	1848	1893	2334
3370	1700	1846	1891	2331
3380	1700	1844	1890	2328
3390	1700	1842	1888	2325
3400	1700	1840	1886	2322
3410	1700	1838	1884	2319
3420	1700	1836	1882	2316
3430	1700	1834	1881	2313
3440	1700	1832	1879	2310
3450	1700	1830	1877	2308
3460	1700	1828	1875	2305
3470	1700	1826	1873	2302
3480	1700	1824	1872	2299
3490	1700	1822	1870	2296
3500	1700	1820	1868	2293
3510	1700	1818	1866	2290
3520	1700	1816	1864	2287
3530	1700	1814	1863	2284
3540	1700	1812	1861	2281
3550	1700	1810	1859	2278
3560	1700	1808	1857	2275
3570	1700	1806	1855	2272
3580	1700	1804	1854	2269
3590	1700	1802	1852	2266
3600	1700	1800	1850	2264
3610	1695	1796	1846	2261
3620	1690	1792	1842	2258
3630	1685	1789	1839	2255
3640	1680	1785	1835	2252
3650	1675	1781	1831	2249
3660	1670	1778	1828	2246

续上表

自轨面起算的高度（mm）	限界距线路中心线所在垂直平面的距离（mm）			
	机车车辆限界	一级超限限界	二级超限限界	建筑限界*
3670	1665	1774	1824	2243
3680	1660	1770	1820	2240
3690	1655	1766	1816	2237
3700	1650	1762	1812	2234
3710	1645	1759	1809	2231
3720	1640	1755	1805	2228
3730	1635	1751	1801	2225
3740	1630	1748	1798	2222
3750	1625	1744	1794	2220
3760	1620	1740	1790	2217
3770	1615	1736	1786	2214
3780	1610	1732	1782	2211
3790	1605	1729	1779	2208
3800	1600	1725	1775	2205
3810	1595	1721	1771	2202
3820	1590	1718	1768	2199
3830	1585	1714	1764	2196
3840	1580	1710	1760	2193
3850	1575	1706	1756	2190
3860	1570	1702	1752	2187
3870	1565	1699	1749	2184
3880	1560	1695	1745	2181
3890	1555	1691	1741	2178
3900	1550	1688	1738	2176
3910	1545	1684	1734	2173
3920	1540	1680	1730	2170
3930	1535	1676	1726	2167
3940	1530	1672	1722	2164
3950	1525	1669	1719	2161
3960	1520	1665	1715	2158
3970	1515	1661	1711	2155
3980	1510	1658	1708	2152
3990	1505	1654	1704	2149
4000	1500	1650	1700	2146

附录1 机车车辆限界基本轮廓、各级超限限界与建筑限界距离线路中心线所在垂直平面尺寸表

续上表

自轨面起算的高度（mm）	限界距线路中心线所在垂直平面的距离(mm)			
	机车车辆限界	一级超限限界	二级超限限界	建筑限界*
4010	1495	1643	1693	2143
4020	1490	1637	1687	2140
4030	1485	1630	1680	2137
4040	1480	1623	1673	2134
4050	1475	1617	1667	2132
4060	1470	1610	1660	2129
4070	1465	1603	1653	2126
4080	1460	1597	1647	2123
4090	1455	1590	1640	2120
4100	1450	1583	1633	2117
4110	1445	1577	1627	2114
4120	1440	1570	1620	2111
4130	1435	1563	1613	2108
4140	1430	1557	1607	2105
4150	1425	1550	1600	2102
4160	1420	1543	1593	2099
4170	1415	1537	1587	2096
4180	1410	1530	1580	2093
4190	1405	1523	1573	2090
4200	1400	1517	1568	2088
4210	1395	1510	1560	2085
4220	1390	1503	1553	2082
4230	1385	1497	1547	2079
4240	1380	1490	1540	2076
4250	1375	1483	1533	2073
4260	1370	1477	1527	2070
4270	1365	1470	1520	2067
4280	1360	1463	1513	2064
4290	1355	1457	1507	2061
4300	1350	1450	1500	2058
4310	1332	1438	1490	2055
4320	1314	1427	1480	2052
4330	1296	1415	1470	2049
4340	1278	1403	1460	2046

续上表

自轨面起算的高度 (mm)	限界距线路中心线所在垂直平面的距离(mm)			
	机车车辆限界	一级超限限界	二级超限限界	建筑限界*
4350	1260	1392	1450	2044
4360	1242	1380	1440	2041
4370	1224	1368	1430	2038
4380	1206	1357	1420	2035
4390	1188	1345	1410	2032
4400	1170	1333	1400	2029
4410	1152	1322	1390	2026
4420	1134	1310	1380	2023
4430	1116	1298	1370	2020
4440	1098	1287	1360	2017
4450	1080	1275	1350	2014
4460	1062	1263	1340	2011
4470	1044	1252	1330	2008
4480	1026	1240	1320	2005
4490	1008	1228	1310	2002
4500	990	1217	1300	2000
4510	972	1205	1290	1994
4520	954	1193	1280	1988
4530	936	1182	1270	1982
4540	918	1170	1260	1976
4550	900	1158	1250	1970
4560	882	1147	1240	1964
4570	864	1135	1230	1958
4580	846	1123	1220	1952
4590	828	1112	1210	1946
4600	810	1100	1200	1940
4610	792	1085	1188	1934
4620	774	1070	1175	1928
4630	756	1055	1162	1922
4640	738	1040	1150	1916
4650	720	1025	1138	1910
4660	702	1010	1125	1904
4670	684	995	1112	1898
4680	666	980	1100	1892

附录1　机车车辆限界基本轮廓、各级超限限界与建筑限界距离线路中心线所在垂直平面尺寸表

续上表

自轨面起算的高度（mm）	限界距线路中心线所在垂直平面的距离（mm）			
	机车车辆限界	一级超限限界	二级超限限界	建筑限界*
4690	648	965	1088	1886
4700	630	950	1075	1880
4710	612	935	1062	1874
4720	594	920	1050	1868
4730	576	905	1038	1862
4740	558	890	1025	1856
4750	540	875	1012	1850
4760	522	860	1000	1844
4770	504	845	988	1838
4780	486	830	975	1832
4790	468	815	962	1826
4800	450	800	950	1820
4810		777	925	1814
4820		753	900	1808
4830		730	875	1802
4840		707	850	1796
4850		683	825	1790
4860		660	800	1784
4870		637	775	1778
4880		614	750	1772
4890		590	725	1766
4900		567	700	1760
4910		543	675	1754
4920		520	650	1748
4930		497	625	1742
4940		473	600	1736
4950		450	575	1730
4960			550	1724
4970			525	1718
4980			500	1712
4990			475	1706
5000			450	1700
5010				1694
5020				1688

续上表

自轨面起算的高度（mm）	限界距线路中心线所在垂直平面的距离（mm）			
	机车车辆限界	一级超限限界	二级超限限界	建筑限界*
5030				1682
5040				1676
5050				1670
5060				1664
5070				1658
5080				1652
5090				1646
5100				1640
5110				1634
5120				1628
5130				1622
5140				1616
5150				1610
5160				1604
5170				1598
5180				1592
5190				1586
5200				1580
5210				1574
5220				1568
5230				1562
5240				1556
5250				1550
5260				1544
5270				1538
5280				1532
5290				1526
5300				1520
5310				1514
5320				1508
5330				1502
5340				1496
5350				1490
5360				1484

续上表

自轨面起算的高度 (mm)	限界距线路中心线所在垂直平面的距离(mm)			
	机车车辆限界	一级超限限界	二级超限限界	建筑限界*
5370				1478
5380				1472
5390				1466
5400				1460
5410				1454
5420				1448
5430				1442
5440				1436
5450				1430
5460				1424
5470				1418
5480				1412
5490				1406
5500				1400

注:建筑限界系引用《标准轨距铁路建筑限界》(GB 146.2—1983)的基本建筑限界。

附录2 平车主要技术参数

序号	车型	自重(t)	载重(t)	面积(m^2)	车底架长×宽(mm)	最大宽×高(mm)	钩舌内侧距离(mm)	轴数	车体材质	构造速度(km/h)	通过最小曲线半径(m)	转向架中心距(mm)	地板面至轨面高(mm)	空车重心高度(mm)
1	N_{17AK}	I56Q:19.7 H512:20.8 I56a:20.2 I56b:20.6	60	38.7	13000×2980	3180×1937	13938	4	木地板	120	145	9000	1211	723
2	N_{17AT}	I56Q:19.7 H512:20.8 I56a:20.2 I56b:20.6	60	38.7	13000×2980	3180×1937	13938	4	木地板	120	145	9000	1211	723
3	N_{17GK}	I56Q:19.7 H512:20.8 I56a:20.2 I56b:20.6	60	38.7	13000×2980	3176×1937	13938	4	木地板 铁地板	120	145	9000	1211	723
4	N_{17GT}	I56Q:19.7 H512:20.8 I56a:20.2 I56b:20.6	60	38.7	13000×2980	3176×1937	13938	4	木地板 铁地板	120	145	9000	1211	723
5	N_{17K}	I56Q:19.7 H512:20.8 I56a:20.2 I56b:20.6	60	38.7	13000×2980	3176×1927	13938	4	木地板	120	145	9000	1211	723
6	N_{17T}	I56Q:19.5 H512:20.7 I56a:20.2 I56b:20.6	60	38.7	13000×2980	3176×1927	13938	4	木地板	120	145	9000	1209	723

续上表

序号	车型	自重(t)	载重(t)	面积(m²)	车底架长×宽(mm)	最大宽×高(mm)	钩舌内侧距离(mm)	轴数	车体材质	构造速度(km/h)	通过最小曲线半径(m)	转向架中心距(mm)	地板面至轨面高(mm)	空车重心高度(mm)
7	NX₁₇AK	22.5	60	38.7	13000×2980	3176×1937	13938	4	木地板	120	145	9000	1211	768
8	NX₁₇AT	22.5	60	38.7	13000×2980	3176×1937	13938	4	木地板	120	145	9000	1211	768
9	NX₁₇BK	22.9	61	45.1	15400×2960	3165×1416	16338	4	木地板	120	145	10920	1214	740
10	NX₁₇BT	22.9	61	45.1	15400×2960	3165×1418	16338	4	木地板	120	145	10920	1216	740
11	NX₁₇BH	22.8	61	45.1	15400×2960	3165×1409	16338	4	木地板	120	145	10920	1207	740
12	NX₁₇K	22.4	60	38.7	13000×2980	3170×1486	13938	4	木地板	120	145	9000	1212	730
13	NX₁₇T	22.5	60	38.7	13000×2980	3170×1490	13938	4	木地板	120	145	9000	1216	777
14	NX₇₀	23.8	70	45.6	15400×2960	3157×1418	16366	4	木地板	120	145	10920	1216	738
15	NX₇₀A	23.8	70	38.7	13000×2980	3180×1393	13966	4	木地板	120	145	9000	1216	727
16	NX₇₀H	23.8	70	45.6	15400×2960	3157×1418	16366	4	木地板	120	145	10920	1216	738

附录 3 长大货物车型号、技术参数和特点

序号	车型	自重 (t)	载重 (t)	面积 (m²)	车体 长×宽 (mm)	最大 宽×高 (mm)	车辆长度 (mm)	辆数	车体材质	承载面钢号	构造速度 (km/h)	通过最小曲线半径 (m)	转向架中心距 (mm)	底架心盘中心距 (mm)	地板面至轨面高 (mm)	空车重心高度 (mm)	车底架 中梁	车底架 侧梁
1	D_2	166.8	160		23300×2780	2780×2187	35429	16	全钢	Q345A	80	180	5800	22200	承载面 950	1032	钢板焊接	钢板焊接
2	D_{2A}	136	210		24150×2760	2760×2533	36880	16	全钢	Q345Q	80	180	6300	23050	承载面 930	1072	钢板焊接	钢板焊接
3	D_{2G}	148.5	210		23800×2780	2780×2359	36330	16	全钢	Q345Q	80	180	6200	22700	承载面 950	1047	钢板焊接	钢板焊接
4	D_{9A}	35.8	90		16100×3100	3100×1659	21130	6	全钢		120	145	15500	15500	承载面 730	641	钢板焊接	钢板焊接
5	D_{10}	36	90		19400×3000	3140×2196	20338	6	全钢	Q345A	80	145	14800	14800	承载面 777	652		
6	D_{10A}	36	90		20020×3000	3000×1450	20958	6	全钢		120	145	15420	15420	690	610		
7	D_{12K}	47.8	120		17020×3000	3000×1852	24230	8	全钢	Q345A	100	145	3100	16200	承载面 850	700.5	钢板焊接	钢板焊接
8	D_{15}	48.9	150		17480×2700	2773×2031	24830	8	全钢	Q345Q	90	150	3250	16700	承载面 900	748	钢板焊接	钢板焊接
9	D_{15A}	49.6	150		18050×2846	2846×1935	26330	8	全钢		120	145	3350	17350	850	680	钢板焊接	钢板焊接

续上表

序号	车型	自重(t)	载重(t)	面积(m²)	车体长×宽(mm)	最大宽×高(mm)	车辆长度(mm)	轴数	车体材质	承载面钢号	构造速度(km/h)	通过最小曲线半径(m)	转向架中心距(mm)	底架心盘中心距(mm)	地板面至轨面高(mm)	空车重心高度(mm)	车底架中梁	车底架侧梁
10	D₁₅B	50	150		17450×2900	2900×2150	25606	8	全钢		120	145	3300	16750	2150 中部 800	680		
11	D₁₇A	44.5	155		19500×2950	2950×2000	27780	8	全钢		80	145	3350	18800	2000	920	钢板焊接	钢板焊接
12	D₁₈A	135.4	180		23540×2800	2800×2259	35470	16	全钢	Q345A	80	180	5700	22440	承载面 930	970	焊接结构	焊接结构
13	D₂₂A	44	120	75	25000×3000	3180×1080	25930	8	全钢		120	180	17800	17800	1080	552	钢板焊接	钢板焊接
14	D₂₂B	48	120	75	25000×3000	3180×1350	25966	8	木地板		100	180	17800	17800	1350	745	钢板焊接	钢板焊接
15	D₂₃G	70.7	265		19170×3128	3128×2050	30950	16	全钢	Q345Q	80	180	5700	18000	1500	794	鱼腹	鱼腹
16	D₂₅	86	250		18900×2940	2940×3860	34146	16			90	145	3000	18000	1650	950		钢板焊接
17	D₂₅A	142	250		26670×2630	2630×2563	40910	16	全钢	Q345Q	80	180	7810	25570	承载面 1080	1115	钢板焊接	钢板焊接
18	D₂₆	140	260		26000×2680	2680×2850	41396	16	全钢		空80 重70	145	3000	25200	1150		钢板焊接	钢板焊接
19	D₂₆A	73.6	260		17500×3170	3170×2000	32138	16	全钢		空90 重60	145	3000	小底架6900 大底架16500	1600	720	焊接	焊接

续上表

序号	车型	自重 (t)	载重 (t)	面积 (m²)	车体 长×宽 (mm)	最大 宽×高 (mm)	车辆 长度 (mm)	轴数	车体 材质	承载 面钢号	构造 速度 (km/h)	通过最 小曲线 半径 (m)	转向架 中心距 (mm)	底架 心盘 中心距 (mm)	地板 面至轨 面高 (mm)	空车 重心 高度 (mm)	车底架 中梁	车底架 侧梁
20	D_{26AK}	75.6	260		17500×3280	3280×2000	32130	16	全钢		空100 重50	145	3000	小底架 6900 大底架 16500	1620	720	焊接	焊接
21	D_{26B}	107	290		26800×4100 (重) 28000×2900 (空)	4100×3400 (重) 2900×3400 (空)	40096	16	全钢		空90 重50	145	3000	23900	3400	1377		钢板 焊接
22	D_{28}	120	280		26300×2680	2714×2730	41696	16	全钢		空100 重50	145	3000	25500	2730 中部 1160	1000		
23	D_{30G}	101	370		11800×3380	3380×4735	42668	20	全钢		空80 重50	180	11000	22380	1735	700		
24	D_{32}	226	320		34700×2900	2920×4366	58860	24	全钢		空100 重50	180	3250	大底架 12050 中底架 6600 凹底架 33800	中部 1150	1570	钢板 焊接	钢板 焊接
25	D_{32}	175	350		35100×2900	3000×4191	59560	24	全钢		空80 重50	180	3250	大底架 12050 中底架 6600 侧承梁 34500	3790	1650		

续上表

序号	车型	自重(t)	载重(t)	面积(m²)	车体长×宽(mm)	最大宽×高(mm)	车辆长度(mm)	轴数	车体材质	承载面钢号	构造速度(km/h)	通过最小曲线半径(m)	转向架中心距(mm)	底架盘中心距(mm)	地板面至轨面高(mm)	空车重心高度(mm)	车底架中梁	车底架侧梁
26	D₃₂ₐ	240	320		37700×2760	3000×4280	61910	24	全钢		100(空)重50	外导向150 中导向180 内导向260	5800	36900	承载面1225	1430		
27	D₃₈	227	380		26950×3000	3000×5075	52718(空)	32	全钢		空90 重50	空车:中导向150 重车:外导向150 中导向180 内导向250	5800	大底架12900 鹅形梁(空)26150		1750	钢板焊接	钢板焊接
28	D₄₅	202	450		41600×2110	3000×4390	69580	28	全钢		空100 重50	180	3250	大底架14250 中部中底架6600 端部中底架4825 侧承梁40900	承载面4130	1810	钢板焊接	钢板焊接
29	D₇₀	26.6	70		19462×2950	3142×1975	20400	4	全钢	Q345Q	90	180	15500	15500	1169	798	鱼腹	鱼腹
30	DA₂₁	122.8	210		25030×2700	2700×2965	37996	16	全钢	Q345E	120	180	6500	24130	承载面940	1035	钢板焊接	钢板焊接

续上表

序号	车型	自重(t)	载重(t)	面积(m²)	车体长×宽(mm)	最大宽×高(mm)	车辆长度(mm)	轴数	车体材质	承载面钢号	构造速度(km/h)	通过最小曲线半径(m)	转向架中心距(mm)	底架心盘中心距(mm)	地板面至轨面高(mm)	空车重心高度(mm)	车底架中梁	车底架侧梁
31	DA25	127.4	250		26160×2700	2700×3050	40026	16	全钢	Q345E	120	180	7400	25260	承载面 1050	1087	钢板焊接	钢板焊接
32	DA37	200	370		38100×3000	3000×4340	61416	24	全钢		100(空) 60(重)	外导向145 中导向180 内导向300	4750	大底架13200 凹底架37300	承载面(圆弧底部) 1380(空) 1100(重)	1380	钢板焊接	钢板焊接
33	DK17A	45	155		19500×2950	2950×2000	27780(13B钩) 27816(17型钩)	8	全钢		120	145	3350	18800	2000	920	钢板焊接	钢板焊接
34	DK23	70(心盘梁采用一字形梁)73(心盘梁采用十字形梁)	230(一字形梁)227(十字形梁)		25340×2880(一字梁空车位) 27440×2880(十字梁短臂空车位) 26320×4000(十字梁长臂重车位)	2880×3060(一字梁或十字梁短臂位) 4000×3060(十字梁长臂位)	35290	12	全钢		120(空) 重80	145	5800	23440	承载面 3060	1220		
35	DK29	110	290		30700×2700(空) 29300×4100(重)	2700×3400(空) 4100×3400(重)	42796	16	全钢		100(空) 60(重)	145	3000	26600	承载面 3400	1381		

续上表

序号	车型	自重(t)	载重(t)	面积(m^2)	车体长×宽(mm)	最大宽×高(mm)	车辆长度(mm)	轴数	车体材质	承载面钢号	构造速度(km/h)	通过最小曲线半径(m)	转向架中心距(mm)	底架心盘中心距(mm)	地板面至轨面高(mm)	空车重心高度(mm)	车底架中梁	车底架侧梁
36	DK_{36}	200	360		38040×3000(空) 38040×4000(重)	3000×4340(空) 4000×4340(重)	61010	24	全钢		100(空) 60(重)	150(外导向) 180(中导向) 260(内导向)	5800	36000	承载面3720	1974		
37	DK_{36A}	182	360		56980×3000(空) 56980×4030(重)	3000×4225(空) 4030×4225(重)	56980(13B型车钩)/57016(17型车钩)	24	全钢		100(空) 60(重)	外导向145 中导向180 内导向250	4500	大底架12450 侧承梁34000	承载面3760	1750	钢板焊接	钢板焊接
38	DL_1	26	74		13000×2980	3146×1645	13966	4	全钢		120(空)	145	9000	9000	桥梁1500	772	H630型钢	H630型钢
39	DQ_{35}	185	350		23590×3000	3000×4662	45520(短连挂)56660(重车)	24	全钢		100(空) 60(重)	空车:145 重车:外导向145 内导向180	4500	大底架12050 钳形梁(空)22890		1780	钢板焊接	钢板焊接
40	DQ_{45}	208	450		27360×3000	3000×4703	53456(空)65186(重)	28	全钢		100(空) 60(重)	空车:145 重车:外导向145 中导向180 内导向250	5500	大底架14500 钳形梁(空)26640		1700	钢板焊接	钢板焊接
41	DNX_{17K}	20.8/22	60	38.7	13000×2980	3176×1486	13930	4	木地板		120	145	9000	9000	1212	740	H512型钢	H512型钢

附录 4

敞车主要技术参数

序号	车型	自重(t)	载重(t)	容积(m³)	车内长×宽×高(mm)	最大宽×高(mm)	车辆长度(mm)	轴数	车体材质	构造速度(km/h)	通过最小曲线半径(m)	转向架中心距(mm)	地板面至轨面高(mm)	空车重心高度(mm)	车门宽×高(mm)	车底架长×宽(mm)	车底架中梁	车底架侧梁	转向架型号	转向架轴距(mm)	车钩	缓冲器	备注
1	C$_{16K}$K	20	64	44	10990×2890×1400	3180×2503	11938	4	耐候钢	120	145	7700	1093		825×600	11000×2900	"乙"310或槽钢	槽钢	转 K2	1750	13 号	MT-3	矿石专用车
2	C$_{16K}$	21.9	60	50	12500×2888×1400	3180×2483	13442	4	耐候钢	120	145	8700	1079			12500×2900	"乙"310或槽钢	槽钢	转 K2	1750	13 号	2 号	矿石专用车
3	C$_{62A}$*	21.7	60	71.6	12500×2890×2000	3196×3095	13438	4	普碳钢	85	145	8700	1083	1000	中门 1620×1900 下门 1250×954	12500×2900	槽钢或"乙"310	热轧[240槽钢	转 8A	1750	13 号	2 号	通用敞车
4	C$_{62A}$*K C$_{62AK}$	22.1	60	71.6	12500×2890×2000	3196×3102	13438	4	普碳钢	120	145	8700	1090	1000	中门 1620×1900 下门 1250×954	12500×2900	槽钢或"乙"310	热轧[240槽钢	转 K2	1750	13 号	2 号	通用敞车
5	C$_{62A}$*T C$_{62AT}$	22	60	71.6	12500×2890×2000	3196×3099	13438	4	普碳钢	100	145	8700	1087	1000	中门 1620×1900 下门 1250×954	12500×2900	槽钢或"乙"310	热轧[240槽钢	转 8B 或 转 8AB	1750	13 号	2 号	通用敞车
6	C$_{62BK}$	22.7	60	71.6	12500×2890×2000	3242×3102	13438	4	耐候钢	120	145	8700	1090	1000	中门 1620×1900 下门 1250×954	12500×2900	槽钢或"乙"310	热轧[240槽钢	转 K2	1750	13 号	2 号	通用敞车

续上表

序号	车型	自重 (t)	载重 (t)	容积 (m³)	车内长×宽×高 (mm)	最大宽×高 (mm)	车辆长度 (mm)	轴数	车体材质	构造速度 (km/h)	通过最小曲线半径 (m)	转向架中心距 (mm)	地板面至轨面高 (mm)	空车重心高度 (mm)	车门宽×高 (mm)	车底架长×宽 (mm)	中梁	侧梁	转向架型号	转向架轴距 (mm)	车钩	缓冲器	备注
7	C₆₂BT	22.6	60	71.6	12500×2890×2000	3242×3099	13438	4	耐候钢	100	145	8700	1087	1000	中门1620×1900 下门1250×954	12500×2900	槽钢或"Z"310	热轧[240槽钢	转8B或转8AB	1750	13号	2号	通用敞车
8	C₆₄AT	23.5	60	91.3	13000×2890×2450	3242×3541	13948	4	耐候钢	120	145	9210	1081	1126	中门1620×1900 下门1250×954	13010×2900	"Z"310	热轧[240槽钢	转8AB	1750	13号	MT-3	焦炭专用车
9	C₆₄K	22.9	61	73.3	12490×2890×2050	3242×3142	13438	4	全钢	120	145	8700	1082	1000	中门1900×1620 下门954×1250	12500×2900	槽钢或"Z"310	热轧[240槽钢	转K2	1750	13号	MT-3	通用敞车
10	C₆₄H	22.5	61	73.3	12490×2890×2051	3242×3143	13438	4	全钢	120	145	8700	1082	1000	中门1900×1620 下门954×1250	12500×2900	Z310	热轧[240槽钢	转K4	1750	13或13A	MT-3	通用敞车
11	C₆₄T	22.8	61	73.3	12490×2890×2050	3242×3142	13438	4	全钢	100	145	8700	1082	1000	中门1900×1620 下门954×1250	12500×2900	槽钢或"Z"310	热轧[240槽钢	转8B或转8AB	1750	13号	MT-3	通用敞车

续上表

序号	车型	自重(t)	载重(t)	容积(m³)	车内长×宽×高(mm)	最大宽×高(mm)	车辆长度(mm)	轴数	车体材质	构造速度(km/h)	通过最小曲线半径(m)	转向架中心距(mm)	地板面至轨面高(mm)	空车重心高度(mm)	车门宽×高(mm)	车底架长×宽(mm)	车底架中梁	车底架侧梁	转向架型号	转向架轴距(mm)	车钩	缓冲器	备注
12	C70 C70H	23.8	70	77	13000×2890×2050	3180×3143	13976	4	高强钢	120	145	9210	1083	1085	中门1620×1900 下门1250×951	13010×2900	"乙"310	冷弯槽钢	转K6 转K5	1830 1800	17型	MT-2或HM-1	通用敞车
13	C70B C70EH	24	70	80.8	13000×2890×2150	3180×3243	13976	4	高强钢	120	145	9210	1083	1102	中门1620×1900 下门1250×951	13010×2900	"乙"310	冷弯槽钢	转K6 转K5	1830 1800	17型	MT-2或HM-1	通用敞车
14	C70B C70BH	23.8	70	77	13000×2890×2050	3180×3143	13976	4	不锈钢	120	145	9210	1083	1085	中门1620×1900 下门1250×951	13010×2900	"乙"310	冷弯槽钢	转K6 转K5	1830 1800	17型	MT-2或HM-1	通用敞车
15	C80E C80EH C80EF	26.5	80	92	13000×2900×2430	3190×3530	13976	4	高强钢	100	145	9210	1090	1087	中门1600×1900 下门1098×821	13010×3001	"乙"310	冷弯或热轧槽钢	DZ1 DZ2 DZ3	1860	17型	MT-2或HM-1	通用敞车
16	C70C	24	70	112	14590×2962×2600	3240×3667	15566	4	高强钢	120	145	10600	1057	1082	1250×951	14600×2970	冷弯帽型钢	冷弯型钢	转K6	1830	17型	HM-1	焦炭专用车

续上表

序号	车型	自重 (t)	载重 (t)	容积 (m³)	车内长×宽×高 (mm)	最大宽×高 (mm)	车辆长度 (mm)	轴数	车体材质	构造速度 (km/h)	通过最小曲线半径 (m)	转向架中心距 (mm)	地板面至轨面高 (mm)	空车重心高度 (mm)	车门宽×高 (mm)	车底架长×宽 (mm)	车底架中梁	车底架侧梁	转向架型号	转向架轴距 (mm)	车钩	缓冲器	备注
17	C76	24.2	75	81.8	10520×2974	3184×3592	12000	4	高强钢	100	145	8200	1062	984	710×905	11200×3168	组焊	冷弯槽钢	转K6	1830	16、17型	MT-2	煤炭专用车
18	C76A	24	76	87.2	10246×3000	3542×3194	12005	4	高强钢	100	145	8250	1082		748×950	11200×3184		冷弯成型组焊箱型梁	25t轴重低动力作用	1800	F型转动、固定车钩	MT-2	煤炭专用车
19	C76B	22.9	76	82	10400×2974	3184×3520	12000	4	高强钢	100	145	8200	1053		740×905	11200×3164	"乙"310	热轧槽钢	25t轴重下交叉	1830	16、17型	MT-2	煤炭专用车
20	C76C	22.7	76	82	10400×2974	3184×3520	12000	4	高强钢	100	145	8200	1053		740×905	11200×3164	"乙"310	热轧槽钢	转E22	1830	16、17型	MT-2	煤炭专用车
21	C76H	25	75	81.75	10520×2974	3184×3592	12000	4	高强钢	100	145	8200	1055		748×950	11200×3168	组焊	冷弯或槽钢	转K5	1800	16、17型	MT-2	煤炭专用车
22	C80 C80H	20	80	87	10728×2946	3184×3793	12000	4	铝合金	100	145	8200	1063	915	750×936	11200×3184	"乙"310	铝型材	转K6/转K5	1830/1800	16、17型	MT-2或HM-1	煤炭专用车

续上表

序号	车型	自重 (t)	载重 (t)	容积 (m³)	车内长×宽×高 (mm)	最大宽×高 (mm)	车辆长度 (mm)	轴数	车体材质	构造速度 (km/h)	通过最小曲线半径 (m)	转向架中心距 (mm)	地板面至机面高 (mm)	空车重心高度 (mm)	车门宽×高 (mm)	长×宽 (mm)	车底架中梁	侧梁	转向架型号	轴距 (mm)	车钩	缓冲器	备注
23	C80A C80AH	20	80	84.8	10550×2876×2700	3244×3765	12000	4	高强钢	100	145	8200	1059	1011	780×950	10518×2972	组焊	无	转K6—转K5	1830/1800	16、17型	MT-2	煤炭专用车
24	C80B C80BH	20	80	84.8	10550×2976×2700	3184×3767	12000	4	不锈钢	100	145	8200	1059	1011	756×950	11200×2984	冷弯	无	转K6—转K5	1830/1800	16、17型	MT-2或HM-1	煤炭专用车
25	C80C	20.2	80	84.8	10000×2972×2428	3380×3548	12000	4	高强钢	100	145	8200	342	955	670×830	10070×3184	组焊式牵引梁（无中梁）	无	转K7	1800	16、17型	MT-2	煤炭专用车
26	C80CA	20.2	80	84.8	10000×2972×2428	3380×3548	12000	4	不锈钢	100	145	8200	342	955	670×830	10070×3184	组焊式牵引梁（无中梁）	无	转K7	1800	16、17型	MT-2	煤炭专用车
27	CFK	22	62	72.5	12500×2890×2000	3242×3100	13438	4	耐候钢	120	145	8700	1086		825×600	12500×2900	"乙"310	槽钢	转K2	1750	13号	2号	矿石专用车

224

参 考 文 献

[1] 戴实.铁路货运组织[M].北京:中国铁道出版社,2016.
[2] 刘作义,郎茂祥.铁路货物运输[M].北京:中国铁道出版社,2011.
[3] 盖宇仙.铁路货运组织[M].北京:中国铁道出版社,2011.
[4] 陈宜吉.铁路货运组织[M].北京:中国铁道出版社,2001.
[5] 谢淑润.铁路特殊条件货运组织[M].北京:中国财富出版社,2015.
[6] 陈清.铁路特殊条件货物运输[M].北京:中国铁道出版社,2012.
[7] 王慧,陈新鸿.铁路特殊货物运输[M].成都:西南交通大学出版社,2015.
[8] 中华人民共和国铁道部.中华人民共和国铁道行业标准 TB/T 2116 铁路车站货运作业[M].北京:中国铁道出版社,2005.
[9] 中华人民共和国铁路总公司.铁路货物运输规程[M].北京:中国铁道出版社,2007.
[10] 中华人民共和国铁路总公司.铁路货物超限超重货物运输规则[M].北京:中国铁道出版社,2016.
[11] 中华人民共和国铁路总公司.铁路货物装载加固规则[M].北京:中国铁道出版社,2015.
[12] 中华人民共和国铁路总公司.铁路鲜活货物运输规则[M].北京:中国铁道出版社,2016.
[13] 中华人民共和国铁路总公司.铁路危险货物运输管理暂行规定[M].北京:中国铁道出版社,2016.